公司上市与并购法律尽职调查

律师实操手册

唐应茂 等 著

当代中国出版社
Contemporary China Publishing House

图书在版编目（CIP）数据

公司上市与并购法律尽职调查：律师实操手册 / 唐应茂等著 . -- 北京：当代中国出版社，2024.1
ISBN 978-7-5154-1322-8

Ⅰ. ①公… Ⅱ. ①唐… Ⅲ. ①企业合并—企业法—中国—手册 Ⅳ. ① D922.291.92-62

中国国家版本馆 CIP 数据核字（2024）第 034731 号

出 版 人　王　茵
责任编辑　邓颖君　沈秋彤
责任校对　贾云华　康　莹
印刷监制　刘艳平
装帧设计　李默涵
出版发行　当代中国出版社
地　　址　北京市地安门西大街旌勇里 8 号
网　　址　http://www.ddzg.net
邮政编码　100009
编 辑 部　（010）66572156
市 场 部　（010）66572281　66572157
印　　刷　中国电影出版社印刷厂
开　　本　880 毫米 ×1230 毫米　1/32
印　　张　12.125 印张　1 插页　249 千字
版　　次　2024 年 1 月第 1 版
印　　次　2024 年 1 月第 1 次印刷
定　　价　98.00 元

前 言

这是一本写给律师“小白”的书。他们有一定的法学基础，对刑法、民法、商法的套路还记忆犹新。但是，他们刚入职场，要完成资深律师交办的任务，光靠这些套路，似乎还远远不够。例如，怎么去工商调档？哪些工商底档文件是重点？哪些信息要“抄”到尽调报告中？这些问题很琐碎，但也很重要，即使公司法这门课程考了满分的同学，也不一定能够解决这些问题。为此，希望这本书能够为“小白”们提供一点帮助，减轻初入职场的压力，探索适合自己的律师套路。

具体来讲，写作这本法律尽职调查指引，笔者希望达到以下三个目的。

第一，笔者希望帮助初级律师理解尽调工作的目的是什么。换句话说，搜集各种材料，忙活几个星期，我们希望证明什么，确认什么，或者“否认”什么。为此，针对不同尽调问题，针对上市和并购等不同类型项目，我们整理了法律意见的措辞，并提供了一定的解读和分析。

例如，针对公司设立和变更，律师需要出具公司“合法设立”和“有效存续”的法律意见。那么，律师去工商调档，登录国家企业信用信息公示系统，登录企查查、天眼查等商业数据库，开展这些尽调工作，其目的就是寻找相关工商底档文件，证明公司当初设立符合法律规定；审阅各类官方和商业网站信息，确认公司不在“异常经营名录”上、不在“严重违法失信企业名单”上，确认公司没有被申请破产、责令停业或注销营业执照，据此确认公司“有效存续”。

从实操角度来看，出具法律意见，就是尽调工作的目的。因此，律师开展尽调工作之前，就需要清楚预期的“结果”是什么。针对每一个具体问题，开展法律尽调，都要围绕最终出具法律意见的措辞进行。同时，在不同项目中，法律意见的措辞存在差异。为此，我们挑选了常见的项目类型，比如中国企业美国上市、中国香港特别行政区上市、中国内地A股上市项目（以下简称A股上市项目）以及并购项目，针对不同类型项目，列举、比较和分析其法律意见的措辞，帮助初级律师理解不同项目尽调工作的目的。

当然，我们按照美国上市项目、中国香港特别行政区上市项目、A股上市项目的顺序介绍法律意见的措辞，不是说美国上市法律意见书写得好，或者A股上市法律意见书写得不好。实际上，从难易程度来讲，美国上市法律意见书通常最简单，而A股法律意见书最复杂，中国香港特别行政区上市法律意见书居中。从简单法律意见书措辞开始介绍，由浅入深，符合阅读逻辑，更容易帮助读者很快把握尽调工作的目的以及不同项目之间的差异。

第二，我们为初级律师提供“福利”，汇总尽调工作的各类信息来源。理解尽调工作的目的和结果，不等于明白如何达到目的、实现结果。在法律意见中需要确认公司拥有某些商标、专利、著作权、域名等知识产权，那么如何证明公司拥有这些知识产权？从哪些渠道去搜集材料以证明公司拥有这些知识产权？这是法律服务的核心环节，也是初级律师的价值所在。为此，针对不同尽调问题、不同类型项目，我们梳理和汇总了不同的信息来源。

例如，律师要证明知识产权所有权权属，既可以依据公司提供的权属证明文件确认，也可以通过政府官网查询确认，如通过登录中国商标网、国家知识产权局的“专利检索及分析”页面、中国版权保护中心网站、工业和信息化部ICP/IP地址/域名信息备案管理系统确认，还可以通过天眼查等商业数据库进行查询核对。在时间和条件允许的情况下，律师还可以去相应的政府主管部门进行查册工作，查询政府部门持有的知识产权登记材料，以此确认知识产权的权属状况。

不过，简单罗列信息来源，并非本书的唯一考量。从尽调目的来看，要利用各类信息来源，搜集各种材料，据此证明法律意见的措辞，那么不同信息来源之间的关系如何？是所有来源都要核查，还是可以选择其中一个来源核查？哪一个更权威？是否都需要采用最权威的信息来源？如果无法采用最权威信息来源，背后的理由是什么？律师是否应该修正法律意见措辞，以此反映尽调的不同信息来源？针对这类问题，本书也尽可能提供参考答案，或者给出一些操作思路。

第三，我们为初级律师设计了流程，为尽调提供程序性指引。开展尽调工作，先做什么、后做什么？不同问题、领域的尽调工作，如何在团队内部协调进行？尽调工作的推进，与法律意见的撰写如何协调、谁先谁后？初级律师处在法律服务价值链的低端，经常手忙脚乱，也不一定跟得上资深律师的节奏，或者完全不知道节奏是什么。为此，针对每一个尽调问题，我们提供了“傻瓜式”的程序指引，建议初级律师分几步走，每步做什么、关注什么问题、注意哪些事项。

例如，针对不动产权属的尽调，律师首先需要确定尽调主体（公司）范围、确定尽调不动产范围。在允许对范围进行重大性限定的项目中，律师还需要与相关方讨论确定重大性的标准是什么、哪些尽调主体是重要主体、哪些不动产是重要不动产。在此基础上，律师根据不动产种类，分门别类准备不动产工作底稿、录入相关信息，完成第一轮的尽调核查工作。针对核查中发现的问题，律师需要准备补充尽职调查问题清单，请尽调主体补充提供相关资料，或者开展其他公开检索工作。在解决所有问题之后，律师再根据最终的工作底稿，结合类似项目的法律意见书先例表述，撰写本项目的法律意见书、律师工作报告或法律尽调报告。

提供程序性指引，除提供依葫芦画瓢的样本之外，其背后隐含了另一个重要问题，仍然涉及法律尽职调查与法律意见之间的关系。法律意见书中得出的结论，总是基于某一个时点的结论。项目开始时的尽职调查，在项目接近尾声时，在法律意见书出具的时点，其结果是否仍然成立、是否能够支持法律意见，这是初级律师需要警觉的问题。为此，什么时候要“再来一遍”，重复一次之前已经完成的尽调程序，什么时候、哪些问题可以依赖于bring-down尽职调查中公司的口头确认，法律意见是否应该明确某项查询的日期，这些既是程序问题，也是实体问题。在律师执业风险越来越大的背景下，这是律师、律所长期成长和发展的关键问题。

当然，本书不是尽调大全，它虽然涵盖了我们认为最基础、最重要的问题和领域，但是肯定没有囊括律师尽调的所有问题、所有领域。同时，它针对的问题，主要是非诉类律师业务中比较基础的问题。例如，有关知识产权的尽调，主要是权属的尽调，也就是核实某一专利或商标所有权是谁、有没有质押等他项权利等这类“简单”问题。有关知识产权的“高端”尽调问题，例如公司的知识产权是否足以保护其业务与产品，需要更为专业的分析，也需要专门的团队来处理。此外，本书针对的是上市、并购这类相对大型的项目，大概被看作律师业务中的高端业务，主要是“红圈所”律师经常碰到的业务。虽然不同项目的法律意见存在差异，支持法律意见的尽调存在不同做法，总体而言，他们都有一定的同质性，有一些约定俗成的看法和做法。但是，超越这些领域，“红圈所”之外的律师是否认可法律意见措辞、是否认可尽调的做法，在中国律师行业仍然处在“诸侯争霸”的情况下，读者也需要根据具体项目、具体情况来谨慎处理。

唐应茂
2023年初秋于上海虹镇老街寓所

目　录

Contents

第三章　业务经营所需的证照和许可 / 065

第四章　公司经营的合法合规 / 097

第五章　不动产的权属及许可 / 125

第一章 法律尽职调查概述

法律尽职调查是律师的常规工作。对“红圈所”初级律师来讲，法律尽职调查几乎是他们的全部工作。为什么要做法律尽职调查？法律尽职调查与法律意见书的关系是什么？法律尽职调查有没有一个惯常标准？法律意见书中的结论应该如何措辞？不同措辞的差异在哪里？作出结论后要不要再加上风险提示语言？对大多数初级律师来讲，这些问题可能都很遥远。在初级律师眼里，法律尽职调查只是合伙人、资深律师交办的一件事。这件事情的复杂程度、工作量大小，只是决定了今晚需要加班到几点、今年还能不能休国庆假期、春节还能不能回家过年。法律尽职调查的收益与风险，通常不属于初级律师考虑的问题。

但是，从律师事务所角度来看，法律尽职调查虽然属于“低端环节”，但它是律师业务中极其重要的一道工序。一方面，它带来了可观的律师费。开展法律尽职调查、撰写法律尽职调查报告、出具法律意见书，这仍然是中国律师收费的重要环节。另一方面，它也带来了潜在风险。法律意见书中的结论该怎么措辞？法律尽职调查报告是否漏掉了重要问题？在法律意见书的法定责任逐渐加大的情况下，在客户要求逐渐提高、律师对尽职调查报告承担的合同责任逐渐提高的背景下，法律尽职调查成为各“红圈所”风险防控的重要环节。

一、尽职调查与法律意见

1．法律尽职调查的目的

律师为什么要进行法律尽职调查？业务不同、经验不同，不同律师给出的答案不完全相同。总体而言，法律尽职调查，既是法律的实体性要求，也是法律的程序性要求。

例如，在美国上市项目中，美国《1933年证券法》第11条规定了信息披露不实的法律责任，而承销商是法定责任主体。对承销商来讲，该条也提供了责任豁免事项：如果承销商尽到了合理调查（reasonable investigation）义务，承销商就可以免于承担信息披露不实的法定责任。为了证明自己尽到了合理调查义务，承销商聘请律师做法律尽职调查，承销商自己做业务尽职调查，并且，承销商还针对审计报告开展财务尽职调查，这都是履行“合理调查”义务的实践做法。就法律问题而言，从程序上来讲，是否聘任律师进行了法律尽职调查，从实体上来讲，法律尽职调查是否充分，这都是承销商的法定抗辩理由。

从实操来讲，法律尽职调查的核心目的在于，如何通过尽职调查来支持律师需要出具的法律意见？比如，法律意见书认为，A公司是合法设立的，那么，针对这一结论开展法律尽职调查工作，律师需要搜集材料，证明A公司是何年何月何日设立，其设立是否符合《公司法》的规定、是否符合市场监督管理机构（原工商行政管理机构）的要求，A公司是否获得了市场监督管理机构颁发的营业执照等。在实践中，为了支持A公司合法设立这一法律意见，律师需要去市场监督管理机构调取公司的全套“工商档案”，获得其中有关设立登记的材料，分析该材料是否合法、有没有法律瑕疵（如公司股本缴纳是否符合章程规定），等等，为法律意见提供法律尽职调查依据。

这里所谓的法律意见，可以从广义角度来理解。法律意见既包括形式上被称为“法律意见书”中的法律意见，尤其是那些带有结论性质的措辞或语言，也包括律师针对某一问题给出的意见或结论，不管该意见或结论出现在严格意义上的“法律意见书”之中，还是反映在律师出具的备忘录里面，或者包含在律师给客户的回复邮件中。当然，不同的形式，其背后的法律责任不同，不同律所风险控制的力度也不同。例如，法律意见书潜在责任大，很多律所都有严格的内核程序，而备忘录、回复邮件的潜在责任小，如何措辞，通常都由合伙人、资深律师自主决定。

2. 法定要求与尽职调查

在部分项目中，法律尽职调查是法定要求。比如，在A股上市项目中，发行人聘任律师进行法律尽职调查，律师在法律尽职调查的基础上，出具法律意见书和律师工作报告，作为申请文件提交给证券发行审核机构，并进一步向公众公开。为了规范法律意见书和律师工作报告的形式与内容，早在2001年3月，中国证监会就发布了《公开发行证券公司信息披露的编报规则第12号——公开发行证券的法律意见书和律师工作报告》（以下简称《12号准则》）。2022年1月，中国证监会、司法部和中华全国律师协会联合发布了《监管规则适用指引——法律类第2号：律师事务所从事首次公开发行股票并上市法律业务执业细则》（以下简称《执业细则》）。《执业细则》对A股上市项目律师尽调查验作了更为详细的规定。

因此，在A股上市项目中，律师撰写法律意见书和律师工作报告，需要遵守法定要求（即《12号准则》和《执业细则》的规定），律师开展相关法律尽职调查工作，也受限于该法定要求，律师不能随意发挥。

比如，《12号准则》第33条第1项规定，就发行人的设立而言，律师工作报告应说明，“发行人设立的程序、资格、条件、方式等是否符合当时法律、法规和规范性文件的规定，并得到有权部门的批准”。因此，在A股实践中，在发行人设立这个问题上，律师工作报告中的结论与前述《12号准则》要求基本一致，律师很少有发挥的余地。

例如，在迪某股份A股上市（创业板）的律师工作报告中，律师得出的结论是，“基于上述，本所律师认为，发行人设立的程序、资格、条件和方式符合法律、法规和规范性文件的规定，具体如下：（律师分别从发行人设立的资格和条件、发行人的设立方式、发行人设立的程序、发起人协议、资产评估与审计、创立大会等六个方面论证，具体内容略。——笔者注）”。〔1〕与《12号准则》第33条的要求相比，该项目律师工作报告的措辞与《12号准则》的规定基本一致，只是未特别突出“得到有权部门的批准”（在设立意见中一般指是否已办理工商登记。——笔者注）。

3．行业习惯与尽职调查

在境外上市项目中，无论是美国上市项目，还是中国香港特别行政区上市项目，对于法律意见书的形式与内容，上市地证券监管机构并未发布任何准则要求。或者，即便有法定

〔1〕《北京市中伦律师事务所关于为迪某股份有限公司首次公开发行股票并在创业板上市出具法律意见书的律师工作报告》，载巨潮网。

要求，法定要求也非常简单，对法律意见书如何措辞影响不大。[1]在这种情况下，针对某一问题，如发行人是否合法设立这一问题，律师出具什么样的法律意见、法律意见的具体措辞如何，很大程度上取决于行业实践，也就是其他同类项目中律师出具的法律意见措辞。有的时候，是否出具某一法律意见、法律意见的具体措辞如何、律师是否可以加入对自己有利的保护性措辞，都受限于相关方的商业谈判。在这些因素的影响下，在不同项目中，法律意见措辞呈现差异。因此，在这类项目中，是否需要律师出具某一法律意见，如果需要出具，法律意见的具体措辞如何，多少带有一定的弹性。为支持法律意见而开展的法律尽职调查工作，也存在一定的弹性。

例如，在部分中国香港特别行政区上市项目中，针对同样的合法设立这一问题，律师出具的法律意见书的措辞，与上述A股上市项目相比，就存在差异。举例而言，某中国香港特别行政区上市项目律师出具的法律意见书措辞如下："A公司根据中国法律合法成立，具有独立法人资格，能依法独立行使民事权利及承担相应民事责任，并且，A公司的设立符合当时有效的中国法律的相关要求。"这个法律意见的后半段，即"A公司的设立符合当时有效的中国法律的相关要求"，与上述A股项目法律意见书措辞类似（"发行人的设立已履行审计、资产评估、验资等必要程序，并已取得有权主管部门的适当

〔1〕　美国证监会颁布的S-K条例（Regulation S-K）第601条（Item 601）是关于美国首发上市项目中法律意见书的唯一要求。该条第5项规定，发行人律师应出具法律意见，说明所发行证券的合法性。

批准，设立程序和方式符合当时适用的相关中国法律法规的规定”）。

但是，如果仔细分析，仍然能看出两者的不同。例如，在A股上市项目中，法律意见措辞将“设立”限缩为“设立程序和方式”（符合当时法律要求），而在中国香港特别行政区上市项目中，法律意见措辞没有作出任何限缩，直接针对“A公司的设立”是否符合当时法律要求得出结论。从逻辑上来讲，不属于“设立程序和方式”的事项，当公司章程存在实体瑕疵时（如章程规定的股东会批准事项违反公司法强制性规定），公司设立程序和方式也许符合当时法律要求，但公司设立就整体而言是否也符合了当时法律要求，属于需要进一步法律尽职调查的问题。因此，从理论上看，在前述中国香港特别行政区上市项目例子中，法律意见措辞涵盖的范围更广，由此需要进行的法律尽职调查工作的范围也更广：不仅需要调查程序问题，还需要调查实体问题。〔1〕

4．客户要求与尽职调查

此外，公司上市项目，无论是A股上市项目，还是中国香港特别行政区上市项目，抑或是美国上市项目，尽管不同上市地法律要求不同、行业实践不同，但是它们都是证券发行和上市项目，或多或少带有一定的同质性。即便有差别，差别也比

〔1〕　这里举的例子只是个案，并不代表A股上市项目法律意见措辞应该只针对“设立的程序和方式”是否符合当时法律要求这一问题。实际上，谨慎的律师仍然会将设立过程中的实体问题一并考虑。如果存在实体问题，谨慎的律师会通过不同方式将其反映在法律意见书、律师工作报告或者其他发行文件（如招股说明书）中。

较细微。如果是其他类型的非诉项目，比如并购项目，通常既没有法定要求（如不涉及A股上市公司重大资产重组的并购项目），也没有公认的行业惯例，通常很大程度上取决于客户（如收购方）与律师之间的约定、被收购方的配合程度（如敌意收购时基本无法依赖被收购方提供任何尽调资料）、项目所需的时间长短等因素。在这类项目中，律师能够出具什么样的法律意见、开展什么样的法律尽职调查，都存在很大的不确定性。

比如，调取和审阅市场监督管理机构留存公司的“工商档案”，是律师确定公司何时设立、设立时提交了哪些文件以及历次变更情况（如股东、股权、董监高等变更）的重要环节。但是，在中国很多省市，调取“工商档案”需要公司的书面同意。如果公司不同意，那么律师无法获得有关公司设立的权威材料，律师也就不可能出具相关法律意见，无法说明“公司设立符合当时法律适用的中国法律法规的规定”。在这种情况下，即便律师能够出具某种“意见”，这类意见也更像是针对尽调过程和事实的描述，与前面提到的“公司合法设立”这类带有法律结论性质的意见存在本质区别。

比如，律师的意见可能是如下措辞：“根据经本所律师查询国家企业信用信息公示系统（网址：http://www.gsxt.gov.cn/index.html）信息，截至本法律意见书出具之日，A公司的基本情况如下：公司名称为［x］，公司的住所为［Y］，公司的法定代表人是［Z］。这里引用的语言，也常常被称为“法律意见”。但是，这样的法律意见通常只是尽调事实和尽调依据的描述，而不是某种经过法律分析之后的“法律结论”，如

“A公司根据中国法律设立”，或者“A公司设立符合当时适用的中国法律规定”。

总的来说，法律尽职调查的核心目的，在于支持法律意见的措辞。法律意见采取什么样的措辞、采取哪种形式，取决于法律规定、行业习惯和客户要求等诸多因素。从初级律师角度来看，开展法律尽职调查，首先需要了解法律尽职调查需要支持的哪个（哪些）法律意见的形式与内容。

二、尽职调查与法律研究

1．法律意见、法律规则与法律研究

从实操角度来讲，需要出具什么样的法律意见，律师就需要展开什么样的尽职调查。而法律意见的措辞，比如公司合法设立，又与法律规则密切相关。从这个角度来看，律师开展法律尽职调查的时候，在他的内心中，应该已经有了小确信，确信法律究竟是什么，比如什么叫作法律意义上的合法设立。如果律师还没有这样的内心确信、还不知道法律是什么，那么他需要通过法律研究来发现法律，了解规则，形成自己的内心确信。因此，法律尽职调查不是一道单纯的法律工序，它实际上是一个反映了法律研究过程和研究结果的综合过程。

比如，针对A公司是否拥有某地块的土地使用权，律师需要出具法律意见，并对此开展法律尽职调查。从法律意见的措辞来讲，律师需要给出的结论很简单，大体就是说明，“A公司拥有该地块的土地使用权”。但是，从法律规则来讲，判断A公司是否“拥有”该地块的土地使用权，律师需要对土地使用权的性质（是物权还是债权）、对A公司怎样才算法律上“拥有”了土地使用权、对判断是否“拥有”土地使用权的法律规则是什么，诸如此类的法律问题，形成清晰的认识，形成自己确定土地使用权所有权归属法律规则的内心确信。

2. 法律规则如何确定“拥有”？

如果将法律尽职调查流程进行分解，那么，理解法律尽职调查所需出具的法律意见措辞之后，律师需要研究法律意见背后隐含的法律规则，并进一步形成法律尽职调查的具体方案。

仍以土地使用权的所有（拥有）权尽职调查为例，土地使用权属于物权，根据原《物权法》的规定，不动产物权的设立、变更、转让和消灭，经依法登记，发生效力；未经登记，不发生效力，但法律另有规定的除外。原《物权法》于2021年1月1日被《民法典》废止，但关于不动产物权登记生效的条款内容未发生实质变动。因此，是否“拥有”某地块的土地使用权，从法律上来讲，判定“拥有”的依据为是否“登记”。对于这类纯法条搜寻性质的法律检索工作，接受过法律本科教育背景的初级律师，通常都能很快完成。

进一步讲，如何判断是否登记？如何证明是否登记？应该在哪里登记？这类问题非常具体，通过法条检索通常很难得出结论，需要律师做进一步的法律研究。因此，律师不仅需要研究《民法典》，还需要研究《不动产登记暂行条例》，研究各地方的不动产登记条例，同时，还要结合相关地块情况，确定有权登记机关是某县政府的不动产登记机构，还是某市政府的不动产登记机构，或者是其他哪个层级和区域的政府机构。不同地区的不动产登记机构，可能具体负责的部门名称有所不同。比如，在广州，不动产登记机构是广州市规划和自然资源局；在北京，不动产登记机构是北京市规划和自然资源委员会。如果广州或北京这些具体有权登记部门发布了登记细则，律师还需要进一步研究这些细则，以便了解某一具体地块的土地使用权在具体政府机构登记的细节。

因此，在前述更为细致的法律研究的基础上，律师对“登记”这一概念形成了更为具体的认识。比如，不动产登记机构会发放土地使用权证，作为“拥有”土地使用权的证明，或者说作为完成“登记”的证明。土地使用权证由所有权人持有，从尽职调查流程来讲，律师会要求所有权人提供土地使用权证，以作为该人“拥有”某地块土地使用权的证明，或者说完成土地使用权“登记”的证明。在法律意见书或尽调报告中，律师也会加上描述该土地使用权证信息的文字，比如，“国有土地使用证［Z国用（20××）第×号］，该地块坐落于Z市A区，土地用途为工业用地，使用权类型为出让，土地使用面积为［××］平方米，使用期限至［20××］年［××］月［××］日”。

3．权证效力、不动产查册和风险闭环

但是，土地使用权证只是“拥有”土地使用权的一个证明，它不是《民法典》规定的“登记”本身，它也不是证明“拥有”土地使用权的绝对凭证。同时，从实操角度来讲，权证可能被伪造、变造、涂改，当事人提供的权证是否真实、准确，权证记录的信息与不动产登记机构记载的信息是否一致，这都是需要尽职调查来核实的问题。

因此，在部分项目中，或者在涉及重要地块土地使用权的尽职调查过程中，律师还可能需要到不动产登记机构进行查册，也就是查询不动产登记机构保存的不动产登记簿，核实权证记载信息，核实当事人提供的信息，将这些信息与不动产登记簿进行比对，最终确认相关人士是否“拥有”土地使用权，从而将法律规则（土地使用权登记生效）—法律意见（“拥有”土地使用权）—尽调事实（某具体地块的土地使用权）三个方面的问题有机联系在一起。

所以说法律尽职调查是一个综合工程，它的程度与范围依赖于法律意见的具体措辞，而法律意见的措辞又与法律规定密切相关，需要通过法律研究来确认，从而形成一个法律风险管理的“闭环”。在这个“闭环”中，如果出现了某一脱钩环节，那么，律师要判断是否能够出具相关法律意见，或者是否要加入某些假设性、警示性语言，以避免或者降低法律意见不实带来的风险。

比如，如果律师只审阅了土地使用权证原件，没有到不动产登记机构进行查册（登录不动产登记机构官网进行查询，或者到不动产登记机构进行现场核查，两者是否均视作有效的查册，应以不动产登记机构的规定为准），那么，就支持“拥有”某土地使用权这一法律意见的尽职调查而言，法律尽职调查没有形成“闭环”。其中原因很简单，“登记生效”的法律规则要求，应以“登记”（查册）为准判断是否“拥有”土地使用权。在没有审阅“登记”信息的情况下，律师是无法出具“拥有”某土地使用权这一法律意见的。

但是，实践中部分项目涉及的不动产量很大，项目时间又短，要求律师针对每一地块的土地使用权逐一查册的话，或者很难做到，或者短时间内无法完成。那么，在出具“拥有”某地块土地使用权这一法律意见的时候，律师需要将法律尽职调查的方法论进行说明。这些说明通常表现为法律意见书中的假设、前提等内容。比如，法律意见书可能专门强调，有关土地所有权的意见，仅仅依赖于审阅当事人提供的权证（原件或复印件）等。其隐含的意思就是，律师没有进行查册。或者，至少在假设部分强调，当事人提供的证照或文件原件是真实的，法律意见依赖于该假设出具。

例如，在超达装备A股上市（创业板）的律师工作报告中，律师在“十、发行人的主要财产”发表土地使用权有关意见前，明确说明“根据公司提供的土地权属证书等相关资料，经本所律师核查”。同时，律师在发表“发行人合法取得并拥有上述土地使用权，合法、有效”意见时，也再次强调，“根据上述权属证书以及发行人提供的资料并经本所律师核查”这一方法论。〔1〕

三、尽职调查与信息来源

在理解法律意见的形式与内容之后，在形成法律规则的内心确信之后，尽职调查的核心内容就是收集信息。通过尽职调查收集信息，汇总法律意见依赖的事实，其中的核心问题

---

〔1〕《北京市环球律师事务所关于南通超达装备股份有限公司首次公开发行股票并在创业板上市之律师工作报告》，载巨潮网。从保守角度解读，这里所说的“并经本所律师核查”是包括查册，还是仅指核查权证，可能存在不同解读空间。

有三个：第一，信息来源的种类，也就是从哪些渠道可以获得需要的信息；第二，信息的权威度，也就是信息证明法律事实的力度；第三，信息的“局限”，主要指不同来源的信息，是否存在某些“固有问题”，需要在出具法律意见时加以提示。

1. 信息来源

信息的来源很多，也可以从不同角度进行分类。比如，从是否公开来讲，尽职调查获得的信息可以分为公开信息和非公开信息。前者如政府网站信息（如市场监督机构网站显示的企业登记信息）、商业数据库信息（如企查查信息）、上市公司公开披露信息等；后者主要是交易相关方提供的信息，如证券发行人提供的董事会会议记录、被投资企业提供的雇员股权激励文件等。

从实操角度来讲，一个好的法律尽职调查，通常意味着律师掌握的公开信息丰富、准确，这就需要律师不断学习、了解各类公开信息的来源、网站、数据库、小程序，理解不同公开信息来源解决的核心问题。如果不同公开来源之间存在信息重复，律师就需要理解不同来源之间的优、缺点和具体差异。

比如，市场监督管理机构的网站可以查询企业信息，如名称、形式、注册资本等，企查查等商业数据库也可以查询类似信息，那么，从律师角度来讲，了解和掌握这两种来源都非常必要。一旦政府网站登录不畅，或者商业数据库临时瘫痪，律师就要有办法获得信息，给客户一个“交代”。但是，两个来源明显不同，其权威度也不同。政府网站权威度高，商业网站权威度相对较低，那么，在使用信息的时候，比如在法律意见书或法律尽调报告中引述信息的时候，一定是尽可能引述权威度高的信息；需要注明信息来源的，尤其是商业网站和数据库作为来源的，还需要明确注明信息来源，以提示读者该信息可能存在的“瑕疵”。

非公开渠道获得的信息很多，比如，公司提供的营业执照、房屋所有权证，这实际上属于非公开信息的范畴。在证券发行项目中，律师、券商与发行人高管的访谈，律师、券商针对发行人供应商、客户做的第三方调查，发行人向律师、券商出具的说明、确认函，这也都属于非公开信息的范畴。在对抗性较强的项目（如涉及控制权转让的并购项目），或者保密性较高的项目（如涉及上市公司的并购、投资或其他交易），很多信息甚至只能通过非公开渠道获得。

一个好的法律尽职调查，意味着律师需要熟练掌握获得信息的各类非公开渠道、场合、场景，了解非公开渠道获得信息的性质（比如什么信息属于非公开信息）、局限（比如是否存在伪造、变造可能），并通过进一步核查加以确认，或者在无法通过其他渠道确认的情况下（如无法进行不动产查册时），通过在法律意见书或法律尽调报告中提示的办法，向读者客观呈现非公开渠道获得的信息。

比如，公司提供营业执照，显示公司经营范围，也就是公司能做什么、不能做什么。严格来讲，公司提供的营业执照属于非公开信息，那么，非公开信息是否真实、准确，无法根据该信息本身加以确认，需要与其他信息，尤其是公开或者官方权威信息进行交叉比对，才能加以确认。在这种情况下，登录市场监督管理机构官方网站，或者从市场监督管理机构调取全套工商材料，将公司提供的营业执照上的经营范围信息与前述公开或权威材料进行比对，通过比对最终确认公司经营范围，从而为判断公司经营是否合规（如是否符合经营范围）提供支持。

2．信息权威度

上面提及的营业执照例子，已经隐含着对不同来源信息权威度的判断。一般来讲，公开信息的权威度更高，非公开信息的权威度更低，或者其权威度至少存疑，需要进一步验证。当然，这里讲的公开信息，主要是指权威机构公开的信息。在互联网、微博、微信上，信息也是公开的，但这类公开信息是否准确，这本身也是需要加以核实的问题。

从权威度来讲，我们很难给出一个公式，或者类似于法律渊源的位阶，明确列明不同信息的权威程度。但是，在法律实操中，律师们会形成某种权威度的认知，会根据这种认知来开展法律尽职调查、报告法律尽职调查的结果。举例来讲，有权政府机构提供的信息（如市场监督管理部门网站信息），其权威度高于商业数据库（如企查查）提供的信息，也高于当事人提供的信息（如营业执照信息）；文件原件显示的信息，其权威度高于复印件、扫描件显示的信息；有权政府部门的书面批复、证明、说明，其权威度高于对该部门官员的访谈记录。

因此，从追求权威度角度来讲，律师应该尽可能地获得权威度高的信息，并依据权威度高的信息来出具法律意见，撰写尽职调查报告。比如，当事人可能主动提供其工商调档材料，律师也可以去市场监督管理机构独立调取工商调档材料，同样的工商调档材料，律师应该尽可能地要求独立调取材料，并依据独立调取的材料撰写法律意见书、尽职调查报告。同样的，当事人提供其租赁合同的复印件，那么，从权威度角度考虑，除审阅租赁合同复印件之外，律师还应该进一步审阅租赁合同原件，核对原件与复印件是否一致，从而作为出具租赁合同是否合法有效的依据之一。

但是，在法律实践中，或者因为时间不够，或者因为没有必要，所以并不是在所有法律尽职调查问题上，律师都需要或者能够获得权威度最高的信息。比如，在不少证券发行项目中，在核实发行人是否“拥有”某房屋所有权这一问题上，律师可能只是审阅了相关的房屋所有权证，没有到不动产登记部门进行查册（核实登记信息），甚至可能只是审阅了相关房屋所有权证的复印件、扫描件，连原件都没有审阅。因此，追求权威度和考虑其他因素，比如时间成本，往往成为法律实践中经常需要权衡的问题。究竟追求多高的权威度、如何在法律意见中反映权威度，这是律师需要根据法律要求、项目情况、客户诉求、行业实践等多种因素，来加以考量和取舍的问题。此外，鉴于部分地区、部分业务部门互联网政务工作开展的局限性，有权政府机构网站等线上查询渠道有时也存在更新不畅、内容不全的可能，匿名手段获取的有权政府机构线上资料的权威度也会存在一定限制。

当然，对信息权威度的“打折”，在行业“内卷”、人手不够、时间紧迫的背景下，律师容易产生尽调“疲惫”，对权威度无感，形成某种习惯性做法。比如，在美国上市项目中，律师通常只审阅网上资料室的文件复印件，很少审阅原件，也可能不去有权的政府机构网站查册或核实信息。在这些项目中，某一法律意见（如租赁协议合法有效），它所依据的尽调信息并不足够权威（如往往基于租赁合同复印件），其实难以支持该法律意见，难以形成法律风险管理的“闭环”。

但是，在不同项目中，律师反复类似操作，可能已经习惯成自然，忘记了审阅合同复印件无法支持租赁合同合法有效这类法律意见。在这种情况下，律师需要回顾自己的“初心”，提醒自己如何形成法律风险管理的“闭环”。在不能改变行业习惯的前提下，至少通过法律意见假设的强化（如假设租赁合同复印件与原件一致），形成信息权威度不足下的法律风险管理“闭环”，降低法律意见书的潜在风险。

3. 信息的局限与瑕疵

无论是权威度高的信息，还是权威度低的信息，它的收集和呈现，总会存在这样或那样的局限，甚至这样或那样的瑕疵。有经验的律师，需要了解不同来源信息的局限。一方面客观呈现尽职调查结果，另一方面避免或降低法律意见的风险。

比如，任何网站、数据库信息，都会存在信息滞后的问题。也就是说，今天从国家市场监督总局网站查询的企业信息、从最高人民法院裁判文书网查询的企业被诉信息，通常都不是截止于今天该企业的信息，或者截止于今天该企业的涉诉信息。国家市场监督总局网站收录的企业信息存在滞后，裁判文书网收录的判决文书信息也存在滞后，这就要求律师采取其他方式，尽可能地获得这些网站不能提供的、截止于今天的信息。

例如，在很多境外上市项目过程中，存在bring-down尽职调查会议的机制。也就是在项目后期的某个关键日之前或当天，比如股票上市日、项目交割日之前或当天，发行人法务总监（或其他高管）通过访谈形式确认，该公司截至该关键日，不存在重大诉讼、仲裁和行政处罚等信息。法务总监的口头确认，其权威度当然不如裁判文书网的判决文书。但是，由于裁判文书网存在滞后，通过在某个时间点查询裁判文书网信息，并在查询后某个时点由公司法务总监口头确认，这是尽可能客观呈现尽调结果的方式之一。

除此之外，信息本身存在局限，这也要求律师密切关注，以避免、降低法律意见书、尽调报告得出的某一结论所带来的风险。如果结论与时间密切相关（如截至×年×月×日公司不存在重大诉讼），那么，法律意见、尽调报告中是否应该加上明确的时间限制，说明法律尽职调查的时点（如基于本所律师×年×月×日对裁判文书网的查询），以清楚呈现法律尽调获取信息的“局限”，降低法律意见带来的潜在风险，这就有待律师加以斟酌。

四、尽职调查与流程管理

法律尽职调查既是一个结果，也是一个过程。从结果来看，法律尽职调查需要得出一个结论、判断，用以支持法律意见的措辞；从流程来看，法律尽职调查需要时间，它本身就是一个过程，在有限时间内能够得出什么样的结论，这与时间要求也密切相关。

1. 尽职调查的时效性

法律事实不是抽象的事实，它是基于某个具体时点的事实，或者是基于某个区间的事实。

从前者来看，甲公司于2021年7月15日根据中国法设立，这里的设立一定发生在某个具体时点的。同理，律师出具法律意见认为，“甲公司合法存续”。也就是说，甲公司现在还存在，没有破产、清算或失去公司身份，那么，“甲公司合法存续”也是基于特定时点而言的。在没有明确说明的情况下，就是针对法律意见书出具的日子而言的。同年7月15日，甲公司合法存续，不等于7月17日甲公司依然合法存续，甲公司可能7月16日就申请破产了。从后者来看，甲公司最近3年没有作为被告的重大诉讼，这一法律意见是针对（法律意见书签署日）最近3年这个区间而言的。那么，换了一个区间，比如最近5年，法律意见的结论可能就不一样。

因此，法律尽职调查具有很强的时间性。5月30日，律师登录裁判文书网，查询乙公司涉诉情况，得出乙公司没有作为被告的重大诉讼结论。6月30日，该结论是否还成立，这是不一定的。在6月这1个月中，也许裁判文书网上传了新裁判文书，显示乙公司作为被告的诉讼情况。因此，6月30日，律师需要重新登录、再次检索才能重新得出结论。

在这种情况下，法律尽职调查不是一次性的，而是一个持续的过程。一个证券发行项目，动辄好几个月时间，律师在项目初期做的尽职调查，在项目后期可能就“过时”了，需要再次“更新”尽职调查。在项目过程中，有的项目重要时点很多，比如股票发行项目可能涉及申请材料提交日、（美国证券发行）初步招股书印刷日、发行注册日、定价日、交割日等。律师可能在不同时点都会出具同样的法律意见书。那么，对于每次时点，相关法律尽职调查都需要重复、更新，以支持不同时点的法律意见结论。

2. 尽职调查与重大性

同时，在不少项目中，尽职调查工作量很大。比如，一个互联网电商平台可能有100多家子公司，拥有上万个商标。可以想象，即便做常规的法律尽职调查，比如，核实电商平台及其子公司是否合法设立、历史沿革（各类变更事项）是否存在瑕疵以及经营合规情况（是否无照经营、是否超范围经营等），也要到市场监督管理机构网站查询这一百多个公司情况，到全国各地市场监督管理机构调取这100多个公司的工商底档，还要确定是否获得相关业务许可、是否被有关主管部门处罚，整个流程下来，没有大量律师的投入，没有几个月的时间，这些工作可能都无法完成。如果涉及证券发行项目，整个项目要在6个月到1年之内完成，法律尽职调查常常需要在两三个月内结束，那么，这几乎就是一个不可能完成的任务。

因此，从流程管理角度来讲，在法律法规允许的情况下，在符合市场管理的情况下，“限缩”法律尽职调查的范围，以此满足流程管理的要求，这是不少项目中平衡完美尽调和现实尽调的做法。如何“限缩”，办法很多，其中一个办法就是通过重大性来限制法律尽职调查的范围和方式。在证券项目中，相当多国家和地区都强调，发行人应向投资者披露对其投资决策有重要性（重大）的信息，因此，通过重大性限缩法律尽职调查范围，在证券发行项目，尤其是境外证券发行项目中比较常见。[1]

在允许重大性限缩的情况下，以前述电商平台为例，在项目初期，律师和其他相关中介就需要与公司讨论，确定重大性标准，并在此基础上挑选其中10家子公司作为重要子公司，仅针对这10家重要子公司开展法律尽职调查。同时，将上万个商标进行梳理，确定其中100个商标为重要商标，仅针对这100个重要商标开展法律尽职调查。律师的法律意见，也仅针对这10个重要子公司、100个重要商标出具，而不需要涵盖所有子公司、所有商标。

3．尽职调查与时间约束

在上述重大性限缩的讨论中，限缩法律尽职调查范围、压缩法律尽职调查时间，这是律师与相关当事人主动友好协商的结果，反映了相关方的合意。在某些项目中，比如对抗性较强的并购项目中，无论是被投资企业较为强势的少数股权投资项目，还是竞争对手之间涉及控股权转移的并购项目，被投资企业或卖方都会采取相对强势做法，限制法律尽职调查的时间，控制法律尽职调查的形式。在这种情况下，律师的尽职调查相对被动，也十分有限。

比如，甲公司准备出售部分业务给乙公司，但双方存在竞争关系，既有反垄断方面的法律考量，也有项目不成双方会继续竞争的顾虑。在这种情况下，甲公司可能对尽职调查施加各

---

〔1〕 就笔者个人观点而言，A股上市项目的发行审核还没有完全接受重大性这一概念，部分法律意见需涵盖所有事项（如发行人的所有子公司而不是重要子公司）。因此，相关法律尽职调查也不能完全采用重大性标准来限缩法律尽职调查范围。

种限制。比如，尽调时间被限制在3周以内，不允许律师现场尽调，只能通过网上资料室审阅尽调资料等。同时，3周结束后，网上资料室关闭，律师不能再审阅相关资料。

针对这样的项目，律师毫无疑问是非常被动的：只能看到别人给的资料，只能在特定时间内看资料，只能通过特定形式审阅资料。一方面，律师需要强化法律尽职调查的时间管理，对法律尽调过程要精细规划、精准执行。比如，网上资料室文件是否可以下载，不能下载的话，是否需要/允许截屏、如何截屏、什么时候截屏、哪些材料需要截屏，以及哪些材料需要摘要记录，诸如此类问题。法律尽职调查就像打仗，必须考虑和落实每一个细节。

另一方面，律师的法律尽职调查报告需要尽可能反映尽职调查的实际情况，将法律意见或结论放在具体尽调场景下来考察。比如，法律尽职调查报告需要描述尽调方式、尽调时间，强调尽调的时间约束、有限范围、特定方式，提示法律结论可能存在局限性等。

五、尽职调查与文档留存

1．为什么需要存档

在尽职调查结束后，对相关文件进行整理和归档是非常必要的。这背后的原因很多，无法一概而论。简单来讲，存档涉及以下几个方面的原因。

第一，在某些项目中，它是法定的要求。比如，《12号准则》第13条第1款规定，“律师在制作法律意见书和律师工作报告的同时应制作工作底稿”。同时，第14条进一步要求，

“律师应及时、准确、真实地制作工作底稿”，并强调，“工作底稿的质量是判断律师是否勤勉尽责的重要依据”。此外，针对存档问题，《12号准则》第17条规定，“工作底稿由制作人所在的律师事务所保存，保存期限至少7年。中国证监会根据需要可随时调阅、检查工作底稿”。因此，就此类项目而言，整理工作底稿、保存工作底稿，这是法定要求，是法律服务的一个重要环节。

第二，即便没有法定要求，文档留存可能也是部分律所的内部要求，其是为了保护律师、防范风险。比如，日后针对某一项目发生争议，客户认为律师没有发现目标公司涉及的某一重要诉讼，由此导致客户在收购目标公司之后承担巨额索赔，律师是否留存了有关诉讼的尽职调查文档、留存了什么样的文档，这就成为律师主张其完成了行业惯常要求的勤勉尽责、符合尽调标准的证据。这里的文档可能包括尽职调查清单，看该清单是否包含了有关重要诉讼尽职调查的问题和请求，也可能包含裁判文书网的查询记录，看该查询是否包含所涉重要诉讼，还可能包括律师与客户、目标公司之间的某些往来邮件，以此证明律师是否追问了某些重要问题、是否按照行业惯常标准，是否能够发现相关重大诉讼等。

第三，文档留存是对项目整体回顾、梳理和学习的重要环节。在不少境外上市、并购项目中，律师通常都会制作交割文册（closing binder），将项目涉及的重要文件，尤其是证券项目中的招股书、申请文件、承销协议等重要发行承销文件，并购协议中的购股或增资协议、股东协议、目标公司章程、附属协议等交易文件，汇总成书，用于内部留存，也供客户参阅。在某些重要项目中，投行还会聘任印刷商，制作有深色厚皮封面包装的、装帧精美的交割文册，业内人士称为“交割圣经”（closing bible）。办公室书架上有多少项目的“交割圣经”，这经常是资深律师、合伙人显示其经验的证据。对初级律师来讲，梳理项目文件，撰写文件目录，制作交割文册，这是很重要的一项工作。通过这项工作，初级律师开始熟悉不同项目的最终尽调报告，作为未来类似项目参考资料。

2. 留与不留

项目性质不同，是否要留存文件、留存什么文件，都存在很大区别。一方面，并非所有文件都需要留存，或都应当留存。是否需要留存文档，取决于诸多因素，比如项目类型、是否存在法定存档要求、客户要求、项目具体情况（如项目时间紧迫性、尽职调查形式）等。

例如，在美国首发和上市项目中，美国律师、中国律师出具的法律意见书中，通常都会包含所谓10b-5法律意见语言，也就是律师出具意见认为，招股书中没有重大不实陈述或者重大遗漏，通常采用否定性确认方式（negative assurance），大意是律师没有发现重大不实陈述或重大遗漏。这种意见涉及的“面”非常广，针对整本招股书的披露内容，而招股书的撰写是一个长时间、多方参与、反复讨论的过程。

如果投资人提起民事集团诉讼，认为招股书存在重大不实陈述或遗漏，要求发行人和承销商承担民事赔偿责任，这类诉讼通常会拖很长时间。在若干年后的诉讼庭审中，律师要想回忆当年怎么讨论招股书的，这通常都是很难的事情。在这种背景下，部分美国律师选择“躺平”，要求尽量少留存甚至不留存涉及招股书披露有关的文档（如某次招股书撰写会的记录），而主要留存那些符合行业惯例的流程记录和文件，如尽调清单、管理层访谈记录、第三方访谈记录、bring-down尽调清单和记录，以此证明自己符合行业做法，法律意见书的意见不存在问题。

又如，在对抗性较强的并购项目中，如果目标公司比较强势，或者存在其他考量，要求收购方及其律师2周或3周内必须完成尽职调查，同时，尽职调查采取审阅网上资料室的方式，律师不能下载、打印相关文件。在这种情况下，如果网上资料室文件量大，需要处理的尽调问题多，比如动辄上千个商标需要核查其注册情况，那么，是否需要留存（如截屏、拍照）每一个网上资料室文件，这需要与客户协商，根据客户要求和项目情况来加以确定。在无法截屏留存每一份文件的情况下，仅留存部分重要文件，甚至某些文件完全不留存，这都是可以选择的策略。

因此，在文档留存这一问题上，留与不留，这是律师需要首先考虑的问题。全部留存文档，这可能是一个好习惯，但是，它可能也会产生额外问题，或者实践中很难做到。完全不留存文档，这是另外一个极端做法，也可能无法满足防范律师执业风险的要求。律师需要综合考虑各方因素，如法律规定、行业惯常做法、律所或团队内部要求，在此基础上确定是否留存文档、留存什么文档。

3. 留存什么文档

如果存在法定存档要求，那么，律师必须留存文档，同时，还需要根据法定要求留存适当文档。比如，《12号准则》第13条规定，“律师在制作法律意见书和律师工作报告的同时应制作工作底稿。前款所称工作底稿是指律师在为证券发行人制作法律意见书和律师工作报告过程中形成的工作记录及在工作中获取的所有文件、会议纪要、谈话记录等资料”。该准则第16条进一步列举了工作底稿的具体内容，并强调这只是示例性的清单，并不限于所列举的内容。[1]

一般来讲，通常需要留存的相关文件和底稿包括：（1）法律尽职调查文件清单及公司回复，包括补充或单项文件清单及公司回复；（2）公司人员的访谈/回复的记录，比如境外上市中管理层演示或访谈会议的记录；（3）资料室文件原稿；（4）政府部门登记备案文件的扫描件；（5）第三方访谈的记录，比如境外上市项目中，针对公司供应商、客户的访谈记录；（6）公开查询的网页截图或页面；（7）实地走访的照片和记录，比如在中国香港特别行政区上市项目中，承销商及其律师走访市场监督管理部门的照片和记录；（8）相关往来邮件和沟通记录；（9）对尽调问题的内部研究、梳理和总结；（10）其他用于支持法律意见或尽调结论的文件。

---

〔1〕《12号准则》列举的工作底稿内容包括：（1）律师承担项目的基本情况，包括委托单位名称、项目名称、制作项目的时间或期间、工作量统计；（2）为制作法律意见书和律师工作报告制定的工作计划及其操作程序的记录；（3）与发行人（包括发起人）设立及历史沿革有关的资料，如设立批准证书、营业执照、合同、章程等文件或变更文件的复印件；（4）重大合同、协议及其他重要文件和会议记录的摘要或副本；（5）与发行人及相关人员相互沟通情况的记录，对发行人提供资料的检查、调查访问记录、往来函件、现场勘察记录、查阅文件清单等相关的资料及详细说明；（6）发行人及相关人员的书面保证或声明书的复印件；（7）对保留意见及疑难问题所作的说明；（8）其他与出具法律意见书和律师工作报告相关的重要资料。

需要注意的是，留存文件要保证齐全，尤其是法律意见书所直接依据的尽调文件，不要遗漏。必要时，可协调团队成员对存档文件进行交叉核对，防止缺漏。

另外，在保存文件的时候也要留心，如果尽调的内部研究或汇总中提出了某一项法律问题或者列出了某个尽调问题或疑点但未作出结论或判断，则应当在其中按照与法律意见或尽调材料相一致的判断、对该问题或疑点的最终调查结论进行总结和明确，即完成“发现问题—进行调查—得出结论”的闭环。

并且，各项文件所包含的结论和判断不能存在矛盾或不一致。这样做的目的，一是及时记录尽调中的相关研究和结论，防止遗忘；二是在特定情况下律师需要向他人证明自己尽到了勤勉尽责义务时，可以有充分材料证明当时对相关尽调问题都进行了研究和判断。

4．如何留存文件

留存文档的具体方式，不同项目、不同律所、不同律师的做法，也不完全相同，常常因事而异、因人而异。当然，这不是说留存文档没有一个标准。在律所里，初级律师要“出人头地”，有时可能是因为某项法律研究出色，但有时也可能是因为他整理和留存的文档清晰，一目了然，让人觉得有条理、便于检索、便于阅读。

具体而言，留存文档涉及对文档的分类工作，而分类又需要依据一定标准，分类标准反映行业惯常做法、律所习惯。如果出现多种标准，留存文档时则需要考虑采用哪种标准，或者在同时采用多重标准时，如何让读者仍然能够很清楚地找到想要找到的问题件。

比如，在电子存档时，需要对文件进行适当命名，对文件夹进行适当命名，在文件名和文件夹名称中体现关键信息，区分不同的存档文件。以文件夹命名为例，文件（夹）命名以数字或者字母开头，并依次往下排序，固定该文件（夹）的顺序位置，方便查找。图1—1显示存档文件夹的命名和排序。

图1—1　存档文件夹示例

同时，对文件的命名和排序，也可以采用类似的方法。比如，在交易文件这个文件夹中，可能包含承销协议、存托协议等多个协议，那么，就要对这些协议进行适当排序，协议的文件名采用符合惯例的名字。如果同一文件存在多个版本，如不同时间查询企业信用信息公示系统的截图，那么，在文件名中就通过时间（或其他标准）加以区分。如此一来，读者点开某一文件夹，就能一目了然地看到不同版本的同一文件。

第二章

合法设立和有效存续

一、公司设立和存续的尽调背景

在上市和并购项目的法律意见书中，律师通常需要出具公司“合法设立”和“有效存续”的法律意见。

为了出具“合法设立”的法律意见，律师需要针对公司是否合法设立进行尽职调查，需要核实设立的程序、资格、条件、方式是否符合法律、法规和规范性文件的规定，是否得到有权部门的批准、履行了必要的程序，设立过程中所签订的有关协议是否符合有关法律、法规和规范性文件的规定。〔1〕

为了出具“有效存续”的法律意见，律师需要对公司的历史沿革和现状进行尽职调查，需要核实公司历次变更是否合法有效、是否依法有效存续、是否存在可能导致终止的情形，其股权结构是否清晰、是否存在纠纷和风险等问题。

此外，核查“合法设立”和“有效存续”时，往往也会就公司自设立以来的资本缴付情况进行梳理。在部分项目中，法律意见中关于公司资本缴付、资本变更及股权质押的意见，会在公司设立及存续相关部分中涵盖。因此，与资本缴付、股权质押相关的法律尽职调查，通常也由负责设立和历史沿革部分

〔1〕《执业细则》第6条对A股上市项目律师尽职调查内容作了更为详尽的指引，即律师应该：（1）根据发行人设立时间、设立方式及企业性质，查验发行人设立是否需要取得有关部门的批准，以及是否依法履行相关程序并获得批准；（2）发起人的资格、人数、住所、出资等是否符合法定条件；（3）发起人是否签订发起人协议等；（4）创立大会的通知、召集、表决等程序及所议事项是否合法合规；（5）发起人是否依法缴纳出资，是否履行了必要的评估、验资程序，用于出资的非货币财产来源是否合法合规；（6）发行人是否依法履行设立登记程序，并取得营业执照；（7）发行人的设立过程是否存在法律瑕疵，如存在瑕疵，发行人或者发起人是否已经采取补救措施，瑕疵事项的影响以及发行人或者发起人是否因该瑕疵受到行政处罚，是否构成重大违法行为及本次发行的法律障碍，是否仍存在纠纷或者潜在纠纷。

意见的律师一并完成。

二、公司设立和存续的法律意见措辞

针对公司合法设立和有效存续这一问题，在不同类型项目中，法律意见的具体措辞存在不同。

（一）美国上市项目

在美国上市项目中，不论是公司中国律师，还是承销商中国律师，出具的法律意见措辞都一般采取如下表述：

Each of the PRC Material Subsidiaries and the Variable Interest Entities has been duly organized and is validly existing as a foreign-invested enterprise or a domestic company with limited liability and independent legal person status under PRC Laws. The articles of association, business license and other constituent documents （if any） of each of the PRC Material Entities comply with PRC Laws in all material respects and are in full force and effect.

上述法律意见译文如下：

每一中国重要子公司及可变利益实体均作为外商投资企业或内资有限责任公司适当设立并有效存续，享有中国法律下的独立法人地位。每一中国重要实体的章程、营业执照或其他组成文件（如有）均在所有重大方面遵守中国法律且具备完全效力。

在这段英文法律意见中，“重要子公司”和“可变利益实体”都是被定义过的术语，其指代的具体机构都有确定的含义。从上述英文法律意见的措辞来看，它涵盖了很多要点。其

中，最为核心的是公司合法设立（duly organized）和有效存续（validly existing）。〔1〕

此外，在合法设立和有效存续之外，要求律师出具涉及公司股权和注册资本的法律意见时，一般采用如下表述：

> The registered capital of each of the PRC Material Entities has been fully paid in accordance with their respective articles of association and all the equity interests are legally owned by their respective shareholders, and, to the best of our knowledge after due inquiry, such equity interests are owned free and clear of any pledge, encumbrance or claim under PRC Laws, except as provided in the Material Company Contracts or disclosed in the Prospectus or such pledge, encumbrance, or claim that would not, individually or in the aggregate, have or result in a Material Adverse Effect.
>
> Each shareholder of the PRC Material Entities is liable to such PRC Material Entity to the extent of the capital contribution for which it/he/she subscribed; and all Governmental Authorizations for the ownership interest by each shareholder of its/his equity interest in such PRC Material Entity, as the case may be, have been obtained or made and no other Governmental Authorization is required under PRC Laws for such ownership interest.

---

〔1〕 除这两个核心法律意见外，该段法律意见还涵盖其他要点，如公司是否属于“有限责任”公司、是否为独立法人实体。从近年美国上市项目来看，除非存在异常情况，否则律师一般根据公司法原理来默认这两个意见可以出具。但在早期美国上市项目中，去境外上市的国有企业较多，集体企业也不少，将国有企业（如全民所有制企业）和集体企业（如城市或乡镇集体企业）改制为公司法下的股份有限公司的过程中，对于国有或其他股东与上市主体之间是否独立，从而是否影响律师出具拟上市公司具备独立法律人格这一意见，往往需要做进一步法律尽职调查。实际上，在A股上市项目中，核查上市公司与控股股东之间的关系，判断上市公司是否具备独立性，这是《12号准则》的要求，也是法律尽职调查的重点。

上述法律意见译文如下：

> 其每一中国重要实体的注册资本均已按照其章程完全缴付且所有股权均由其各自对应的股东所合法持有。且就我们适当询问后所知，除“重大公司合同”（为法律意见书的附表之一。——笔者注）提及、招股书披露或不会单独和合计产生或造成重大不利影响以外，此等股权上不存在任何中国法律下的质押、负担或诉求。
>
> 中国重要实体的每一个股东均以其认购的股权出资对此等中国重要实体承担责任，且每一股东为持有其在此等中国重要实体中的股权而需取得的政府许可（视情况而定）均已取得或做出，无须为持有此等股权而取得任何中国法律项下的其他政府许可。

其中，政府许可（Governmental Authorization）是被定义的术语，一般泛指所有政府审批、备案、通知等行为；重大不利影响（Material Adverse Effect）也是法律意见书和其他文件（如投资和并购协议）的常见术语，用以指代对公司业务、资产、财务等存在的重大不利影响。

在上述英文法律意见中，其核心要点在于，公司注册资本按照章程完全缴付（the registered capital... has been fully paid），股东合法拥有公司全部股权（all the equity interests are legally owned by their respective shareholders），并且，股东拥有股权已经获得了所有政府许可（如果需要）（all Governmental Authorizations for the ownership interest by each shareholder of its/his equity interest in such PRC Material

Entity ... have been obtained）。此外，股东持有的股权不存在质押或其他权利负担（encumbrances），也是英文法律意见中的要点。

（二）中国香港特别行政区上市项目

在中国香港特别行政区上市项目中，公司中国律师和承销商中国律师通常将公司设立及历次变更进行详细列举，并在列举过程中对资本变更以及股权质押的情况一并进行说明。因此，有关合法设立和有效存续的法律意见，并不是像上述美国上市项目中那样"干净"的法律意见，而是在描述公司基本信息、设立和历次变更情形之后，再出具结论性意见，类似于律师业所谓的"分析性意见"（analyzed opinion）。

不同人对"分析性意见"的风险判断不同。部分业内人士认为，"干净"的法律意见没有留下任何余地，给律师带来的潜在风险较大，而"分析性意见"将法律意见结论建立在信息摘要和法律分析基础上，给律师带来的潜在风险较小。当然，并不是所有人都同意这样的判断。从审阅和核查角度来看，逐一罗列设立和历次变更信息，有助于对法律意见书进行事后审查。比如，如果某一法律意见的结论错了，那么，究竟是适用法律依据错了，还是支持结论的信息错了，抑或是分析框架错了，在"分析性意见"中容易识别，而在"干净"的法律意见中则不容易识别。

简单来讲，在中国香港特别行政区上市项目中，有关合法设立和有效存续的"分析性意见"措辞如下：

1．基本情况

根据A公司现持有的某市市场监督管理局于2014年1月1日核发的统一社会信用代码为9××××××××××××××××××的《营业执照》，并经本所律师查询国家企业信用信息公示系统（网址为：http://www.gsxt.gov.cn/index.html，下同）信息，截至本法律意见书出具之日，A公司的基本情况如表1所示。

表1　A公司基本情况

名称	A公司
住所	某市某路1234弄N号某广场A座Y层1单元
法定代表人	张三
注册资本	100万美元
实缴注册资本	100万美元
公司类型	有限责任公司（外商法人独资）
经营范围	商务信息咨询业务。（依法须经批准的项目，经相关部门批准后方可开展经营活动）
成立日期	2014年1月1日
营业期限	2014年1月1日起至2043年12月31日止

2．历史沿革

（1）2014年1月，设立

2013年11月11日，B公司签署了A公司章程，由B公司出资100万美元设立A公司，注册资本应在A公司领取营业执照之日起6个月内缴纳完毕。

2013年12月10日，某局出具《关于成立外资企业“A公司”可行性研究报告、章程的批复》（［××］号），同意A公司可行性研究报告并批准章程生效。2014年12月

13日，某市人民政府向A公司核发中华人民共和国外商投资企业批准证书（批准号：［××］号）。

2014年1月1日，某市工商行政管理局向A公司核发企业法人营业执照（注册号：［××］）。

根据A公司设立时的企业法人营业执照，A公司的注册资本为100万美元，经营范围为“商务信息咨询业务（依法须经批准的项目，经相关部门批准后方可开展经营活动）”。

A公司设立时的股东及出资情况如表2所示：

表2　A公司设立时股东及出资情况

序号	股东名称/姓名	认缴出资额（万美元）	持股比例（%）
1	B公司	100	100
合计		100	100

2014年3月4日，某会计师事务所出具验资报告（［××］号），截至2014年3月1日，A公司已收到股东B公司以货币方式缴纳的注册资本合计100万美元，占注册资本总额的100%。

（2）2015年5月，注册资本变更

（历次变更事项以及变更具体内容略。——笔者注）

（N）结论

经适当核查，本所认为：第一，A公司根据中国法律合法成立，具有独立法人资格，能依法独立行使民事权利及承担相应民事责任；第二，A公司的设立及历次变更符合当时有效的中国法律的相关要求；A公司有效存续，不存在根据中国法律及公司章程的规定需要清算、解散或终止的情形；第三，A公司现时有效的公司章程符合中国法律的相关规定，合法有效；第四，根据发行人的说明并经本所律师查询国家企业信用信息公示系统信息，A公司的股权未被设立质押。

与前述美国上市项目的法律意见措辞相比，在中国香港特别行政区上市项目中，除对设立和历次变更信息进行汇总以外，法律意见的结论性语言基本类似。当然，针对“有效存续”这一意见，上述例子增加了“A公司的设立及历次变更符合当时有效的中国法律的相关要求”。

一方面，这相对扩展了法律意见的范围：律师不仅要针对公司“现在”（即出具法律意见书之日）是否“合法存续”出具法律意见，还需要对历史上每一次变更是否合法出具法律意见；另一方面，针对历史上每一次变更是否合法的法律意见，从某种程度上来讲，也相当于为支持公司“现在”是否合法存续提供支持论据。从逻辑上来讲，公司现在是否“合法存续”，也受到设立和历次变更是否合法的影响。也就是说，历史上设立或某次变更是否合法，可能会影响到公司现在是否“合法存续”。

（三）A股上市项目

在A股上市项目中，公司律师出具法律意见书和律师工作报告，其形式和内容与中国香港特别行政区上市项目的法律意见比较类似，采用类似于“分析性意见”的形式。不过，因为法律意见书和律师工作报告需要符合《12号准则》的要求，而《12号准则》有关合法设立和有效存续的意见分散在法律意见书和律师工作报告的不同部分，所以需要律师根据不同部分的要求进行撰写。

同时，针对需要律师出具的法律意见措辞，《执业细则》第6条对律师尽职调查的内容作出了更为详尽的指引。[1]此外，《12号准则》还包含了超出合法设立和有效存续的其他法律意见内容，比如，该准则要求律师对发行人发行上市主体资格进行分析，论证其是否符合A股上市条件。

因此，与美国和中国香港特别行政区上市相比，A股上市项目的法律意见措辞存在一定差异。此外，在A股上市项目中，法律意见的“分析性”色彩更浓。从下面例子可以看出，律师收集了哪一个（些）具体信息、事实，并由此判定公司是否合法设立、有效存续，这在法律意见书和律师工作报告中都得到了清晰的体现。

1. 有关公司设立、存续及主体资格的意见

律师工作报告中关于公司设立、存续和主体资格意见的措辞如下：

> 发行人是一家股份有限公司，目前持有某市市场监督管理局于2020年1月1日核发的营业执照（统一社会信用代码：9×××××××××××××××××）。根据该营业执照，发行人的基本情况如下：

〔1〕《执业细则》第6条规定内容，请参见《北京市中伦律师事务所关于为迪某股份有限公司首次公开发行股票并在创业板上市出具法律意见书的律师工作报告》，载巨潮网。

表1　A股份有限公司基本情况

名　称	A股份有限公司
统一社会信用代码	9××××××××××××××××××
类　型	其他股份有限公司（非上市）
住　所	某市某区某座6幢208室
法定代表人	张三
注册资本	200万元
成立日期	2000年1月1日
营业期限	2000年1月1日至长期
经营范围	一般项目：技术服务、技术开发、技术咨询、技术交流、技术转让、技术推广；软件开发。许可项目：第二类增值电信业务（依法须经批准的项目，经相关部门批准后方可开展经营活动，具体经营项目以审批结果为准）
登记机关	某市市场监督管理局

根据在“国家企业信用信息公示系统”的查询结果，发行人的登记状态为‘存续’。基于上述查询结果，并经本所经办律师核查发行人的工商登记资料、公司章程及根据发行人的确认，发行人不存在根据相关中国法律法规及公司章程的规定需要终止的情形，发行人依法有效存续，符合《上市公司证券发行》（以下简称《注册管理办法》）第10条的规定。

发行人于2015年4月4日办理完成股份公司的工商设立登记，持续经营时间在3年以上，符合《注册管理办法》第10条的规定。

发行人已依据《公司法》等相关中国法律法规及公司章程的规定，设立了股东大会、董事会和监事会，并在董事会下设置了审计委员会、提名与薪酬委员会，同时建立了独立董事、董事会秘书制度。据此，发行人具备健全且运行良好的组织机构，且根据发行人提供的资料及其确认，相关机构和人员能够依法履行职责，符合《注册管理办法》第10条的规定。

综上所述，本所经办律师认为：发行人是依法设立且持续经营时间在3年以上的股份有限公司，具备健全且运行良好的组织机构，相关机构和人员能够依法履行职责，符合《注册管理办法》第10条的规定，发行人具备本次发行上市的主体资格。

从上述法律意见措辞来看，完成工商设立登记、取得营业执照，通常被认为是公司合法设立的标志〔1〕，而国家企业信用信息公示系统显示公司“存续”，则被认为是公司合法存续的标志。在通过尽调排除不存在公司“终止”情形的情况下，律师进一步出具公司“有效存续”的法律意见。〔2〕

〔1〕　严格来讲，公司设立是一个历史事件，从公司持有的、现行有效的营业执照及其记载信息（如公司成立日期），无法证明过去某个时点公司设立这一行为是否符合当时有效的法律法规。从支持公司合法设立的法律文件来看，这类文件提及的“查验发行人设立是否需要取得有关部门的批准，以及是否依法履行相关程序并获得批准”相关的文件，通常包含在从政府市场监督管理部门调取的公司“工商底档”之中。在“工商底档”中，市场监督管理部门针对公司设立申请出具的《准予设立/开业通知书》《公司设立登记审核表》都是证明公司合法设立的历史文件。参见本章第四部分有关“工商底档”的讨论。

〔2〕　在实践中，还发展出通过其他方式、渠道开展更为广泛的尽职调查，以发现公司是否存在某些异常情形，如被列入国家企业信用信息公示系统的异常经营名录，从而判断是否需要进一步尽调才能支持公司“有效存续”的做法。参见本章第三部分讨论。

当然，具备合法设立的“结果”，并不能排除合法设立的“程序”仍然出现法律瑕疵，或者不能排除合法设立涉及的事项或文件出现法律瑕疵。因此，在A股上市项目中，根据《12号准则》的要求和业内实践，律师还需从是否履行审计、评估和验资程序、设立时的发起人协议是否符合法律规定、创立大会的程序和审议事项是否符合法律规定等各个方面对公司是否合法设立作作一步分析。从尽调角度来讲，这些公司设立涉及的“程序”“事项”或“文件”，也是律师为了出具“合法设立”意见而开展尽调的内容。

2. 有关公司合法设立的意见

此外，律师工作报告一般还会有独立的“发行人的设立”章节，其意见措辞如下：

> 经本所经办律师核查，发行人的设立已履行审计、资产评估、验资等必要程序，并已取得有权主管部门的适当批准，设立程序和方式符合当时适用的相关中国法律法规的规定。
>
> 经本所经办律师核查，发行人和发起人签订的发起人协议符合当时适用的相关中国法律法规的规定，不存在已知的潜在纠纷。
>
> 经本所经办律师核查，发行人创立大会的审议程序及所议事项符合当时适用的相关中国法律法规的规定。

3. 有关公司股权和注册资本的意见

发行人的股权和注册资本的相关意见一般单独放在“发行人的股本及其演变”章节下，法律意见措辞如下：

> 经本所经办律师核查，发行人及其前身的历次股权和股本变动在所有重大方面均合法、有效。
>
> 截至本法律意见书出具之日，发行人现有各股东所持有的发行人股份均不存在质押的情形。

此外，律师报告的其他章节亦有可能涉及公司设立时的状态以及后续变更的情况，如“发起人和股东”章节关于发起人设立公司时投入的资产的有效性。

（四）债券发行项目

企业通过发债的方式进行融资，是主要的融资方式之一。根据发行地区、债券种类、监管机构、发行方式等因素的不同，债券发行项目分为许多种类，目前债券类型包括企业债、公司债、短期融资券、中期票据、中小企业私募债等多种形式。同时，根据发行方式，也分为公开发行债券和非公开发行债券，而公开发行债券涉及的投资人范围更广、监管要求更高。

在债券发行项目中，关于合法设立和有效存续的法律意见措辞与上市项目基本上一致，相关法律尽职调查的内容也基本相同。

但是，相对而言，部分债券发行项目要求可能更低一点。比如，在法律意见书中，重大不利影响的界定可以适当放宽，法律意见书附表可以将存在瑕疵的情形（如某主体的股份被质押）进行明确披露等。这些法律意见书的调整不涉及法律意见措辞本身，但涉及法律意见的假设、依据事实等内容的调整。在这种情况下，相关风险实质上由承销商和/或债券投资人分担，而不像上市项目中，承销商通常要求"绝对"干净的法律意见书，相关风险实际上由发行人自己承担。当然，不同项目情况不同，债券上市项目中的法律意见是否能够调整、调整幅度如何，这都需要根据具体项目的具体情况来确定。

（五）并购项目

在并购项目中，关于公司设立、变更，以及股权与注册资本的尽职调查可以参照上市项目进行，但是否需要律师在法律尽职调查报告中明确出具"合法设立"和"有效存续"的意见，则取决于多种因素，比如客户要求、被调查方配合程度等。

同时，在上市项目中，从证券发行审核机构、承销商和潜在投资人角度来讲，他们通常都期望发行人是个"模范生"，不存在重大瑕疵。如果存在重大瑕疵，那么，或者需要解决瑕疵后再上市，或者需要向投资人充分披露，避免出现披露不实的情形。在并购项目中，投资人如果碰到这样的"模范生"，那当然是好事，律师可以按照完全参照上市项目要求进行尽调，出具类似法律意见。

但是，在相当多的并购项目中，投资人其实很难碰到"模范生"。因此，在法律尽职调查报告中，针对是否合法设立、是否有效存续这一问题，律师更多的是充分揭示被收购公司是否存在任何影响公司存续的风险，如历史上某次变更股东出资不实的风险，是否存在影响收购方合法取得被收购主体股权的情形，比如某股东持有股权存在法律瑕疵（如未获得政府审批）的风险，梳理风险等级，并根据风险的不同等级，提出不同的应对方案。

比如，在无法判定是否有效存续时（如网传公司债务过高有“爆雷”可能），建议客户暂停并购项目，或者，发现某次变更存在法律瑕疵（如未按章程规定的期限出资）但总体判断不影响公司有效存续的情况下，建议要求相关方整改，并将整改作为交割条件明确写入投资或并购协议中。

三、公司设立和存续的尽调信息来源

（一）公开渠道查询

在项目开始前，可通过公开渠道对尽调主体的基本情况、历史沿革以及股权质押状况进行检索。公开检索的信息来源主要包括以下渠道。

1. 国家企业信用信息公示系统

国家企业信用信息公示系统是国家市场监督管理总局主办的企业信息查询网站，是律师查询企业主体信息的官方渠道。该网站对企业的基本信息、历史沿革、分支机构、行政许可、行政处罚、异常信息等信息进行公示。根据2014年8月7日国务院颁布的、于2014年10月1日生效的《企业信息公示暂行条例》的规定，该系统上的企业信息，是指“在工商行政管理部门登记的企业从事生产经营活动过程中形成的信息，以及政府部门在履行职责过程中产生的能够反映企业状况的信息”。从理论上讲，前述信息应当自产生之日起20个工作日内在系统中予以公示。

国家企业信用信息公示系统查询界面如图2—1所示：

图2—1　国家企业信用信息公示系统查询界面

查看具体的设立和变更信息需要注册账户并登录。

除设立及变更信息外，系统中显示的其他有关信息也都属于政府权威信息，可以作为尽调工作的参考信息。同时，公司在系统中的登记状态如果显示为“存续”，那么，这是公司“有效存续”的一个重要证据。图2—2显示国家企业信用信息公示系统中公司“存续”的情形。

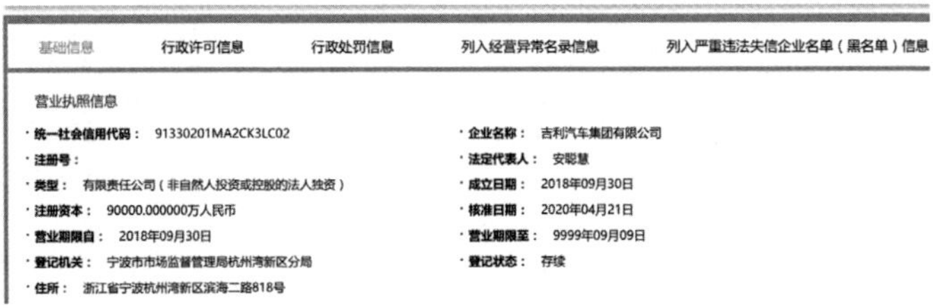

图2—2　国家企业信用信息公示系统——公司存续

国家企业信用信息公示系统还可以用于查询尽调主体是否存在经营异常或严重违法失信情形（即图2—2表明的两项具体信息），作为判断尽调主体是否“有效存续”的依据之一。

国家企业信用信息公示系统中的经营异常名录界面如图2—3所示：

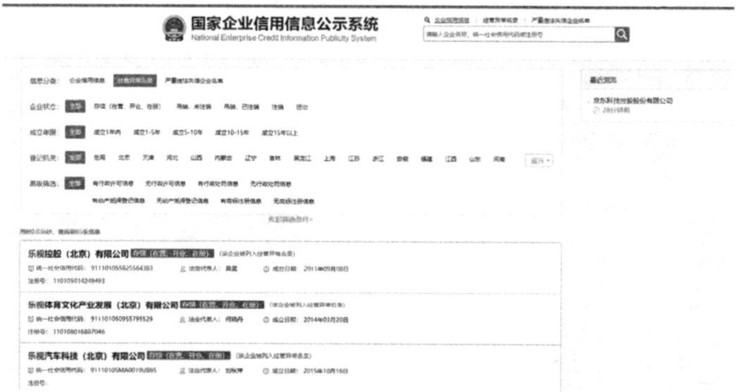

图2—3　国家企业信用信息公示系统——经营异常名录

国家企业信用信息公示系统中的严重违法失信企业名单界面如图2—4所示：

图2—4　国家企业信用信息公示系统——严重违法失信企业名单

如果尽调主体存在经营异常或严重违法失信情形，那么意味着有关尽调主体是否“有效存续”存在疑点，需要做进一步的了解和分析，并视情况采取不同的处理方式。其他不同数据库出现类似情形的，律师也应采取相同的应对策略。

2．信用中国网

信用中国网站使用社会信用体系建设部际联席会议成员单位提供的、对社会公开的信用信息。该网站由国家发展和改革委员会、中国人民银行指导，国家公共信用信息中心主办，并由国家信息中心、中经网提供技术支持。在信用中国网站上检索尽调主体的“信用信息”时，可以显示被查询主体是否处于异常状态，如是否被列为失信惩戒对象或列入异常经营名录是判断其是否“有效存续”的依据之一。

信用中国网站的异常信息界面如图2—5所示：

图2—5　信用中国——异常信息

3. 企业信息数据库

这里所说的企业信息数据库指的是企查查（网址：https://www.qcc.com/）、天眼查（网址：https://www.tianyancha.com/）、启信宝（网址：http://www.qixin.com）等企业信息数据库。这些数据库的设立和变更信息一般抓取自国家企业信用信息公示系统。不过，相较于国家企业信用信息公示系统的原始信息，这些数据库对原始信息进行过一定程度的整理与加工，以方便读者查询和阅读。

以天眼查为例，公司的设立和变更信息位于“变更记录”部分，如图2—6所示：

变更记录 63　　变更项目　天眼查

变更时间	变更项目	变更前	变更后
2019-12-31	地址变更（住所地址、经营场所、驻在地址等变更）	[illegible]	[illegible]
2019-12-31	章程备案	2019-03-25	2019-12-30
2019-12-31	升级换照	-	-
2019-07-23	高级管理人员备案（董事、监事、经理等）	-	-
2019-03-26	章程备案	2018-08-15	2019-03-25
2019-03-26		-	第一类增值电信业务中的国内互联网虚拟专用网业务；第二类增值电信业务中的国内多方通信服务业务，国内呼叫中心业务，信息服务业务；网络游戏出版运营；互联网新闻信息转载服务；预包装食品销售（不含冷藏冷冻食品）；利用信息网络经营音乐娱乐产品、游戏产品（含网络游戏虚拟货币发行）、艺术品、演出剧（节）目、动漫产品、表演，从事网络文化产品的展览、比赛活动；互联网视听节目服务；制作、复制、发行电视剧、动画片（制作须另申报），专题、专栏（不含时政新闻类），综艺；出版物零售。
2019-03-26		计算机软、硬件的设计、技术开发、销售（不含专营、专控、专卖商品及限制项目）；数据库及计算机网络服务；国内商业、物资供销业（不含专营、专控、专卖商品）；第二类增值电信业务中的信息服务业务（不含固定网电话信息服务和互联网信息服务，并按许可证B2-20090028号文办）；信息服务业务（仅限互联网信息服务业务，并按许可证粤B2-20090059号文办）；从事广告业务（法	计算机软、硬件的设计、技术开发、销售（不含专营、专控、专卖商品及限制项目）；数据库及计算机网络服务；国内商业、物资供销业（不含专营、专控、专卖商品）；从事广告业务（法律、行政法规规定应进行广告经营审批等级的，另行办理审批登记后方可经营）；货物及技术进出口；票务代理。

图2—6　天眼查——变更记录

天眼查关于股权出质的信息见“经营风险”部分，如图2-7所示：

图2—7 天眼查——股权出质

4．诉讼、仲裁与行政处罚公开检索

针对尽调主体的诉讼、仲裁与行政处罚信息，本书第十一章“诉讼、仲裁和行政处罚尽调”提供了更具体的尽调方法说明。在进行诉讼、仲裁与行政处罚公开检索时，如果发现任何可能影响公司有效存续的情形（如提起破产、注销营业执照、责令停业等），或者发现涉及公司股权受限或转让的情形，从事诉讼、仲裁与行政处罚尽职调查的律师应当及时与从事设立和变更尽职调查的律师进行沟通。

（二）尽调主体的说明与回复

由于公开检索的信息往往存在一定的滞后性，且实践中可能存在遗漏，尽调主体及股东应当对设立和变更的事实情况、目前是否有正在进行的变更及进展（而该信息公开检索无法获得）、关于公司股权的约定（而公开检索无法获得）等情况提供书面说明或确认。

确认的形式包括问卷调查（如对控股股东或实际控制人的访谈问卷）、尽调主体出具书面证明（包括邮件答复）以及其他各方协商同意的方式（如实地走访并制作访谈笔录）。律师每次出具包含公司设立和沿革的相关意见之前，都应该要求尽调主体重新确认其关于设立和变更所出具的说明和答复是否仍然有效。在境外上市项目中，为了提高效率，通常以bring-down尽调形式进行。

（三）资料室文件——工商底档内容

资料室文件，是指公司根据事先收到的尽调文件清单的要求，通过网上数据库（VDR）或者现场提供的尽职调查文件，其具有电子文档、扫描件或纸质文件等多种表现形式，是尽职调查主要的信息来源。

在尽调主体提供的资料室文件中，通常包含有关其设立和变更的文件。而这方面的资料室文件主要包括工商底档、工商底档以外的材料（即办理工商登记或变更的指引要求提供但工商底档未包括的材料）、市场监督管理部门的回函，以及更新后的营业执照以及公司章程。根据2016年2月6日国务院颁布的、于同日生效的《公司登记管理条例》第54条第1款的规定，公司登记机关“作出准予公司设立登记决定”的证明文件为《准予设立登记通知书》。不过，该条例已被《市场主体登记管理条例》宣布失效，而新的条例并未提及是否仍会出具《准予设立登记通知书》。在实践中，如果没有《准予设立登记通知书》，营业执照由于是企业设立的结果文件，也可以作为证明公司合法设立的重要法律文件。

就工商底档以外的材料而言，具体包括哪些文件，读者需要参考不同地方市场监督管理部门的指引。比如，北京市市场监督管理局在其网站提供了公司变更登记（备案）一次性告知单，说明了工商底档中未包括的材料。[1]就市场监督管理机构的回函而言，回函既可能是该机构在公司设立时出具的《准予设立/开业通知书》，也可能是《公司设立登记审核表》。不同地方的政府的市场监督管理机构偏好不同，回函名称可能有所不同。

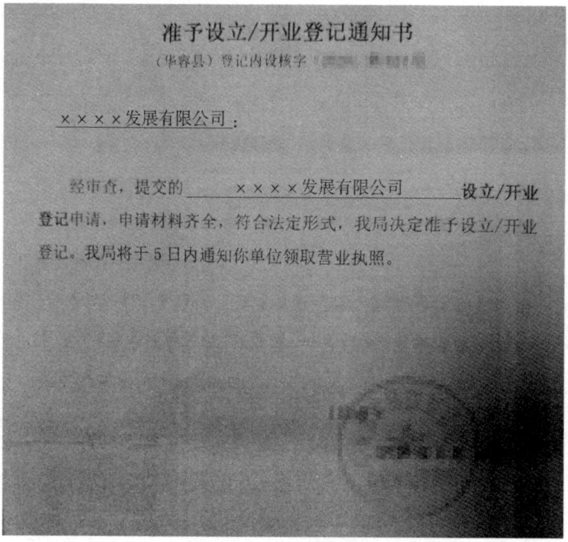
准予设立/开业登记通知书

（华容县）登记内设核字

××××发展有限公司：

经审查，提交的××××发展有限公司设立/开业登记申请，申请材料齐全，符合法定形式，我局决定准予设立/开业登记。我局将于5日内通知你单位领取营业执照。

图2—8 《准予设立/开业通知书》示例[2]

〔1〕《公司变更登记（备案）一次性告知单》，载北京市市场监督管理局网。

〔2〕《产业引导投资发展有限公司准予设立/开业登记通知书》，载华容县人民政府网。

公司登记（备案）申请书

□基本信息（必填项）			
名　　称	北京XXX科技有限公司 （集团母公司需填写：集团名称：　　集团简称：　　）		
统一社会信用代码（设立登记不填写）			
住　　所	北京市_XX_区_XX街XX号XX室_（门牌号）		
联系电话		邮政编码	
□设立（仅设立登记填写）			
法定代表人姓　　名		公司类型	□有限责任公司　□股份有限公司 □外资有限责任公司　□外资股份有限公司
注册资本	______万元　（币种：□人民币　□其他______）		
投资总额（外资公司填写）	______万元（币种：______）　折美元：______万元		
设立方式（股份公司填写）	□发起设立 □募集设立	营业期限/经营期限	□长期　□______年
申领执照	□申领纸质执照　其中：副本____个 （电子执照系统自动生成，纸质执照自行勾选）		
经营范围（根据登记机关公布的经营项目分类标准办理经营范围登记）			

注：(1) 本申请书适用于内资、外资公司申请设立、变更、备案。

(2) 申请书应当使用A4纸。依本表打印生成的，使用黑色或蓝色墨水钢笔或签字笔签署；手工填写的，使用黑色或蓝色墨水钢笔或签字笔工整填写、签署。

（2022年版）

图2—9　《公司设立登记审核表》[1]示例

〔1〕《公司登记（备案）申请书》，载北京市人民政府网。

企业类型不同、申请事项不同，上述材料都可能存在差异，需要参考尽调主体所在地的市场监督管理部门的具体指引。以在北京市市场监督管理局注册的某外商投资企业为例，根据该局网站指引[1]，设立材料包括公司登记（备案）申请书、公司章程以及投资者的主体资格文件等。如果登记事项属于依法须经批准的，那么还应当包括该批准文件。同时，由于尽调主体设立或变更时关于公司登记管理规定的法规可能存在差异，市场监督管理部门对于申请材料的完备要求亦会有所变化。因此，判断设立或某次变更是否合法，需要根据当时的法律法规和市场监督管理部门的要求进行判断。

一般来讲，如果尽调主体提供了工商档案，而工商档案中包含主管机关的回函信息或更新后的营业执照，则一般可视作该次变更的申请材料完备，不存在遗漏了必须提供的申请材料的情形。但是，涉及外资或特殊行业的尽调主体，还应当确认其设立或变更时是否取得了相应的主管机关许可，如商务部或发改委批文。如果还存在其他可能涉及遗漏或者变更不合法的情形，则需要根据具体情形进行判断。如涉及变更，工商档案中的营业执照可能会同时出现变更前以及变更后的版本，需注意变更前后营业执照的变更信息是否与变更事项一致。

〔1〕《公司设立登记》，载北京市市场监督管理局网。

营业执照

(副本) 编号 [redacted] (1-1)

统一社会信用代码 [redacted]

名称 [redacted]

类型 有限责任公司(自然人投资或控股)

住所 [redacted]

法定代表人 [redacted]

注册资本 [redacted]

成立日期 2013年12月02日

营业期限 2013年12月02日 至 长期

经营范围 批发业（具体经营项目请登录广州市商事主体信息公示平台查询。依法须经批准的项目，经相关部门批准后方可开展经营活动。）

登记机关 广[redacted] 行[redacted]

2017 [redacted]日

企业信用信息公示系统网址：http://cri.gz.gov.cn　中华人民共和国国家工商行政管理总局监制

图2—10　营业执照示例[1]

实践中，尽调主体提供的设立和变更资料室文件一般包括完整的一套或多套工商底档，时间应当覆盖公司设立至公开检索显示的最近一次工商变更，且应当加盖有主管工商管理部门的印章。如尽调主体无法提供完整工商底档，在相关法律、项

〔1〕　印象济南：《腾讯直播入驻申请指南》，载搜狐网。

目相关方允许的情况下，律师可根据公开渠道检索起草设立和变更沿革描述，并由尽调主体予以确认。

此外，涉及资本变更的，应提供相应的验资报告（如涉及实缴）；涉及股权质押的，应当提供质押协议、股权出质设立登记通知书等证明材料。股权存在司法冻结、查封等涉诉情形的，应与负责诉讼、仲裁和行政处罚尽职调查的律师确认是否存在此等涉诉文件。

（四）政府主管部门的证明——调取工商底档

从实践操作来讲，证明公司设立和变更的权威材料就是工商底档。工商底档一般由公司负责调取，但实践中，具体的调档方式应当以尽调主体的主管市场监督管理部门的指引为准。以北京市市场监督管理局为例，登录北京市市场监督管理局网站，点击企业登记材料查询系统（网址：http://banshi.scjgj.beijing.gov.cn/dzda/），插入法人一证通或使用电子营业执照即可网络查询公司档案。图2—11是北京市市场监督管理局网站的企业登记材料查询系统界面：

图2—11　北京市企业登记信息材料查询服务系统

在实践中，网络调档可能会遇到各种技术问题，如系统故障、档案不全、形式不满足项目要求（如在中国香港特别行政区上市要求必须现场调档）、尽调主体不适用网络调档系统等情形。因此，调取工商底档，律师需要优先与尽调主体所在地的市场监督管理机构沟通，确认可采取的调档方式，取得项目其他方的同意，并尽量留出充裕的时间（以防止最后一天遇到系统维护/系统故障的情况）。

如果必须采取实地调档方式，那么律师应该注意具体调档地点、调档要求等细节问题。比如，部分地区调取工商档案的地点和市场监督管理局所在地并非同一个地点，如工商档案可能需要去该市档案处提取，而不是在市场监督管理局提取。此外，律师还应注意调档流程、时间、调档人要求（如律师是否可以单独办理）、材料要求等。在实地调档前，负责实地调档的律师应当与各方协调好调档安排。必要时，可参考表2—1准备一个工商调档安排时间表，便于有计划地开展调档工作。

表2—1 工商调档安排时间规划

公司名称	注册地址	主管部门信息	主管部门调档要求	备注（预约及材料领取时间）
A公司	某市某路1234弄N号某广场A座Y层1单元	某市市场监督管理局	（1）律师调档应携带的材料： [具体略] （2）调档地点： [具体略] （3）档案室电话： [具体略] （4）调档时间： [具体略]	[具体略]

四、公司设立和存续的尽调流程

（一）第一步：确定尽职调查范围，拟定尽职调查统计表

1. 确定重要子公司范围和尽调范围

重要子公司范围应在项目各方讨论后确认，一般取决于尽调主体的体量、持有的资产种类和数量，以及在尽调主体集团内的地位。

除实体范围以外，从时间角度来讲，设立和变更的时间范围应涵盖从尽调主体设立之日起至法律意见书出具之日止，也就是包括尽调主体设立以及所有的变更的历史情形，以及截至法律意见出具之日尽调主体的现状（是否存续）。尽调主体的变更应涵盖各类登记事项的变更。[1]

对于之前有做过类似项目的尽调主体，从提高效率角度来讲，经过项目各方讨论同意，一般可以适当限缩设立和变更的范围。例如，A公司于2019年在港股上市，而2021年计划发行美元债，则可将核查重点设为2019年上市后至2021年发债前发生的历次变更以及股本变化情况。当然，限缩时间范围的前提是，2019年上市时律师所在律所已经对设立和沿革进行过了充分的尽职调查，并出具了相关的法律意见。

此外，股权和注册资本的尽调范围与设立和变更总体上一

---

〔1〕 包括名称、住所、法定代表人姓名、注册资本、公司类型、经营范围、营业期限、有限责任公司股东或者股份有限公司发起人的姓名或者名称，根据国务院2021年7月27日颁布的、于2022年3月1日生效的《市场主体登记管理条例》第8条第1款的规定，包括名称、主体类型、经营范围、住所或者主要经营场所、注册资本或者出资额、法定代表人、执行事务合伙人或者负责人姓名等。

致。比如，如果尽调主体为上市公司，股权质押相关意见可限定在前×大股东所持有的股权的质押情况，并在法律意见中补充重大性限定。

为了管理设立和变更尽职调查流程，可以参考表2—2准备设立和变更尽职调查统计表格。当然，从简化工作量出发，如某一项目需要以文字形式明确阐述设立和变更沿革时（如前述中国香港特别行政区上市项目和A股上市项目法律意见的撰写方式），可不单独制作尽职调查统计表格，而直接起草设立和变更沿革法律意见，并以批注形式注明尚缺材料或存在的问题。

表2—2　公司设立和变更尽职调查统计

序号	公司名称	设立/变更内容	设立/变更时间	变更前	变更后	决议文件（股东会/董事会）	公司章程/章程修正案	股权转让协议	商委批复	外商投资批准证书	营业执照	其他已提供文件
1	A公司	实收资本和股东变更	×年×月	（1）实收资本：×万美元 （2）股东：B公司	（1）实收资本：公司收到股东现汇缴付的注册资本Y万美元，合计X+Y万美元，已实缴完毕 （2）股东：C公司	已提供	已提供	已提供	已提供	已提供	未提供	验资报告（编号：×）

如果某事项不适用，在表格中标注为不适用即可。股权和注册资本的情况可在表2—2中一并注明，或特别加一列“资本缴纳情况”。一般来讲，在上市项目中，是否存在股权质押，或者不常见，或者非常清楚（如美国或中国香港特别行政

区上市中采用所谓VIE结构时存在股权质押情形），一般由律师单独确认即可，不需要特别起草统计表格。

（二）第二步：审阅尽调资料，补充尽职调查统计表内容

1．审阅资料室文件和工商底档材料，与公开渠道查询信息进行核对

根据尽调主体提供的资料室文件以及工商底档填写尽职调查统计表之后，再根据公开渠道检索的信息确认资料室文件和工商底档是否有未提供或未完整提供的材料。

审阅设立和变更材料时，应特别注意如下问题。

（1）是否符合设立和变更“届时”的法律要求

由于设立和变更是发生在过去的事情，相应法律行为应遵守发生时适用的法律要求以及当时的主管机关的指引。以《公司法》为例，如A公司成立于2009年，其适用的《公司法》为2005年修订版本，而当时仍为实缴登记制，因此，设立的材料应当包括注册资本对应的验资报告等材料。由于政府市场监督管理部门网站不会提供过期的登记指引，“届时”的法律要求主要参考法律法规要求，但如果可以获取当时的市场监督管理部门的设立或变更指引，此等指引将更加有助于证明设立或变更行为届时有效。

（2）是否可以从设立“无缝”衔接到进行尽职调查的时点

如表2—2所示，就表中显示的注册资本变更而言，“变更前”和“变更后”的内容应当能够做到上下衔接，没有发生不一致或者对不上的情形。比如，公司2005年变更后的注册资本为2500万元，而2007年变更前的注册资本为4500万元，这就出

现某一变更前后无法衔接的情形。如果出现这类情形，就可能存在遗漏的变更信息，需要在补充尽职调查中予以进一步调查。

（3）公司章程有无关于设立、变更、股权和注册资本的特别要求

在不违反《公司法》等法律法规的情形下，公司章程关于设立、变更、股权和注册资本的特殊要求应适用于设立及后续的历次变更。特别是公司章程中如果对注册资本缴纳的时间、方式、比例等有特别要求的，应特别核实后续的变更是否满足了公司章程这方面的要求。如果不满足要求，那么，应确定是公司变更出现了瑕疵，还是公司章程本身被作了修订，从而改变了相关要求。

（4）是否涉及政府有权部门的许可

部分特殊主体设立或变更时，需先取得主管机关的许可或进行备案。以商业银行为例，其公司章程变更前即需先取得银保监会的批准。[1]负责设立和变更的律师在开展工作前应当先确认尽调主体的主管机关有无这方面的特殊要求。

2. 就尽职调查统计表反映的待定事宜进行补充

根据公开渠道查询到的资料和尽调主体提供的资料完善尽职调查统计表后，审查尽调统计表中所有尚未补充以及存在冲突的信息，起草补充尽职调查清单。补充尽职调查清单可参考表2—3：

〔1〕 2015年8月29日修正并于2015年10月1日生效的《商业银行法》第24条规定："商业银行有下列变更事项之一的，应当经国务院银行业监督管理机构批准：……（六）修改章程……"

表2—3　公司设立和变更补充尽职调查清单示例

所需资料	适用对象	备注	尽调主体答复
公司的主体文件			
请公司提供A公司的以下变更文件： （1）［××××］年［×］月变更法定代表人的章程修正案（或章程）。 （2）［××××］年［×］月变更注册资本的验资报告（已经提供的报告不完整）。 （3）请补充商务部或地方商务部门对公司［××］变更的批复和获发的外商投资批准证书。 （4）请提供［××××］年［×］月经营范围变更后换发的《台港澳侨投资企业批准证书》（如适用）或变更备案文件	A公司		
请公司提供A公司［××××］年［×］月增加注册资本的验资报告或出资凭证	A公司		
根据A公司设立时的章程，A公司注册资本的［×］%应在其营业执照签发之日（即［××××］年［×］月［×］日）起［×］个月内以现汇方式缴付，其余注册资本须在A公司营业执照签发之日起［×］年内缴清。但根据验资报告显示，其首期［×］%注册资本于［××××］年［×］月［×］日缴付。请确认A公司是否就该等延迟出资取得商务主管部门及工商登记部门批准，如是，请提供相关批复文件；如否，请说明就该等延迟出资是否受到商务主管部门或工商登记部门的任何问询、整改通知或处罚	A公司		

（三）第三步：起草设立、存续及股权和注册资本意见

在完成上述步骤并审阅完毕所有尽调材料后，根据项目需要且基于上文提及的法律意见，起草法律意见书相应章节或准备风险揭示性文字。

（四）第四步：定期更新公开检索，视情况进行补充尽调

在每次需要出具上述意见前，更新公开检索信息，确认自上次信息录入之后尽调主体是否发生任何变更，并由尽调主体进行确认。

第三章

业务经营所需的证照和许可

一、公司证照和许可的尽调背景

在上市和并购等项目的法律意见书中，律师通常需要出具有关“公司已取得业务经营相关的必要许可、证书和批准，且该等许可、证书和批准持续有效”的法律意见。

在出具有关公司“合法设立”的法律意见时，律师在部分项目中出具的法律意见（比如在中国香港特别行政区上市项目和A股上市项目出具的法律意见）已经包含了公司取得营业执照这一事项。此外，在A股上市项目中，《12号准则》第33条第1项明确规定，律师工作报告应包含“发行人设立的程序、资格、条件、方式等是否符合当时法律、法规和规范性文件的规定，并得到有权部门的批准”。因此，在A股上市项目中，是否“取得有权部门的批准”，也属于公司“合法设立”的一个要素。[1] 从这个角度来看，本章有关公司证照和许可法律尽职调查的讨论，与第二章有关公司合法设立法律尽职调查的讨论，存在一定重合之处。

即便如此，由于公司业务经营所需证照和许可非常重要，在不同类型的项目中，律师通常都需要单独对此出具法律意见，而不是完全合并在“合法设立”的法律意见之中，所以，单独分析业务经营所需证照和许可的法律意见措辞很有必要。同时，目前中国内地对行业和企业的政府监管仍然较多，公司业务经营所需要的证照和许可种类也很多。因此，有关业务经营所需证照和许可的法律尽职调查也比较复杂，值得专章加以详细讨论。

---

〔1〕 参见本书第二章相关内容。

二、业务经营所需证照和许可的法律意见措辞

从法律意见的措辞来看，在不同类型的项目中，有关业务经营所需证照和许可的法律意见的具体范围、表述与关注点存在区别，尽调范围和方式也需要做相应调整。

（一）美国上市项目

在美国上市项目中，不论是公司中国律师，还是承销商中国律师，出具的法律意见措辞一般采取如下表述：

> Each of the PRC Material Group Entities has all necessary Governmental Authorizations to conduct its business in the manner presently conducted and as described in the Prospectus.

上述法律意见译文如下：

> 每一中国重要子公司拥有招股书所描述的、以目前方式从事其业务所必须的所有政府授权。

这里的政府授权（Governmental Authorizations）通常被单独定义，涵盖中国境内所有行政许可、批准、备案和其他需要政府采取的行动，也就是本章所说的“证照和许可”。

（二）中国香港特别行政区上市项目

在中国香港特别行政区上市项目中，不管是公司律师，还是承销商律师，通常需要出具的法律意见措辞如下：

> 截至本法律意见书出具之日，[×]公司已取得了根据中国法律与其实际经营业务相关的必要的许可、证书和批准，且该等许可、证书和批准均持续有效。

与美国上市项目的法律意见措辞相比，除取得许可之外，中国香港特别行政区上市项目的法律意见书通常还需要对许可、证书和批准的持续有效性明确发表意见。不过，在美国上市项目中，英文版本的法律意见措辞虽然没有刻意强调政府授权“持续有效”，但是，英文措辞强调，公司拥有“招股书所描述的、以目前方式从事其业务”所需的政府授权，强调“以目前方式从事其业务”，其中隐含了政府授权持续有效的意思。

（三）A股上市项目

在A股上市项目中，公司律师出具法律意见书，需要对发行人的经营范围、经营方式、业务变更、主营业务和持续经营等方面发表意见，其范围比美国和中国香港特别行政区上市的法律意见更为广泛。其中，经营范围和经营方式合法、业务变更合法、发行人依法持续经营都是涉及公司业务经营所需证照的法律意见。以A股科创板上市项目为例，公司律师通常需要出具的法律意见措辞如下：

（1）发行人的经营范围和经营方式

根据发行人提供的资料并经核查，本所认为，发行人及其控股子公司的经营范围和经营方式符合相关法律、法规的规定，已经获得其经营所需的相关业务许可或资质。

根据境外法律意见、发行人提供的资料及其确认，截至本法律意见书出具之日，发行人的重要境外子公司均有权从事其目前从事的经营活动。

（2）发行人的业务变更

根据本所律师的核查，发行人自设立以来，其经营范围发生过1次变更，发行人已就本次经营范围的变更完成了工商变更登记；发行人主营业务最近两年内未发生过变更。

（3）发行人的持续经营

根据发行人最新的营业执照、审计报告及发行人确认，并经本所核查，发行人依法存续，不存在影响其持续经营的法律障碍。

此外，《执业细则》第25条中对业务相关的法律尽职调查规定了更为具体的要求，包括“律师应当查验发行人的生产经营是否真实，是否符合法律法规的规定，是否符合国家产业政策”。

该条进一步规定，具体查验内容包括：“（一）发行人的经营范围是否符合法律法规的规定，是否符合市场监督管理部门、有关行业监督管理部门注册、登记、核准或者备案的经营范围；（二）报告期内发行人的生产经营是否取得了有关部门的核准、备案；（三）报告期内发行人的主营业务是否稳定，主营业务是否发生过变更，是否构成重大变化,是否已经履行内部决策程序,是否完成市场监督管理部门的登记手续,是否需要取得有关部门的核准、备案”。

（四）并购项目

在并购项目中，关于公司业务证照和许可的尽职调查一般可以参照上市项目进行。但是，由于交易的对抗性、文件的完整性、交易对方配合程度等因素，律师通常不会在法律尽职调查报告中出具类似“公司已取得业务经营所需的必要许可”的意见，而是就目标公司业务证照和许可方面的瑕疵、问题或潜在风险等向客户进行分析和提示，并根据问题及风险的不同等级，提出不同的应对方案，以供客户对交易进行全面评估。

例如，如果目标公司的某一业务环节涉及向用户提供支付服务，但目标公司不属于金融机构，也并未取得中国人民银行颁发的支付业务许可证，则目标公司从事该项业务存在被主管部门认定违规、受到处罚的风险。在这种情况下，律师可以结合该项业务的体量、涉及用户人数等因素，建议客户要求目标公司进行整改。整改方式包括尽快申请取得支付业务许可证，或者变更业务环节、委托有资质的第三方支付平台为支付环节提供服务等。同时，从交易时间的角度衡量，如果整改可以在交割之前完成，那么，律师可以建议将整改作为交割条件明确写入投资或并购协议中。此外，针对业务证照瑕疵带来的法律风险，律师还可以建议客户在投资或并购协议的赔偿条款中明确约定，如果未来任何政府部门因公司在支付业务方面的不合规情形作出任何处罚，该等责任应由原股东承担等。

当然，如果目标公司业务证照和许可方面仅存在一些风险等级较低的小瑕疵，例如目标公司的登记信息发生变化，但某一证照未及时办理相应变更反映该变化，那么，为保证项目签约和交割的及时性，律师也可以建议将该等瑕疵的整改作为交割后承诺完成的事项。

三、公司证照和许可的尽调流程

为了支持上述“公司已取得业务经营相关的必要许可、证书和批准，且该等许可、证书和批准持续有效”的法律意见，律师需要对公司业务活动所需的批准或许可、已经获得的资质证照以及是否存在资质证照被吊销风险等情况进行核查。简单来讲，律师主要应采取六个步骤：第一步，核实基本证照；第二步，核实行业证照；第三步，核实业务经营的具体情况；第四步，核实资质证照是否存在过期、失效或被吊销的情形或风险；第五步，研究前沿领域与法规未明确规定的业务类型；第六步，梳理和总结。

（一）第一步：核实基本证照

公司设立与经营需要的基本证照包括以下几类。

1．营业执照

营业执照由市场监督管理部门发放，对象包括工商企业（包括公司、合伙企业、分公司、办事处等主体）和个体经营者，是准许它们从事某项生产经营活动的凭证。营业执照的登记事项包括：经营主体的名称、类型、住所、法定代表人、注册资本、经营范围、营业期限等。营业执照包括正本与副本，正本与副本样图分别如图3—1和图3—2所示。

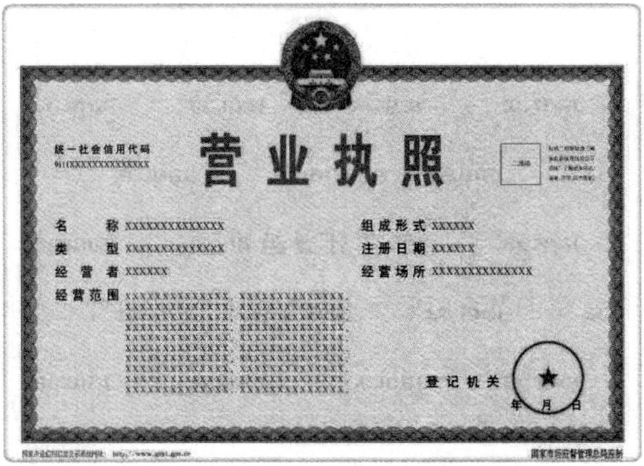

图3—1　营业执照正本样图

营业执照

（副本）

统一社会信用代码

名称

类型 有限责任公司

住所

法定代表人

注册资本 贰拾万元整

成立日期 年 月 日

营业期限 年 月 日至 年 月 日

经营范围

登记机关

2016 年 5 月 9 日

企业信用信息公示系统网址：

http://xyjg.egs.gov.cn

中华人民共和国国家工商行政管理总局监制

图3—2　营业执照副本样图

需要注意的是，由于登记制度改革，营业执照分为两个版本：未办理“三证合一”/“五证合一”的企业的营业执照上登记的是“注册号”，即旧版；已经办理“三证合一”/“五证合一”的企业的营业执照上登记的是“统一社会信用代码”，即新版[1]。根据营业执照是否加载“统一社会信用代码”可以判断公司是否完成“三证合一”/“五证合一”。

有关“三证合一”/“五证合一”的规定，以及有关营业执照的主要法律规定，可以参考以下内容：

（1）根据2016年6月发布的《国务院办公厅关于加快推进“五证合一、一照一码”登记制度改革的通知》，从2016年6月起，各省市开始陆续实行“五证合一”。

（2）根据2016年7月发布的《工商总局等五部门关于贯彻落实〈国务院办公厅关于加快推进“五证合一”登记制度改革的通知〉的通知》，2018年1月1日后，各地一律使用加载统一社会信用代码的营业执照，未换发的证照不再有效。因此，目前各地公司应均已完成“五证合一”办理手续、换发加载统一社会信用代码的营业执照。如果发现审阅的营业执照上登记的是“注册号”而非“统一社会信用代码”，则需要请公司提供最新的营业执照、判断公司营业执照是否过期/失效。

（3）关于营业执照的主要法规主要参见2018年10月全国人大常委会修正、2018年10月26日生效的《公司法》和2016年2月国务院修订、2016年2月6日生效的《公司登记管理条例》。

（4）除了上述法规，营业执照相关的其他法律法规、规范性文件、办事指南或信息，还可以通过国家市场监督管理总局（原工商总局）（http://www.samr.gov.cn/）或各省市市场监

[1] “三证”，是指营业执照、组织机构代码证和税务登记证；“五证”，是指营业执照、组织机构代码证、税务登记证、社会保险登记证和统计登记证。

管部门（原工商部门）的网站进行检索。

审阅营业执照的主要关注点包括以下内容：

（1）正本与副本登记的信息是否一致。

（2）名称、类型、法定代表人等基本信息与公司当前相关信息是否一致，是否存在未及时变更/更新的情况。

（3）公司经营期限是否超出营业执照登载的期限。

（4）颁发机关是否为公司所在地的市场监督管理部门。

（5）经营范围和实际业务活动是否符合法律法规的规定［该部分的具体内容请见第三步“核实业务经营的具体情况”（以某外商投资融资租赁公司为例）部分］。

2. 开户许可证

开户许可证是由中国人民银行核发的一种开设基本账户的凭证。凡在中华人民共和国境内金融机构开立基本存款账户的单位，可凭此证办理其他金融往来业务。

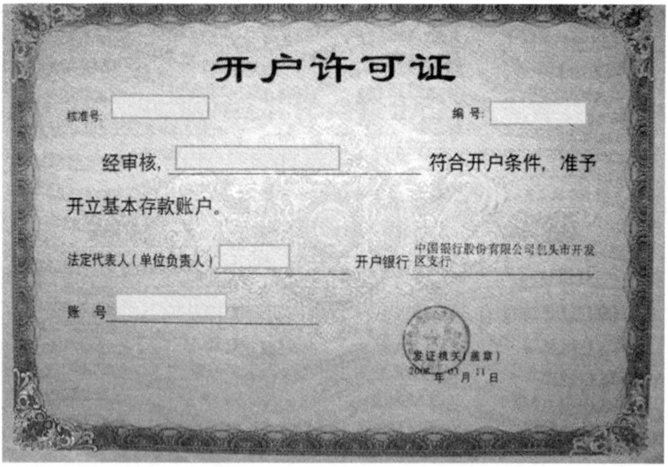

开户许可证

核准号：　　　　编号：

经审核，　　　　符合开户条件，准予开立基本存款账户。

法定代表人（单位负责人）　　　　开户银行 中国银行股份有限公司包头市开发区支行

账　号

发证机关（盖章）

2006年03月11日

图3—3　开户许可证样图

需要注意的是，根据《中国人民银行关于取消企业银行账户许可的通知》，在分批试点基础上，2019年年底前完全取消企业银行账户许可，境内依法设立的企业法人、非法人企业、个体工商户在银行办理基本存款账户、临时存款账户业务（含企业在取消账户许可前已开立基本存款账户、临时存款账户的变更和撤销业务），由核准制改为备案制，人民银行不再核发开户许可证。因此，2019年年底之后设立的公司不再有人民银行核发的开户许可证，已持有开户许可证的公司也无须再更新或变更该证件，统一改为备案制。

如果在尽调过程中发现公司没有相关开户许可证，或者开户许可证未进行更新或变更，那么需要结合公司设立时间、是否发生实际款项收支、公司账号主体以及上述法规的规定进一步分析和判断其是否属于不合规情形。

3. 已取消的相关证照

如上文所述，根据前国家工商总局等五部门关于贯彻落实《国务院办公厅关于加快推进“五证合一”登记制度改革的通知》的通知，2018年1月1日后，各地一律使用加载统一社会信用代码的营业执照，未换发的证照不再有效，因此，目前各地的公司应均已完成“五证合一”办理手续，组织机构代码证、税务登记证、社会保险登记证和统计登记证已退出历史舞台。如果公司已取得加载统一社会信用代码的营业执照，则不必要求其提供组织机构代码证、税务登记证、社会保险登记证和统计登记证。

为说明示例，组织机构代码证、税务登记证、社会保险登记证和统计登记证的样图如下。

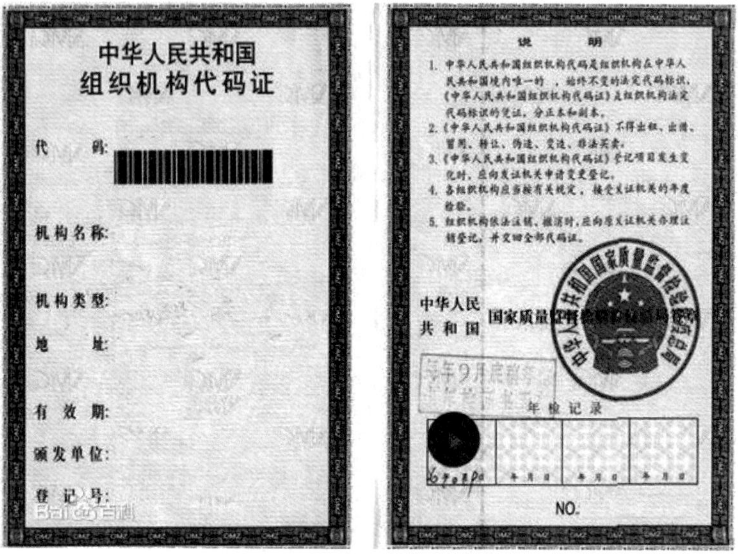

图3—4　组织机构代码证样图

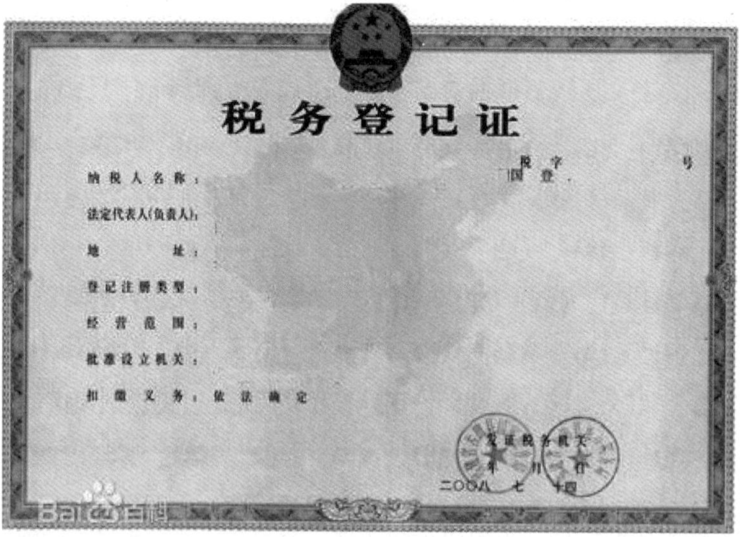

图3—5　税务登记证样图

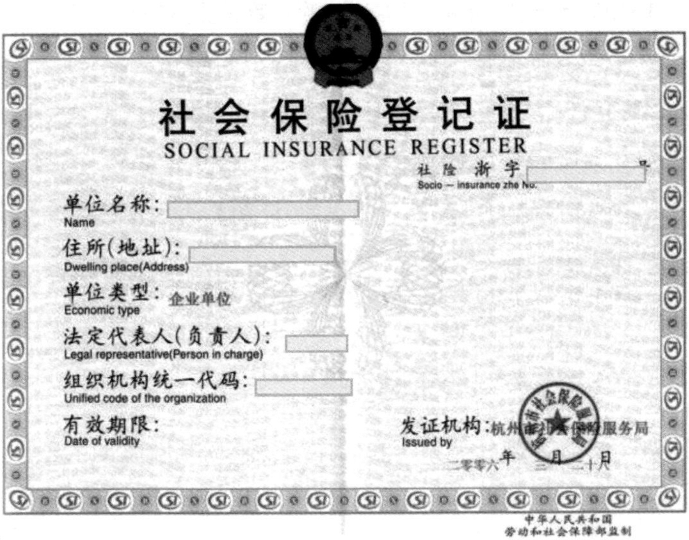

社会保险登记证
SOCIAL INSURANCE REGISTER

社险浙字 号
Socio — insurance zhe No.

单位名称：
Name

住所(地址)：
Dwelling place(Address)

单位类型：企业单位
Economic type

法定代表人(负责人)：
Legal representative(Person in charge)

组织机构统一代码：
Unified code of the organization

有效期限：
Date of validity

发证机构：杭州市社会保险服务局
Issued by

二零零六年 三 月 二十 日

中华人民共和国
劳动和社会保障部监制

图3—6　社会保险登记证样图

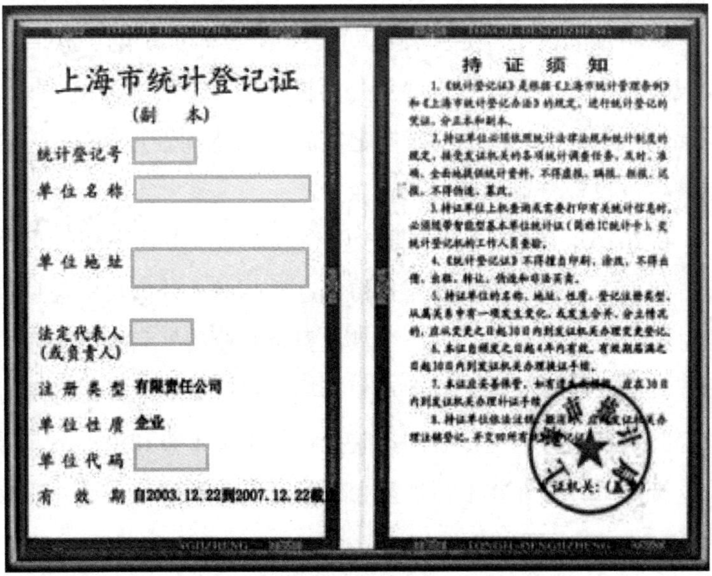

上海市统计登记证

（副　本）

统计登记号

单位名称

单位地址

法定代表人
（或负责人）

注册类型　有限责任公司

单位性质　企业

单位代码

有　效　期　自2003.12.22到2007.12.22

持 证 须 知

1.《统计登记证》是根据《上海市统计管理条例》和《上海市统计登记办法》的规定，进行统计登记的凭证，分正本和副本。

2.持证单位必须依照统计法律法规和统计制度的规定，接受发证机关的各项统计调查任务，及时、准确、全面地提供统计资料，不得虚报、瞒报、拒报、迟报，不得伪造、篡改。

3.持证单位上机查询或需要打印有关统计信息时，必须随带智能型基本单位统计证（简称IC统计卡），交统计登记机构工作人员查验。

4.《统计登记证》不得擅自印制、涂改，不得出借、出租、转让、伪造和非法买卖。

5.持证单位的名称、地址、性质、登记注册类型、从属关系中有一项发生变化，或发生合并、分立情况的，应从变更之日起30日内到发证机关办理变更登记。

6.本证自颁发之日起4年内有效。有效期届满之日起30日内到发证机关办理换证手续。

7.本证应妥善保管，如有遗失或损毁，应在30日内到发证机关办理补证手续。

8.持证单位依法注销、撤消的，应向发证机关办理注销登记，并交回所有统计登记证。

发证机关：（盖章）

图3—7　统计登记证样图

审阅以上证照及其他基本证照的主要关注点包括如下内容：

（1）核实正本与副本（如有）登记的信息是否一致。

（2）名称、地址等信息与公司当前相关信息是否一致，是否存在未及时变更/更新的情况。

（3）证照是否已经超过有效期/证照是否因法规变更或制度改革而失效。

（4）证照是否经主管机关正式盖章/颁发。

（二）第二步：核实行业证照

对于某些类型的公司，我们还需要根据其性质，主要是所属行业，审阅和核实在该行业经营需要的特殊证照。常见的行业证照和许可包括以下几类：

1. 台港澳侨投资企业批准证书和外商投资企业批准证书

该类批准证书适用主体有两类：第一，2016年10月8日以前设立的台港澳侨投资企业和外商投资企业；第二，2016年10月8日以后设立、涉及国家规定实施准入特别管理措施[1]的港澳台侨投资企业和外商投资企业。

在2016年10月8日《外商投资企业设立及变更备案管理暂行办法》（目前已被2020年1月1日起施行的《外商投资信息报告办法》取代）颁布以前，台港澳投资企业或外商投资企业的设立、分立、合并或者其他重要事项变更，需要取得国务院对外经济贸易主管部门或者国务院授权的机关审查和批准，获得设立批准后，企业将取得港澳台侨投资企业批准证书或外商投

〔1〕 各行业的具体投资准入限制参见国家发改委和商务部发布的最新有效的《外商投资准入特别管理措施（负面清单）》及相关法规。

资企业批准证书，该证书会注明企业类型、投资总额、注册资本、经营范围等信息。

《外商投资企业设立及变更备案管理暂行办法》实施后，外商投资企业的设立及变更，不涉及国家规定实施准入特别管理措施的，适用备案程序，具体参见下文“外商投资企业设立或变更备案回执”的讨论。涉及国家规定实施准入特别管理措施的外资企业设立，需依据《外资企业法》等法规由国务院对外经济贸易主管部门或者国务院授权的机关审查批准。

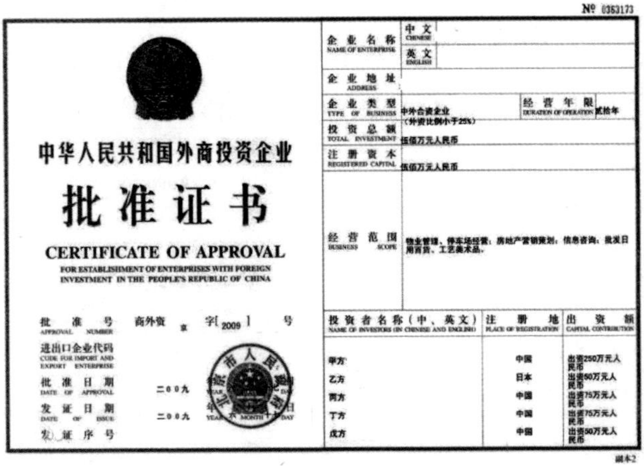

图3—8　外商投资企业批准证书样图

审阅港澳台侨投资企业批准证书和外商投资企业批准证书的主要关注点包括：

（1）企业名称、类型、投资总额等基本信息与公司当前相关信息、营业执照及其他文件记载信息是否一致，是否存在发生变更但未换发批准证书的情况。

（2）公司存续是否已经超出经营年限。

（3）经营范围和实际业务活动是否符合法律法规的规定（同"营业执照"部分）。

（4）证书是否经主管机关正式盖章/颁发。

2. 外商投资企业设立或变更备案回执

外商投资企业备案回执适用于2016年10月8日以后设立或发生变更、不涉及国家规定实施准入特别管理措施的港澳台侨投资企业/外商投资企业。

在2016年10月8日以后，根据《外商投资企业设立及变更备案管理暂行办法》的规定，外商投资企业的设立及变更，不涉及国家规定实施准入特别管理措施的[1]，应通过商务部的外商投资综合管理信息系统开展备案工作。

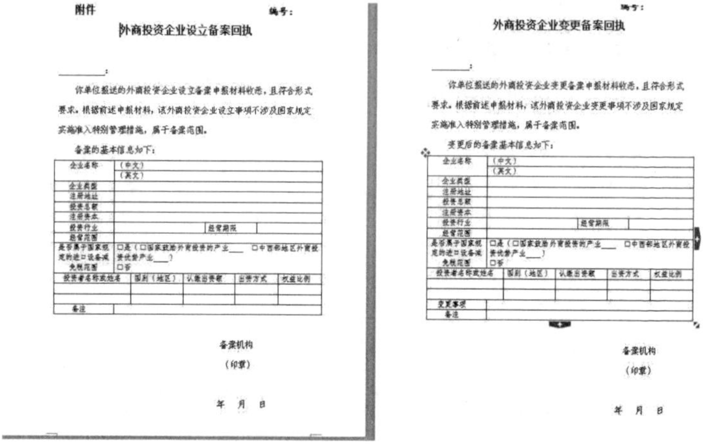
附件　　编号：

外商投资企业设立备案回执

________：

你单位报送的外商投资企业设立备案申报材料收悉，且符合形式要求。根据前述申报材料，该外商投资企业设立事项不涉及国家规定实施准入特别管理措施，属于备案范围。

备案的基本信息如下：

企业名称	（中文）			
	（英文）			
企业类型				
注册地址				
投资总额				
注册资本				
投资行业		经营期限		
经营范围				
是否属于国家规定的进口设备减免税范围	□是（□国家鼓励外商投资的产业___ □中西部地区外商投资优势产业___）□否			
投资者名称或姓名	国别（地区）	认缴出资额	出资方式	权益比例
备注				

备案机构

（印章）

年　月　日

编号：

外商投资企业变更备案回执

________：

你单位报送的外商投资企业变更备案申报材料收悉，且符合形式要求。根据前述申报材料，该外商投资企业变更事项不涉及国家规定实施准入特别管理措施，属于备案范围。

变更后的备案基本信息如下：

企业名称	（中文）			
	（英文）			
企业类型				
注册地址				
投资总额				
注册资本				
投资行业		经营期限		
经营范围				
是否属于国家规定的进口设备减免税范围	□是（□国家鼓励外商投资的产业___ □中西部地区外商投资优势产业___）□否			
投资者名称或姓名	国别（地区）	认缴出资额	出资方式	权益比例
变更事项				
备注				

备案机构

（印章）

年　月　日

图3—9　外商投资企业设立备案回执及外商投资企业变更备案回执样图

〔1〕　总体而言，涉及准入特别管理措施的行业分为两种情况，即禁止类行业与限制类行业。禁止类行业不允许外商投资；限制类行业的外商投资需要取得国务院对外经济贸易主管部门或者国务院授权的机关审查和批准。

在该系统上的备案完成后，外商投资企业或其投资者可凭外商投资企业营业执照（复印件）向备案机构领取外商投资企业设立备案回执或外商投资企业变更备案回执。

审阅外商投资企业设立备案回执及外商投资企业变更备案回执的主要关注点包括：

（1）企业名称、类型、投资总额等基本信息与公司当前相关信息、营业执照及其他文件记载信息是否一致，是否存在发生变更但未进行备案的情况。

（2）公司存续是否已经超出经营期限。

（3）经营范围和实际业务活动是否符合法律法规的规定（同"营业执照"部分）。

（4）备案回执是否经备案机关正式盖章/颁发。

需要注意的是，自2020年1月1日《外商投资法》和《外商投资信息报告办法》生效起，外商投资企业设立或变更无须商务部门审批或备案，而是改为在办理设立或变更登记时通过市场监管部门的企业登记系统提交初始报告或变更报告，报送外商投资信息。商务部门也不再颁发《外商投资企业批准证书》。

因此，针对2020年1月1日之后设立或者发生变更的外商投资企业，在尽调过程中无须要求其提供批准证书或备案回执。

3．金融许可证

根据《商业银行法》《中国银保监会非银行金融机构行政许可事项实施办法》等法律法规，商业银行、金融资产管理公司、企业集团财务公司、金融租赁公司、汽车金融公司、货币经纪公司、消费金融公司、境外非银行金融机构驻华代表处等金融机构的设立需要经过银保监会及其派出机构审查批准，由银保监会依法颁发金融许可证。

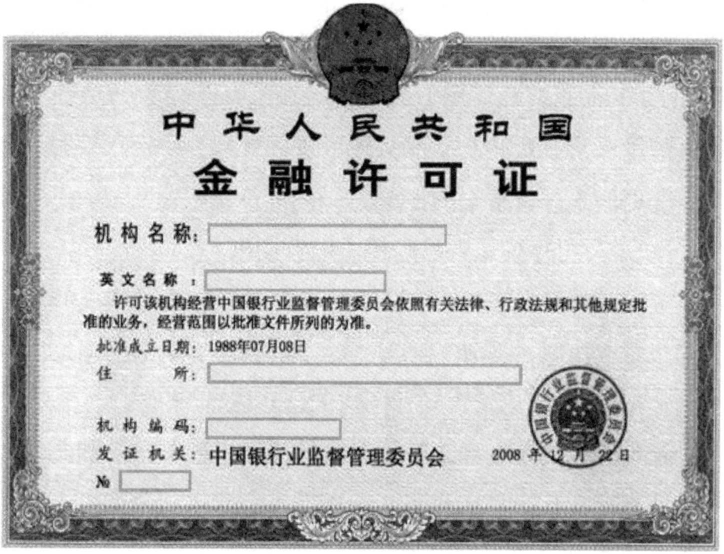
中华人民共和国
金融许可证
机构名称：
英文名称 ：
许可该机构经营中国银行业监督管理委员会依照有关法律、行政法规和其他规定批准的业务，经营范围以批准文件所列的为准。
批准成立日期：1988年07月08日
住 所：
机构编码：
发证机关：中国银行业监督管理委员会 2008年12月22日
№

图3—10 金融许可证样图

除公司提供许可证原件或复印件外，金融许可证的信息还可以在国家金融监督管理总局的金融许可证信息查询系统（网址：http://xkz.cbirc.gov.cn/jr/）上进行核实与确认。

审阅金融许可证的主要关注点包括：

（1）机构名称、批准成立日期、住所等基本信息与银保监会网站查询信息、公司提供信息是否一致，是否存在发生变更但未换发证书的情况。

（2）批准的经营范围和实际业务活动是否符合法律法规的规定［该部分可参见第二步“核实业务经营的具体情况”

（以某外商投资融资租赁公司为例）的内容］。

（3）需要注意的是，在颁发金融许可证时，银保监会及其派出机构会作出并下发一份书面核准文件，其中记载公司信息、经营范围以及其他相关许可事项等相关信息。该书面核准文件也是金融业务许可的组成部分，律师应一并审阅。

4. 电信业务经营许可证

根据《电信业务经营许可管理办法》等相关法规，经营基础电信业务（指提供公共网络基础设施、公共数据传送和基本话音通信服务的业务）或增值电信业务（指利用公共网络基础设施提供的电信与信息服务业务），需要取得电信管理机构颁发的经营许可证。

其中，增值电信业务经营许可证分为跨地区增值电信业务经营许可证和省、自治区、直辖市范围内的增值电信业务经营许可证，其覆盖范围和审批机关层级不同。

除公司提供许可证原件或复印件外，电信业务经营许可证的信息还可以在工业和信息化部政务服务平台的电信业务市场综合管理信息系统（网址：https://tsm.miit.gov.cn）上进行核实与查询。

相比于其他行业证照，电信业务的种类较多，分类也较为复杂。有关电信业务的具体分类和界定，可参见工信部2016年3月1日起实施、2019年6月6日修订的《电信业务分类目录》。在实践中，由于业务性质和运营商不同，基础电信业务经营许可数量较少，增值电信业务经营许可较为常见。常见的增值电信业务经营许可种类如下：

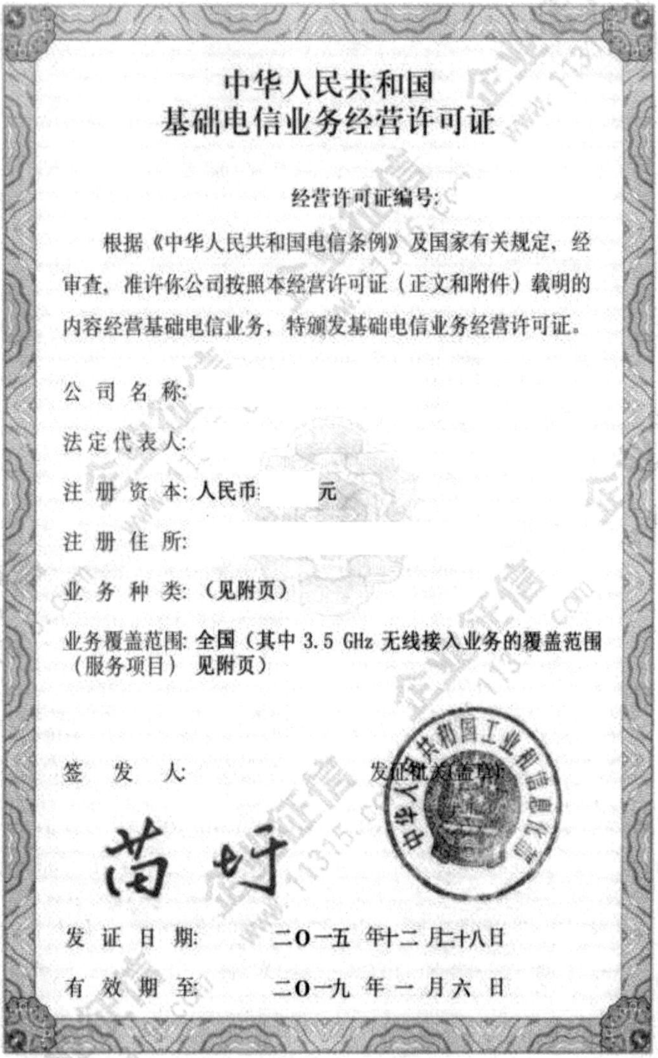

中华人民共和国
基础电信业务经营许可证

经营许可证编号:

根据《中华人民共和国电信条例》及国家有关规定，经审查，准许你公司按照本经营许可证（正文和附件）载明的内容经营基础电信业务，特颁发基础电信业务经营许可证。

公 司 名 称:

法定代表人:

注 册 资 本: 人民币　　元

注 册 住 所:

业 务 种 类: （见附页）

业务覆盖范围: 全国（其中 3.5 GHz 无线接入业务的覆盖范围（服务项目） 见附页）

签 发 人: 苗圩　　发证机关(盖章): 中华人民共和国工业和信息化部

发 证 日 期: 二〇一五 年十二 月二十八日

有 效 期 至: 二〇一九 年 一 月六 日

图3—11　基础电信业务经营许可证样图

中华人民共和国
增值电信业务经营许可证

经营许可证编号:

根据《中华人民共和国电信条例》及国家有关规定，经审查，准许你公司按照本经营许可证（正文和附件）载明的内容经营增值电信业务，特颁发增值电信业务经营许可证。

公 司 名 称:

法定代表人:

业 务 种 类（服 务 项 目）及覆盖范围: 在线数据处理与交易处理业务（仅限经营类电子商务）不含网络借贷信息中介类的互联网金融业务。【依法须经批准的项目，经相关部门批准后方可开展相应经营活动】

发证机关(盖章):

发 证 日 期: 2019 年12 月03 日

有 效 期 至: 2024 年12 月03 日

图3—12　增值电信业务经营许可证样图

（1）互联网信息服务业务（第二类增值电信业务中的B25类）——以下简称ICP许可证。

（2）互联网数据中心（第一类增值电信业务中的B11类）——以下简称IDC许可证。

（3）互联网接入服务（第一类增值电信业务中的B14类）——以下简称ISP许可证。

（4）在线数据处理与交易业务（第二类增值电信业务中的B21类）——以下简称EDI许可证。

例如，通过网络提供相关信息进行宣传推广、开设网络购物平台提供采购途径等业务的互联网营销业务，主要涉及第二类增值电信业务中的B21类在线数据处理与交易处理业务以及B25类互联网信息服务业务。

审阅电信业务经营许可证的主要关注点包括：

（1）公司名称、法定代表人等基本信息与公司当前信息是否一致，是否存在发生变更但未换发证书的情况。

（2）是否已经超出证书规定的有效期。

（3）证书所列业务种类、覆盖范围和实际的业务活动是否一致。例如，跨地区从事增值电信业务的，需要取得跨地区增值电信业务经营许可证；经营互联网电商购物平台的，其增值电信业务许可证的业务种类通常需要涵盖第二类增值电信业务中的B21类在线数据处理与交易处理业务以及B25类互联网信息服务业务。

（4）是否按时报告年报信息。

5. 其他受监管行业的许可证

法律法规对一些行业的准入设置了较为严格的标准和条

件，相关主体必须取得相应的批准和许可才可以从事该行业的经营活动。

例如，从事快递业务的公司需要办理快递业务经营许可证。

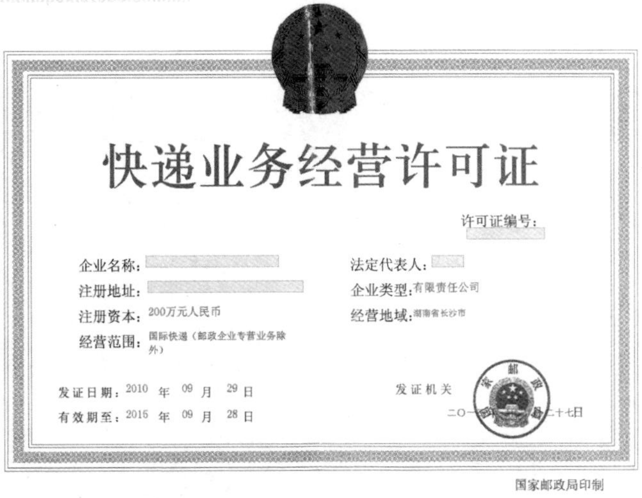

图3—13　快递业务经营许可证正本样图

又如，从事道路运输业务的公司需要办理道路运输经营许可证。

审阅以上证照的主要关注点：

（1）正本与副本（如有）登记的信息是否一致。

（2）名称、类型、地址等基本信息与营业执照及公司提供信息是否一致。

（3）是否已经超出证件有效期。

（4）证照所列经营范围、经营地域、经营方式和实际的业务活动是否一致。

（5）是否办理年检（如法规有要求）。

需要注意的是，还有其他行业存在类似的特殊审批或许可，并且，其形式和内容可能存在差别（如以批复文件、公告等形式），在尽调过程中，律师要根据行业性质、实际业务经营等情况具体研究。

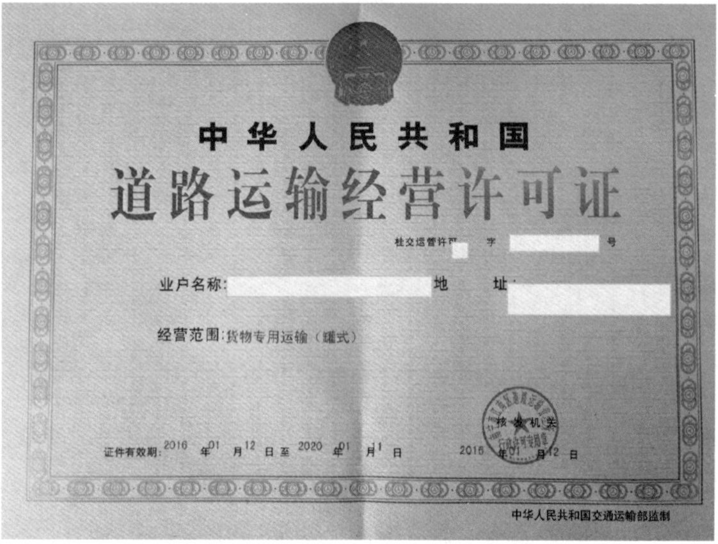

图3—14 道路运输经营许可证正本样图

（三）第三步：核实业务经营的具体情况

以某外商投资融资租赁公司为例，核实该公司是否取得经营业务所必须的许可和证照，可以从营业执照规定的经营范围和实际经营活动两方面进行核查。

1. 从经营范围看

根据某外商投资融资租赁公司（以下简称“该融资租赁公

司”）提供的营业执照，结合国家企业信用信息公示系统的查询结果，了解到该融资租赁公司设立于2015年，所在地为杭州市，经营范围是：“融资租赁业务；租赁业务；向国内外购买租赁财产；租赁财产的残值处理及维修；租赁交易咨询；兼营与主营业务相关的商业保理业务（国家禁止和限制的除外，涉及许可证的凭证经营）。”

（1）问题一：该融资租赁公司的设立是否取得了主管部门的批准或许可？

首先，根据《金融租赁公司管理办法》〔1〕《融资租赁企业监督管理办法》〔2〕及《外商投资租赁业管理办法》〔3〕（该办法虽然于2018年2月22日废止，但该融资租赁公司于2015年设立时该办法处于生效状态，属于设立时有效的法律规则，仍然需要适用）等相关法规的规定，中国的融资租赁公司分为两种：一种是银保监会主管的“金融租赁公司”，另一种是商务部主管的“融资租赁公司”。

根据《金融租赁公司管理办法》第2条第2款的规定，金融租赁公司名称中应当标明“金融租赁”字样。未经批准，任何单位不得在其名称中使用“金融租赁”字样。根据其他尽调资料，该公司也不属于银保监会批准设立的非银行金融机构，因

〔1〕《金融租赁公司管理办法》（中国人民银行令〔2000〕第4号）于2000年6月30日发布，2014年3月13日修订，修订后的办法自2014年3月13日起实施。

〔2〕《融资租赁企业监督管理办法》（商流通发〔2013〕337号）于2013年9月18日发布，2013年10月1日起实施。

〔3〕《外商投资租赁业管理办法》（中华人民共和国商务部令2005年第5号）2005年2月3日发布，2015年10月28日修正，2015年10月28日起实施。2018年2月22日，商务部废止《外商投资租赁业管理办法》。

此，可以判断该融资租赁公司应属于商务部主管的“融资租赁公司”。

根据《外商投资租赁业管理办法》第11条第1项规定，设立有限责任公司形式的外商投资租赁公司，应由投资者向拟设立企业所在地的省级商务主管部门报送本办法第10条规定的全部材料，省级商务主管部门应自收到全部申请材料之日起45个工作日内作出是否批准的决定，批准设立的，颁发外商投资企业批准证书，不予批准的，应书面说明原因。

该融资租赁公司提供了外商投资企业批准证书以及杭州市商务主管部门关于设立该融资租赁公司的批复文件（均未失效），但是，未见到上述《外商投资租赁业管理办法》第11条规定的商务部批复文件。为什么实际审批部门与法规规定的部门不符呢?

此时需要转换思路，研究该项审批权限是否发生了变化。

经检索，律师注意到商务部在2010年6月发布了《商务部关于下放外商投资审批权限有关问题的通知》。[1]该通知规定：“《外商投资产业指导目录》鼓励类、允许类总投资3亿美元和限制类总投资5000万美元（以下简称限额）以下的外商投资企业的设立及其变更事项，由省、自治区、直辖市、计划单列市、新疆生产建设兵团、副省级城市（包括哈尔滨、长春、沈阳、济南、南京、杭州、广州、武汉、成都、西安）商务主管部门及国家级经济技术开发区（以下简称地方审批机

〔1〕 该通知于2020年1月1日起废止。但在该融资租赁企业设立时，该通知处于生效状态。

关）负责审批和管理。”

根据营业执照信息，该融资租赁公司设立于杭州市，属于上述列明的副省级城市，并且设立时间晚于2010年，应适用商务部的该通知。根据2015年3月国家发展和改革委员会发布的《外商投资产业指导目录》，融资租赁不属于限制类的投资产业。此外，根据该融资租赁公司的外商投资企业批准证书，其投资总额低于3亿美元，在法律规定的限额以下，因此，其设立可以由杭州市的商务主管部门审批。

据此，律师可以作出判断，该融资租赁公司的设立已经取得必要的批准和许可，而且该许可持续有效。

（2）问题二：经营范围是否超出法律规定？

根据《外商投资租赁业管理办法》第14条的规定，“外商投资融资租赁公司可以经营下列业务：（一）融资租赁业务；（二）租赁业务；（三）向国内外购买租赁财产；（四）租赁财产的残值处理及维修；（五）租赁交易咨询和担保；（六）经审批部门批准的其他业务”。

从该融资租赁公司营业执照列明的经营范围看，所列事项都属于上述法规规定的内容。因此，律师可以作出判断，该公司的经营范围没有超出相关法规的规定。

2. 从业务合同和实际经营活动看

根据该融资租赁公司提供的业务合同及说明，其开展的业务包括：售后回租融资租赁、直接融资租赁、商业保理。根据律师的研究，这些业务属于融资租赁业务的常见类型，符合相关法规的规定。经审阅上述签署版业务合同和收入情况等材料，律师也没有发现该融资租赁公司从事的经营活动超出经营范围的情形。

另外，由于法律法规对一些业务种类没有明确定义，并且，相关业务与行业之间存在交叉，公司开展的经营活动可能会与其他行业的业务种类混淆，或界限较为模糊。例如，《广告法》等没有对“广告”及“商业广告活动”进行明确定义，因此，从事诸如产品包装、营销用品的设计、代理等活动也可能会被认为从事广告业务。在这种情况下，需要对公司的业务活动进行进一步的研究和分析，综合判断该业务类别。

通常采用的方法包括以下几类：第一，查找法律法规或权威文件的相关定义和描述；第二，咨询主管部门；第三，研究相关论文或学术文章。

为提高效率，针对某一特定业务是否需要特别的许可或批准，可以先通过百度等搜索引擎进行初步检索，了解该业务监管许可的大致情况，再有针对性地研究相关法规和主管部门的规定。

3．从公司的说明和材料看

根据该融资租赁公司的书面回复并结合其他尽调材料，其融资租赁的业务资质持续有效，融资租赁业务正常运行，不存在被吊销、失效、过期或违法违规经营的情形，也未被主管部门处罚或警告过。

4．从公开检索信息看

除上述方面，律师还通过搜索引擎、主管部门（如商务部、市场监督管理部门）网站等途径，查询该融资租赁公司是否存在因相关业务未取得资质许可、超出许可范围从事业务经营，以及其他业务资质许可方面的不合规情形而受到任何处罚、批评等。以公司名称，并结合“处罚”“合规”“许可”等关键词进行检索，未发现该融资租赁公司存在上述情形。

综合上述分析，律师可以得出结论，截至×年×月×日，该公司的融资租赁业务资质已经取得相关的必要许可和批准。

（四）第四步：核实资质证照是否存在过期、失效或被吊销的情形或风险

部分业务证照具有有效期限（该期限一般会在证照上注明）。在进行尽职调查时，律师需要核实证照是否过期。如证照已经过期，需要询问公司是否取得新的证照或续期是否存在障碍等问题，以判断该业务资质的有效性。

判断证照是否被吊销，可以通过以下方式核实：

（1）向主管部门电话咨询核实。

（2）在主管部门网站等进行检索（例如，可通过银保监会网站查询某一主体的金融许可证、保险许可证、保险专业中介许可证信息）。

（3）询问公司。

（4）检索相关新闻、网页。

（5）根据诉讼、仲裁与行政处罚部分的尽调情况，核实公司是否受到过相关行政处罚。

（6）在尽调过程中综合判断公司是否存在违法违规情形导致证照存在可能被吊销的风险。

随着法律法规的更新，一些证照已经失去法律效力、不再适用（例如食品流通许可证）。针对这一类证照，律师需要根

据相关法规的更新情况进行研究和判断。

（五）第五步：研究前沿领域与法规未明确规定的业务类型

对于法规没有明确规定的业务类型或者新型业务，可以通过以下方式进行研究：

（1）搜集并研究相关论文和文章，以及案例和判决文书。

（2）查找同类企业的招股书和公告，看是否有涉及该业务的披露和描述。

（3）查询美国上市公司披露文件：美国证监会网站EDGAR披露系统（网址：https://www.sec.gov/edgar/searchedgar/companysearch.html）。

（4）查询中国香港特别行政区上市公司披露文件：中国香港特别行政区联交所网站披露易网页“上市公司公告”搜寻（网址：http://www.hkexnews.hk/）。

（5）查询A股上市公司披露文件：巨潮资讯网（网址：http://www.cninfo.com.cn）、上海证券交易所网（网址：http://www.sse.com.cn）、深圳证券交易所网（网址：http://www.szse.cn）。

（6）查找相关领域或更高层级的法规，看是否有同样适用或参照适用的规定。

（7）根据业务类别，确定其主要监管部门，通过监管部门的网站或者电话咨询方式了解相关监管规定。

（8）请教其他有经验的律师，或者在主管律师同意的前提下，在律师所在律所全所范围内发送征询邮件，以获得帮助。

（六）第六步：梳理和总结

综合以上分析，为了支持出具“公司已取得业务经营相关的必要许可、证书和批准，且该等许可、证书和批准持续有效”的法律意见，总体而言，需要考虑的主要因素包括：

（1）审批机关的层级和审批环节与法律法规要求一致。

（2）证照和相关批复文件经正式颁发/出具，内容明确、持续有效。

（3）实际业务经营活动符合法律规定，不存在导致证照过期、失效或被吊销的情形或风险。

第四章 公司经营的合法合规

一、公司经营合法合规的尽调背景

在上市和并购等项目中，律师通常需要对发行人或目标公司的业务经营活动进行尽职调查。有时，还需根据上市规则或客户要求出具法律意见，确认“公司目前正在进行的经营活动未超出政府机构核准的经营范围，不存在任何因违法经营行为受到行政处罚的情形”。

就上述法律意见的前半段而言，判断经营活动是否超出了政府核准范围，开展相关法律尽职调查，与针对公司证照和许可的法律尽职调查存在一定的重合，核心都在于判断公司是否在其营业执照载明的范围内经营。如果公司从事某业务需要行业监管机构的许可，那么，需要调查和判断公司是否在该许可的范围内经营。无论是哪种情况，针对这个问题开展法律尽职调查，与针对公司证照和许可的法律尽职调查不存在实质区别。[1]

就上述法律意见的后半段而言，确定公司没有因违法经营行为受到行政处罚，既可能与公司证照和许可直接相关，也可能不一定有直接关系。比如，公司从事商业银行业务，取得银保监会颁发的金融许可证，如果公司的商业银行业务出现不合规情形，如没有遵守反洗钱规定，那么，公司可能被罚款，金融许可证可能被吊销，公司经营的合法合规性与其证照和许可直接相关。但是，公司也可能违反了税法规定，没有足额缴纳企业所得税，被税务机关罚款，在这种情况下，公司经营的合规性与其证照和许可没有直接关系。因此，针对公司经营活动

---

〔1〕 有关公司证照和许可的法律尽职调查，请参见本书第三章。

是否合法合规，不限于公司证照和许可内容，相关法律尽职调查有单独讨论的必要。[1]

二、公司经营合法合规的法律意见措辞

针对公司经营合法合规这一问题，在不同类型的项目中，法律意见措辞以及尽职调查的具体范围与关注点存在区别。

（一）美国上市项目

在美国上市项目中，无论是公司中国律师，还是承销商中国律师，需要出具的法律意见措辞一般采取如下表述：

> Each of the PRC Material Group Entities is in compliance with such necessary Governmental Authorizations, and none of the PRC Material Group Entities has received or is currently subject to any notification of proceedings relating to the modification, suspension or revocation of any such Governmental Authorizations.

上述法律意见译文如下：

> 每一中国重要子公司均遵守有关政府授权，并且未收到或正受制于任何有关变更、暂停或撤销其政府授权的法律程序的通知。

如第三章所述，“政府授权”涵盖中国境内所有行政许可、批准、备案和其他需要政府采取的行动。如前所述，在这一法律意见措辞中，其重点强调的是公司“遵守所有必要政府

〔1〕 有关公司税务合规和劳动与社保合规的法律尽职调查，请同时参见本书第九章和第十章。

授权”，与公司经营所需证照和许可相关的法律意见措辞存在一定重合，但特别强调持续经营过程中“遵守”必要政府授权。从狭义角度解读的话，不属于政府授权意义下的公司活动是否合规，比如公司经营是否税务合规，可能就不一定涵盖在这种法律意见的措辞中。

在部分美国上市项目中，公司中国律师或承销商中国律师会针对特定领域，如税务、环保、劳动社保等方面的公司经营是否合规出具法律意见。相关法律意见措辞如下：

> Each of the PRC Material Group Entities is in compliance with all PRC Laws on [tax/environment/labor and employment], except for such non-compliance that would not reasonably be expected to have, individually or in the aggregate, a Material Adverse Effect.

上述法律意见译文如下：

> 每一中国重要子公司遵守有关［税务/环境/劳动和雇佣］领域的所有中国法律，但单项或合计预期不会不合理导致重大不利影响的不合规（不遵守）情形除外。

在上述法律意见措辞中，“中国法律”是被定义的术语，通常指代所有法律、司法解释、行政法规、部门规章、交易所规则等具有法律效力的规范性文件。“遵守”（in compliance with）所有中国法律，当然就包含了“合法合规”这一含义。

此外，在美国上市项目中，承销商可能会要求中国律师出具有关公司经营合法合规的一般性法律意见，涵盖公司经营的所有领域，而不是将合法合规范围限定在特定领域（如税务、环保、劳动社保等）。是否能够出具一般性合法合规的法律意见，这属于双方谈判的内容，需要考虑项目时间、公司情况等诸多因素。

同时，由于法律法规规定繁杂，技术性违反某一法律法规规定，在公司日常经营中在所难免。为此，针对公司经营合法合规的法律意见，通常都会采取重大性限定，或者将法律意见措辞限定为“在所有重大方面”合法合规，或者采用上述法律意见措辞，增加除外规定，将不会对公司造成重大不利影响的不合规情形排除在外。

（二）中国香港特别行政区上市项目

在中国香港特别行政区上市项目中，无论是公司中国律师，还是承销商中国律师，通常需要出具的法律意见采取如下表述：

> 某公司经工商行政管理机关核准的经营范围符合相关中国法律的规定，且目前正在进行的经营活动未超出工商行政管理机关核准的经营范围，不存在任何因违法经营行为受到行政处罚的情形。

从上述法律意见措辞来看，公司经营范围符合法律规定、经营活动未超过工商行政管理机关核准范围，这与有关公司证照和许可的法律意见措辞存在重合。不存在任何因违法经营行为受到行政处罚的情形，这一措辞采取“否定句式”（即不存在某种情形），与肯定公司经营“合法合规”（即肯定公司遵守法律）的正面确认措辞相比，其力度更弱。而且，法律意见涵盖的范围更窄，局限在因违法经营行为受到行政处罚的情形，而不是所有不合法、不合规的情形。总体而言，采用上述中国香港特别行政区上市项目法律意见的措辞，与前述美国上市项目法律意见措辞相比，律师的责任相对更小。

（三）A股上市项目

在A股上市项目中，公司律师通常需要对发行人的经营范围和经营方式、业务变更情况、主营业务是否突出、是否具有持续经营能力等方面发表法律意见，其范围要比美国和中国香港特别行政区上市的法律意见相对要更广泛。其中，涉及业务经营合法合规的法律意见一般采取如下表述：

> 经核查，本所律师认为发行人的经营范围和经营方式符合有关法律、法规和规范性文件的规定。
>
> 根据审计报告、发行人公司章程、发行人出具的确认与承诺、市场监督、税务、安监、国土、劳动、社保、公积金等行政主管部门出具的证明并经本所律师核查，发行人最近三年未受到行政主管部门的重大行政处罚，截至本法律意见书出具之日，发行人合法存续，不存在尚未了结的或可预见的可能影响其持续经营能力的重大诉讼、仲裁或行政处罚，不存在影响其持续经营的法律障碍。

从上面法律意见措辞中可以看出，在A股上市项目中，有关公司经营合法合规的法律意见范围更广。比如，发行人“经营范围”合法合规，这与第（二）部分中国香港特别行政区上市项目的法律意见措辞类似，但是，“经营方式”合法合规就可能涵盖公司经营的各个方面，是一个动态的、全方位的事实状态。“经营方式”与公司经营过程中的事实状况密切相关，很难通过核查某一具体法律文件来加以确认。因此，律师特别强调，其“认为”发行人经营方式符合法律、法规和规范性文件的规定，是律师在综合各方面的尽职调查情况后做出的主观判断，而不是完全基于核查某一具体法律文件之后的结论。

此外，针对A股上市项目中的公司经营合规性问题，《执业细则》第八章“发行人的规范运作”对核查范围提出了更为具体的要求。比如，律师应该核查公司的依法纳税情况、享受税收优惠和财政补贴情况、生产经营活动是否符合国家和地方环保要求、产品质量和标准、安全生产情况、劳动保护情况等。只有通过这些方面的核查，律师才能对公司经营方式是否符合有关法律法规作出综合判断。

（四）债券发行项目

根据发行地区、债券种类、监管机构、发行方式等因素的不同，债券发行项目分为许多种类。目前，债券类型主要包括企业债、公司债、短期融资券、中期票据、中小企业私募债等多种形式。同时，根据发行方式，也分为公开发行债券和非公开发行债券，公开发行债券涉及投资人范围更广、监管要求更高。在债券发行项目中，对于尽职调查范围和法律意见书的硬性规定不像上市这么严格，有更多的讨论、谈判空间。因此，债券发行项目下的尽职调查和法律意见范围更为灵活，但发行人从事业务经营活动是否合法合规仍然是监管机构和投资人重点关注的问题之一。

（五）并购项目

在并购项目中，关于公司经营合法合规的尽职调查范围和方法一般可以参照上市项目。但是，由于交易的对抗性、文件的完整性、交易风险等因素，律师通常不会在法律尽职调查报告中出具“公司目前正在进行的经营活动未超出政府机构核准的经营范围”等有关经营合规的意见，而是就目标公司经营方式和经营活动方面的瑕疵、问题或潜在风险、法律后果以及解决方案等向客户进行提示。

例如，目标公司是一家从事商业特许经营[1]（常见形式为加盟店）的企业。根据国务院于2007年2月发布的《商业特许经营管理条例》相关规定，从事特许经营活动，特许人和被特许人应当采用书面形式订立特许经营合同。根据商务部于2011年12月修订的《商业特许经营备案管理办法》，特许人应当在与中国境内的被特许人首次订立特许经营合同之日起15日内向备案机关申请备案[2]；特许人的工商登记信息、经营资源信息、中国境内全部被特许人的店铺分布情况有变化的，应当自变化之日起30日内向备案机关申请变更。

如果律师在尽职调查过程中发现，由于目标公司业务扩

〔1〕《商业特许经营管理条例》第3条规定：“本条例所称商业特许经营（以下简称特许经营），是指拥有注册商标、企业标志、专利、专有技术等经营资源的企业（以下称特许人），以合同形式将其拥有的经营资源许可其他经营者（以下称被特许人）使用，被特许人按照合同约定在统一的经营模式下开展经营，并向特许人支付特许经营费用的经营活动。企业以外的其他单位和个人不得作为特许人从事特许经营活动。”

〔2〕目前，商业特许经营备案和信息报送应通过商务部的“商业特许经营信息管理”平台进行。

展过快、管理人员不足、管理不严，目标公司与部分加盟商（即被特许人）未签署书面的特许经营合同，并且，未将全部加盟商的店铺分布情况进行及时更新和变更，那么，目标公司可能面临商务主管部门的限期整改要求或者罚款等处罚。

在这种情况下，律师可根据目标公司业务实际情况建议其整改，要求目标公司与相关加盟商补充签署书面特许经营合同、补充完成商业特许经营备案的变更程序。如果在签约时上述整改尚未全部完成，律师可以建议将其写入投资或并购协议，作为交割条件，确保在交割前完成整改。当然，如果律师在尽职调查中发现，目标公司特许经营合同签署和备案仅存在个别小瑕疵，那么，律师也可以结合项目情况，建议将该等瑕疵的整改作为交割后义务，或者约定相关瑕疵如导致任何处罚，由公司或原股东承担相应责任。

三、公司经营合法合规的尽调信息来源

（一）公司有关人员的说明与回复

公司人员直接参与公司的经营和管理，是获取相关信息最直接的来源。

1. 管理层访谈

在尽职调查开始后，通常会安排对公司主要的管理人员进行访谈，受访者可能有多位，具体范围和层级依据公司的业务板块、公司高层的配合情况而定（通常包含首席执行官或总经理、各业务板块或者管理条线的负责人），以便律师和其他方

从宏观方面迅速了解公司的主营业务、战略目标、技术和管理情况。

在访谈之前，律师或者承销商通常会根据目前对公司的了解起草一份管理层访谈问卷，内容通常针对公司目前的业务情况、财务状况、行业竞争情况以及未来战略等方面。访谈的形式多种多样，可以由管理人员以图文形式进行介绍，也可以由各中介机构直接对管理人员进行提问。

在管理层访谈中，律师可以就公司业务经营的各项情况对管理人员进行询问。需要注意的是，管理人员的答复存在主观性，因此，还需要结合其他信息和文件综合判断。

2. 具体业务人员和基层员工

在尽职调查过程中，律师如果对公司的具体业务情况有任何疑问，直接询问相关业务人员是有效的解决方式，因为他们可能更了解实际业务中的情况，如向销售人员了解其推广业务的具体途径、地域范围、签约方式等。另外，与基层员工进行“闲聊”有时也能够获得对公司经营状态更为直观的评价。

（二）资料室文件

在大型项目中，公司通常会采用网上数据库向相关方提供文件，其优点是高效、快捷、便于各方同步审阅，缺点是准备与上传文件的过程需要花费一定的时间和人力。在涉外项目中，常见网上数据库运营商如Datasite，国内项目有时会使用邮件、钉钉、网盘等方式直接传送文件。

图4—1是部分数据库运营商网上数据库的基本界面：

图4—1　网上数据库页面示例

在A股上市项目中，由于公司体量一般较大、文件数量众多且法律要求律师必须确认原件的真实性，通常会采用现场审阅文件的方式进行尽调，较少使用网上数据库。在一些中小型项目或并购项目中，出于成本或者保密性的考虑，公司有时也仅会现场提供文件供审阅。现场审阅的优点是保密性较好、尽可能保证原件真实性、节约公司成本，同时，缺点也很明显。这种方式效率较低、律师需要派驻更多人员前往现场，并且在文件量较大的情况下律师很难对尽调文件进行留档。

（三）政府部门的登记备案文件

企业在经营过程中需要根据相关法律法规在工商、税务、知识产权、房地产等政府部门登记或备案相关材料。例如，在变更公司主要信息时，公司需要在市场监督管理部门（原工商行政管理部门）进行变更登记或备案，而针对每一季度或年度的收入和缴税情况，公司需要向相关税务部门申报。政府部门通常允许律师或者登记主体在符合相关要求的情况下查阅或复制登记备案资料，因此，这些资料就成为尽职调查的可靠信息来源。

律师在尽职调查过程中可以请公司协助向相关部门查阅和调取资料。需要注意的是，各地的不同政府部门对于资料查询的要求可能有很大区别。律师需要事先通过其网站或电话进行咨询了解，例如律师凭介绍信是否可以查询、是否需要预约等。

例如，根据北京市市场监督管理局网站的信息（网址：http://scjgj.beijing.gov.cn/bsfw/bgxz/bgdacx/201807/t20180719_108955.html），公检法机关及律师可以在相关区局/分局查询企业的工商档案信息材料。

企业登记档案材料对外查询地址及联系方式

时间：2021年10月20日 来源：北京市市场监督管理局　【字体：大 中 小】 · 打印 · 收藏　分享：

单位	对外查询窗口地址	咨询电话
市局档案中心	北京市石景山区实兴大街64号	88796437
东城区局	北京市东城区金宝街52号	84082865
西城区局	北京市西城区宣武门外大街8号D座二层（55号窗口）	66503578
朝阳区局	1、可办理本企业查询、公检法机关及律师查询： 北京市朝阳区青云路青云里1号 2、仅办理本企业查询： 商务分中心：朝阳区建国路88号（现代城综合楼二层） 酒仙桥工商所：驼房营路3号（将台派出所南） 望京分中心：宏泰东街望京东园4区绿地中心5号楼一层 双桥工商所：杨闸环岛东侧200米路南	51069566
海淀区局	北京市海淀区倒座庙9号	62559214
丰台区局	北京市丰台区南苑路7号	63469955-1131
石景山区局	北京市石景山区实兴大街64号一层开办大厅	88793889-1102

图4—2　北京市市场监督管理局企业登记档案部分查询信息

（四）第三方访谈

公司人员的说明和回复往往由于利益相关而带有倾向性，因此，第三方的看法与观点就成为一种佐证方式。通过对公司的客户、供应商等第三方的交叉询问和验证，律师可以初步判断某问题答复的真伪程度。访谈内容一般针对书面材料中没有体现的，或者是在尽调核查过程中发现有疑问的地方，并且以访谈记录或备忘录的形式确定下来。

1. 客户与供应商

在上市项目中，中介机构通常会对公司的重要客户和供应商进行独立访谈，以了解其与公司的业务情况、往来款项、未来发展计划、是否会与公司持续合作等事项。如果公司的某一重要客户或供应商提供的说法与公司提供的有较大出入，那么，包括律师在内的相关中介机构则需要对相关问题进行进一步核查，以判断其真实情况。

2. 政府主管部门

在尽职调查中，经常会遇到一些无法从法律规定上直接判断的问题或难点，需要了解政府主管部门在实践中的态度与口径。因此，在有些情况下，律师和其他相关中介会单独或在公司协助下对相关主管部门进行访谈，并记录相关问题的答复，以此作为判断依据。

（五）公开渠道查询

在部分项目的前期阶段，在公司暂未提供任何资料的情况下，律师可以通过网络或其他公开渠道开展尽职调查，快速了解该公司的基本情况。同时，对公司进行网络或公开渠道尽职调查的目的在于，通过第三方平台获得准确、客观的信息，并与公司提供信息进行交叉核对，提高真实性和准确度。

1. 公司官方网站

通常规模较大或知名的公司有自己的官方网站，律师可以在其网站上快速了解该公司的产品、业务、行业、内部组织架构等情况。

例如，阿里巴巴集团（Alibaba Group）的官方网站（网址：https://www.alibabagroup.com/cn/global/home）就对其业务范畴、历史及里程碑、领导团队、上市公司公告、新闻、联系方式等信息进行了充分介绍。

2. 政府查询网站

（1）国家企业信用信息公示系统

正如第二章所述，国家企业信用信息公示系统是国家市场监督管理总局主办的企业信息查询网站，也是律师查询企业主体信息的官方渠道，网站对企业的基本信息、历史沿革、分支机构、行政许可、行政处罚、异常信息等进行公示，其中包含了涉及公司经营是否合法合规的信息。其查询界面如下：

图4—3 国家企业信用信息公示系统网站查询界面

（2）信用中国

正如第二章所述，信用中国由国家发展和改革委员会、中国人民银行指导，国家公共信用信息中心主办，可以查询到行政许可和行政处罚信息、失信惩戒信息、企业经营异常信息、重大税收违法案件当事人名单等，其中包含公司经营是否合法合规的信息。其查询界面如下：

图4—4　信用中国网站查询界面

（3）行业主管部门网站

对于不同业务类型，律师需要在相关主管部门的网站查询其是否受到行政处罚。例如，针对互联网类公司或工业企业，可以在工业和信息化部的网站搜索其行政处罚情况；针对医疗企业，可以在国家药品监督管理局网站搜索其受处罚信息。以下是上述两个部门的官方网站首页，通常可在搜索栏直接搜索主体名称：

图4—5 工业和信息化部网站搜索栏

图4—6 国家药品监督管理局网站搜索栏

3．第三方查询平台

如第二章所述，企查查、天眼查、启信宝等均为第三方企业查询平台。上述平台的查询信息可以作为辅助手段、提高查询效率。

例如，与国家企业信用信息公示系统相比，这些平台可以以自然人为查询对象，查询其投资、任职的企业、公司；可查询某公司对外投资的情况；提供关联方关系图、企业族谱等，以便于梳理关联关系。

4．搜索引擎或新闻

虽然百度、搜狗等搜索引擎上的信息浩如烟海，信息量很大，但这也是了解一家公司商誉、新闻的有效方法。在对公司进行尽职调查时，以公司名称加上一些关键词的组合进行初步搜索，能够了解该公司近期的新闻动态、负面信息等，这对于指导下一步的尽调重点和方向有着重要意义。

（五）实地走访

为避免书面文件资料的局限性，现场尽调也是尽职调查必不可少的环节，目的是印证公司提供的文件和说明，发现书面文件以外的疑点。例如，实地走访工厂和生产线，以核实公司资产情况；走访公司的仓库，以考察其管理情况和消防安全措施。

（六）主管政府部门的证明

在某些项目（例如中国香港特别行政区上市项目）中，监管机构、保荐人或其他相关方还可能要求公司向相关主管政府部门申请开具合规证明或无违规证明，由主管政府部门确认公司在某一时间段内是否存在相关违法违规行为、或是否受到该部门的行政处罚等情况，以此判断公司的合规状况。

1．可申请范围和证明内容

视各地相关部门的不同政策和要求以及公司的业务范围，一般提供开具合规证明服务的部门包括市场监督管理部门、税务部门、劳动管理部门、社会保险管理部门、住房公积金管理部门、外汇管理部门、海关管理部门、环保管理部门、检验检疫管理部门、质量监督管理部门等。

另外，各地、各部门开具的合规证明具体内容也存在区别，大多数情况下，相关部门仅同意按照其证明模板开具，不接受“个性化”的证明内容或证明事项。

2．申请方法

在尽职调查中，开具合规证明的主要流程一般如下：

（1）通过相关部门的网站或电话咨询等渠道，了解该部门是否提供开具合规证明的服务，以及相关流程要求〔1〕。

（2）协调公司相关人员、准备主管部门要求的申请材料（一般包括公司营业执照、介绍信等），然后向相关主管部门提交开具合规证明的申请。

（3）如符合规定，即可在特定时限内获得正式开具的证明。

3．注意事项

（1）从提出申请到正式开具通常需要若干工作日，为保

〔1〕 政府主管部门对于开具合规证明的要求和程序，一般可在其官方网站上查询；如果官方网站未公布，也可提前电话咨询。例如，北京市市场监督管理局在其网站公布了企业信用信息查询出证的办事地点和联系方式，但未提供具体要求，因此需要在事前就申请材料、流程等具体问题向相关分局确认。

证项目进度，建议律师协调公司尽早准备材料、提出申请。

（2）在大型项目中，目标公司往往在各地区有多个子公司、分公司，如果要求每个子公司或分公司均需要开具相关合规证明，律师就需要对开具进度进行细致地整体记录和控制。最常见的方法是设计一份控制表，将申请主体、合规证明种类、申请进度等信息包含在内，整体把握。

以下是可参考的一份合规证明控制表示例信息：

表4—1　合规证明控制表示例

主体名称	主体性质	合规证明类别	合规证明出具单位	是否获得合规证明	合规证明起始时间	合规证明内容是否异常	备注
［×］公司	母公司	工商&质监	浙江省市场监督管理局	是	2018年1月1日至2021年6月30日	否	/
		税务	国家税务总局杭州市西湖区税务局	是	2018年1月1日至2021年6月30日	是。公司在证明期间被处罚1000元	/
		社会保险	西湖区人力资源和社会保障局	是	2018年1月1日至2021年6月30日	否	/
		住房公积金	杭州住房公积金管理中心	是	2018年1月1日至2021年6月30日	否	/
［×］公司	母公司	外汇	/	否	/	/	外管局拒绝开具证明或接受访谈；以国家外汇管理局外汇行政处罚信息查询作为替代核查手段

四、公司经营合法合规的尽调流程

（一）第一步：确定尽职调查目标

首先，如上文第一部分所述，不同类型的项目对于业务合规尽调要求的重点是有区别的，律师需要出具的法律意见语言也有很大差别。律师需要先参照相关先例，确定在本项目下需要就业务合规进行哪些方面的工作、达到什么样的标准。

例如，如果是美国上市项目，中国律师可能需要出具“Each of the PRC Material Group Entities is in compliance with such necessary Governmental Authorizations, and none of the PRC Material Group Entities has received or is currently subject to any notification of proceedings relating to the modification, suspension or revocation of any such Governmental Authorizations.”（每一中国重要子公司均遵守有关政府授权，并且未收到或正受制于任何有关变更、暂停或撤销其政府授权的法律程序的通知）的法律意见，那么尽职调查中需要核查和判断的问题就包括：

（1）“中国重要子公司”有哪些？

（2）“中国重要子公司”都从事什么业务？获得了哪些“政府授权”？

（3）“中国重要子公司”在“政府授权”下从事的业务是否有任何不合规？

（4）如果存在不合规，该等情形是否导致其获得的“政府授权”的效力受到威胁？

只有上述问题都得到全面梳理和确认，律师才能够适当出具上述法律意见。

（二）第二步：对于特定事项划定“重大性”标准

理论上，完整的经营活动合规尽职调查需要细致调查目标公司的每一笔业务情况。但在实践中，尽职同时还需要考虑调查深度、时间和成本。实际上，绝大多数项目的时间表都非常紧张，客户愿意支付的费用也有限，因此，对目标公司所有业务相关事项进行事无巨细的调查，往往是不现实和不必要的。

法律尽职调查固然要做到尽职与全面，但同时也应在法律允许的前提下，考虑采用“重大性原则”作为尽职调查工作的参考。在满足项目目的的前提条件下，律师需要分析各项限制因素，并与公司和其他中介讨论确定有针对性的调查范围。对于重要性事项，必须要全面细致地调查，不放过任何疑问；对于非重要性事项，要依据一定标准有选择地进行核查。

因此，在尽调工作前期，确定重大性的标准以及划分具体尽调范围是律师的工作重点。重大性标准不仅包括金额标准，也包括无法确定金额但是对项目可能产生重大影响的事项。金额标准主要适用于合同、资产等可以用金额来衡量的事项。金额标准的高低在一定程度上受到交易性质和公司规模的影响，但并没有固定的比例或通行的标准，一般是由各方根据交易规模、公司资产情况或其他可操作指标来确定，同时需要考虑其他限制因素。

举例来说，尽调文件清单往往会要求公司提供所有“重要”业务合同，在圈定这一“重要”标准时需要考虑的因素通常包括以下几类。

（1）合同金额。根据公司业务规模的大小，律师可以与相关中介机构商定合同金额多少元以上的属于“重要”合同。

（2）业务类型。对不同业务类型的公司来说，如果某一类业务合同对其有着更为重要的意义，则该类合同应属于“重要”合同，例如涉及公司主营业务和核心业务的合同。

（3）公司性质。例如，如果公司为某一主体的可变利益实体（Variable Interest Entity）〔1〕，则其相关的控制性协议/VIE协议应属于“重要”合同。

（4）合同相对方。例如，如果合同相对方属于公司的前十大客户或供应商或者关联方，那么该类合同很可能会被认为是“重要”合同。

按照上述因素进行判断和筛选，并结合相关方的讨论与意见，基本可以确定针对某一事项的“重大性”标准。在确定相关“重大性”标准后，即可开始全面审阅与核查尽调材料。

需要注意的是，在进行“重大性”标准的判断时，需要考虑政府监管机构是否对相关事项有强制性规定。

（三）第三步：核实具体业务种类与经营情况

在尽职调查开始后，律师需要对公司的业务活动有一个全

---

〔1〕 也称为“协议控制”，主要是境内主体为实现在境外上市采取的一种方式。通常结构为，境外上市实体在境内设立全资子公司（Wholly Foreign Owned Enterprise，WFOE），该全资子公司通过协议的方式控制境内运营实体的业务和财务，使该境内运营实体成为上市实体的可变利益实体。

面、具体的了解，例如公司的经营项目、主要客户、服务方式和途径、产品种类、业务合同类型和主要条款等。这些情况可以通过上述第三部分“公司经营合法合规的尽调信息来源”所列的途径进行多方面的了解与研究。

通常，为便于项目管理，律师在尽职调查过程中需要根据不同文件性质和类型准备一系列内部底稿文件（例如，租赁合同清单、不动产一览表、重大合同清单等），对审阅的尽职调查文件进行归纳、摘要或汇总，同时也便于后续的不同律师之间的交叉复核。在业务经营活动的尽职调查环节，一般采用资质证照汇总表、重大业务合同清单等底稿文件（具体形式根据项目要求和个人习惯进行设计），在审阅各项尽职调查文件时整理和摘录所含关键信息，并填入相关底稿进行汇总。

表4—2和表4—3是上述两项底稿文件的示例：

表4—2　重大合同清单示例

序号	资料室文件编号	合同名称	合同主体	主要约定/交易机制	签署日期	合同期限	备注（是否存在特殊约定或其他权利限制，需关注/待解决的问题）
1	2.11	智能云产品服务协议	甲方：［×］有限公司 乙方：［Y］有限公司	约定乙方向甲方提供智能云产品及相关服务，甲方按照合同约定支付费用	2021年7月1日	2021年7月1日至2024年6月30日	合同第5.1条约定，乙方向甲方竞争对手提供智能云产品及相关服务，需经过甲方事先同意。

表4—3　重要子公司资质证照清单示例

编号	公司名称	证照名称	颁发/换发时间	颁发机关	证照编号	有效期	证照的特殊要求（如年检）	备注
1	[×]有限公司	营业执照（正本）、营业执照（副本）	2019年12月31日	杭州市市场监督管理局	社会统一信用代码：[×]	长期	/	/
2		高新技术企业证书	2020年11月21日	浙江省科学技术厅、浙江省财政厅、浙江省国家税务局、浙江省地方税务局	社会统一信用代码代码：[×]	2020年11月21日—2023年11月20日	/	/

在审阅相关文件并摘录汇总完毕后，即可通过内部底稿简明回顾关键信息和重要内容，以此梳理和理解目标公司具体从事的业务活动和范围。同时，如果在审阅中发现疑问或问题（例如，某项合同扫描件缺页、某一条款约定不明等），也应在底稿文件中及时记录，后续向目标公司核实或进一步研究。

另外，涉及业务活动方面的具体问题也可通过公司人员的说明和回复、第三方访谈等途径进行核实与了解。

（四）第四步：判断经营活动是否超出经营范围、是否存在不符合法律规定的情形

1．是否超出营业执照规定的经营范围

通过上述第三步，律师对目标公司的业务种类和范围有了

总体了解，下一步则是将获悉的业务情况与目标公司营业执照规定的经营范围进行比对，核查其是否存在超出经营范围的业务活动。

由于法律法规对一些业务种类没有明确定义，并且相关业务与行业之间存在交叉，一些业务种类之间的区别可能不够清晰。在这种情况下，需要进一步研究和分析目标公司的业务活动，综合判断该业务类别。一般方法如下。

（1）查找法律法规或权威文件的相关定义、描述和具体业务活动。

（2）咨询或访谈工商管理部门或者其他主管部门。

（3）研究相关论文或文章。

另外，公司在进行工商注册登记时，有时会适当扩大其注册的经营范围种类，为今后的业务开展保留一定的灵活性和空间。因此，在尽职调查中发现公司登记的某一项经营范围在实际中并未开展，这一般属于常见现象。

2. 经营活动和经营过程是否存在违反法律法规的情形

判断目标公司的经营活动是否存在违反法律法规的情形，首先要对相关的法律规定进行梳理和研究，看看法律法规对该行业或该类别的业务活动作出了哪些具体要求。

在梳理相关规定之后，再根据掌握的目标公司业务情况，判断其是否存在违反相关法律法规的情形。

例如，针对保险专业代理公司，《保险代理人监管规定》第17条中规定，经营区域不限于注册登记地所在省、自治区、直辖市、计划单列市的保险专业代理公司可以在中华人民共和国境内开展保险代理业务。经营区域不限于注册登记地所在省、自治区、直辖市、计划单列市的保险专业代理公司在注册登记地以外开展保险代理业务的,应当在当地设立分支机构。设立分支机构时应当首先设立省级分公司，指定其负责办理行政许可申请、监管报告和报表提交等相关事宜，并负责管理其他分支机构。

如果在对某注册于北京市的保险专业代理公司进行尽职调查时发现，该公司的销售人员在西藏自治区推广和销售其代理的保险产品，但是，该公司并未在西藏自治区设立省级分公司或其他分支机构，那么该公司的行为则涉嫌违反上述法律规定，存在经营活动不合规的情况。

需要注意的是，一些大型公司通常业务种类众多（例如金融集团公司），需要研究与核查的业务资质种类也数量繁杂。此时，为避免混淆，建议针对每项业务资质进行单独的研究与梳理、对相关尽调文件也进行单独的归纳和汇总，并一一对应核查。

（五）第五步：核实目标公司是否受到任何业务相关处罚或收到有关其业务资质的不利通知

1. 目标公司是否受到任何业务相关处罚

该部分的尽调步骤参见第十一章“诉讼、仲裁和行政处罚尽调”有关行政处罚核查的内容。

2. 目标公司是否收到有关其业务资质的不利通知

在很多情况下，由于有关政府部门的通知往往不会通过网站等途径公开，因此，该问题的核查主要依赖于公司的答复以及主管部门的访谈。

通常来讲，律师会要求目标公司就该问题进行书面回复，确认其是否收到过该类通知；如果公司不提供书面回复，也可以以访谈形式向公司询问，并将公司的答复予以记录。

另外，如果条件允许，最好能够针对政府主管部门安排相关访谈，由政府主管部门对该问题进行确认和回复。这种方式获得的答复固然比公司自己的说法可靠度更高，但需要视主管部门的配合程度和具体协调情况进行安排，不是所有项目通用的调查手段。

3. 通过合规证明等文件（如有）印证公司的材料及说明

为进一步核实公司提供的材料及说明，律师在尽职调查中还需要核实其他可行的信息来源，特别是相关政府部门开具的合规证明（如有）。如果相关政府部门确认公司在一定期间内不存在相关违法违规行为、没有受到相关行政处罚，那么则可以作为支持相关法律意见的有利证据；如果相关政府部门的合规证明显示公司存在特定违法违规行为、历史上受到过任一处罚或正在接受调查，那么律师则需要针对该等负面事项通过询问公司、对主管部门进行访谈等形式进一步核查与判断。

（六）第六步：梳理材料，采取应对措施

在实践中，通常需要与目标公司进行若干轮沟通与反馈。如果在审阅过程中发现缺失文件或针对某文件需要进一步核实，律师一般会汇总待跟进的问题、准备补充尽职调查文件清单并请公司继续提供材料。

在完成上述步骤并审阅完毕所有尽调材料后，律师针对公司经营活动的合法合规情况应当有了较为全面的了解和判

断。此时，再回到第一步中提出的几个问题，如果上述问题在尽职调查中都已经明确核实且没有发现影响出具法律意见的负面事项，那么，该部分的尽职调查即可收尾；如果在尽职调查过程中发现了目标公司存在经营活动不合规的事项，则需要视其严重程度和项目性质采取不同的处理办法。

例如，在上市和发债项目中，一般需在招股说明书/募集说明书及/或法律意见书中说明和披露不合规事项；在并购项目中，一般通过尽职调查报告向客户说明不合规事项的具体情况、法律后果和解决方案，并且通过相关交易条款规避或减少相关风险。

第五章

不动产的权属及许可

一、不动产权属及许可的尽调背景

不动产是公司的重要资产，也是法律尽职调查的关注重点。不动产主要包括土地、房屋和在建工程。公司和个人可以拥有房屋的所有权，但是，土地所有权仅属于国家，公司和个人没有土地的所有权，但可以拥有土地的使用权。在建工程相当于房屋的“半成品”。当事人取得土地使用权之后，开发商在土地上盖房子。房子没有盖好，或者房子盖好之后还没有完成必要的法律手续，还没有形成法律意义上的房屋所有权。这种“半成品”性质的建筑物，就属于在建工程。

在上市和并购项目中，律师通常需要对发行人或目标公司拥有的不动产出具法律意见。

就土地和房屋而言，法律意见的核心在于，确认尽调主体是否拥有相应的权利。具体而言，需要确认每一处土地和房屋是否有对应的权属证明文件，尽调主体是否拥有土地和房屋的相应权利，取得方式和程序是否合法合规，是否存在抵押、质押等他项权利或者是否存在权利受限情形（如被法院查封），用途是否与权属证明文件一致，以及是否存在财产灭失的风险（如违章建设）。

就在建工程而言，法律意见的核心在于，确认每一处在建工程的状态（是否竣工、是否有他项权利），确认是否取得工程建设相关的权属证明和许可。此处的“权属证明和许可”，主要是指在建工程所涉及土地的土地使用权证、在建工程的建设用地规划许可证、建设工程规划许可证和建设工程施工许可证。上述证明和许可通常合称为“四证”。如果在建工程涉及商品房建设，就还需要商品房销售（预售）许可证，合称为“五证”。如果存在第三方即施工方，则还需确认是否具备相应的设计合同、施工合同等。

由上可见，为了出具不动产权属的法律意见，律师需要进行法律尽职调查，包括确认每处不动产是否有对应的权属证明文件、尽调主体是否对不动产拥有相应的权利、该权利是否涉及他项权利、在建工程是否“五证”或“四证”齐全等。

如果律师在法律尽职调查中发现了法律瑕疵，那么，律师还需要确定法律瑕疵的性质（如在建工程尚未取得环评验收文件），说明法律后果（如被责令停止使用或关闭），还可能需要判断对尽调主体的影响，比如是否会对本次上市项目造成重大不利影响。

需要注意的是，本章内容主要涉及常规性的法律尽职调查。房地产企业、城投企业的主要业务与不动产直接相关，他们的法律尽职调查更加严格，法律意见书文字要求更高，需要开展专项法律尽职调查。这类专项尽职调查，不属于本章讨论范围，读者可在本章讨论基础上自行研究。

二、不动产权属及许可的法律意见措辞

当律师就不动产出具一份法律意见时，根据项目性质不同，法律意见的措辞也不相同。简单来讲，近年来，去美国上市的中国企业多为互联网高科技企业，属于创业型企业，它们持有的不动产通常不多。因此，美国上市项目的不动产尽调工作量相对更少，法律意见措辞也更为简单。而中国香港特别行政区则不同，早期在中国香港特别行政区上市的企业多是中国

香港特别行政区本地的房地产企业。因此，中国香港特别行政区证券监管机构对不动产、物业的权属一直比较关注，甚至要求出具单独的、针对物业的法律意见书。中国内地则与中国香港特别行政区类似，对不动产关注较多，对法律意见的范围、措辞要求也都很严格。

（一）美国上市项目

在美国上市项目中，无论是公司中国律师，还是承销商中国律师，他们出具的法律意见一般这样写：

> Each of the PRC Material Group Entities has valid title to real properties material to its operations, such properties are free and clear of all liens, charges, encumbrances, equities, claims, defects, options or restrictions, or such as do not materially affect the value of such real properties （to the Company and the PRC Material Group Entities, taken as a whole） or do not materially （to the Company and the PRC Material Group Entities, taken as a whole） interfere with the use of such real properties by the Company and the PRC Material Group Entities.

上述法律意见译文如下：

> 每一中国重要子公司均持有对其经营而言重要的不动产的合法权益，此等资产之上无任何留置、收费、负担、权益、诉求、缺陷、选择权或限制，或此等留置、收费、负担、权益、诉求、缺陷、选择权或限制不会对此等不动产的价值（对公司及中国重要子公司整体而言）造成重大影响，或对公司及中国重要子公司对此等不动产的使用构成重大（对公司及中国重要子公司整体而言）

妨碍。

在美国上市项目中，法律意见的措辞比较简洁。法律意见侧重于确认尽调主体（即每一中国重要子公司）拥有不动产的合法权益（valid title），不存在抵押等他项权利。由于英文习惯的差异以及行业习惯的影响，在这类法律意见中，并未区分不动产的类型（土地、房屋还是在建工程），也没有区分不同的权属类型（使用权、所有权等）。

同时，法律意见中保留了相当多的“修饰词”，从不同角度“限缩”法律意见的范围、“降低”法律意见的力度。比如，上述法律意见针对的不动产不是“每一处”不动产，而是对公司“运营重要”的不动产〔1〕；法律意见并没有确认不动产不存在任何他项权利，而是留有余地，认为即便存在他项权利，只要他项权利不会对上市公司、中国重要子公司整体的不动产价值产生实质影响，或者不对上市公司和中国重要子公司使用不动产造成实质妨碍即可。

（二）中国香港特别行政区上市项目

1．不动产法律意见的常规措辞

在中国香港特别行政区上市项目中，无论是公司中国律师，还是承销商中国律师，他们出具的法律意见一般这

〔1〕 在实践中，为了避免争议，中国律师会提供列明每一处不动产信息，包括不动产类别（土地、房屋还是在建工程）及权属状况（土地使用权还是房屋所有权）的附表，附在法律意见书之后。通过这种方式明确法律意见针对的是哪处或哪些不动产，从而将法律意见“具体化”，避免未来出现争议。例如，避免未来针对某处不动产是否属于重要不动产的争议，该不动产是否属于法律意见书涵盖的范围的争议等。

样写[1]：

（一）自有物业

1．土地使用权

1.1 基本情况

根据发行人提供的资料，经本所适当核查，截至本法律意见书出具之日，A公司已取得的土地使用权如下：

（1）Z国用（2014）出字第×00006号土地使用权

根据B公司与A公司于2014年1月4日签署的《国有土地使用权转让合同》，B公司将土地使用权编号Z国用（2006）出字第×00006号、宗地面积5000.00平方米的土地使用权转让给A公司。该土地的终止日期为2056年4月3日，土地用途为工业用地，土地转让金为345.6789万元。

2014年2月4日，Z市人民政府向A公司核发了国有土地使用证［Z国用（2014）第×00006号］，该地块坐落于Z市A区，土地用途为工业用地，使用权类型为出让，土地使用面积为5000.00平方米，使用期限至2056年4月4日。根据发行人书面确认并经本所核查，该家土地上未设定包括抵押在内的他项权利。

（2）K国用（2015）第×00005号土地使用权

根据K市国土资源局与A公司于2015年1月3日签署

---

〔1〕 此处提供的有关不动产的法律意见措辞来源于某公司中国律师单独提供的物业法律意见书，与惯常法律意见书中包含的不动产法律意见措辞存在一定差异。这些差异不影响本章的写作目的，但读者在准备不同类型（用途）的法律意见书时，仍需要根据不同意见书要求进行准备。

的《国有土地使用权出让合同》（合同编号：K国出［2015］字第×号），国土资源局将位于K市Y地块、宗地面积10000.00平方米的土地使用权出让给A公司。该土地的出让年限为50年，即从2015年1月4日起至2065年1月3日止，土地用途为工业用地，土地出让金为654.3210万元。根据发行人书面确认及A公司提供的付款凭证，上述土地出让金已经支付完毕。

2015年2月6日，K市人民政府向A公司核发了国有土地使用证［K国用（2015）第×号］，该地块坐落于K市Z区，土地用途为工业，使用权类型为出让，土地使用面积为10000.00平方米，使用期限至2065年2月5日。根据发行人书面确认并经本所核查，该家土地上未设定包括抵押在内的他项权利。

1.2　结论

综上所述，本所认为：

（1）A公司已就上述地块取得了相应的土地使用权权属证明文件，A公司合法拥有该等地块的土地使用权。

（2）A公司有权在上述土地使用权权属证明文件载明的土地使用权期限内依法占有、使用、出租、抵押或以其他合法方式处分该等土地使用权。

2．房屋所有权

2.1　基本情况

经本所适当核查并经发行人确认，截至本法律意见书出具之日，A公司取得的房屋所有权如下：

序号	权属证明文件证号	房屋坐落	建筑面积（平方米）	证载用途	填发日期	发证机关	抵押情况
1	H房地P字（2014）第×号	S市P区解放路×号×幢	1200	仓储	2014年3月8日	S市住房保障和房屋管理局、S市规划和国土资源管理局	无

2.2 结论

综上所述，本所认为：

（1）A公司就前述房屋取得了相应的房屋所有权权属证明文件，合法拥有该等房屋的所有权；

（2）A公司有权在房屋所有权权属证明文件载明的期限内依法占有、使用、出租、抵押或以其他合法方式处分该等房屋。

3. 租赁物业[1]

（略）

4. 在建工程

经A公司确认，A公司有一项在建工程项目，即A公司营运中心项目。该项目位于X市S区Y地块，其所在土地编号为×国土房证地字第×号，具体信息请见“[ ]”章节“（一）自有物业：1.土地使用权”中关于该地块的描述。

X市S区发展和改革局于2011年7月3日核发《S区企业投资建设项目备案书》，同意该项目备案。

---

〔1〕 有关租赁协议和租赁物业的法律尽职调查，请参见本书第六章。

X市规划局于2011年2月8日核发《建设用地规划许可证》（地字第×号）。

X市规划局于2013年4月22日核发《建设工程规划许可证》（建字第×号）。

X市S区建设局于2013年9月16日核发的《建筑工程施工许可证》（×）载明，核准本项目工程施工。

根据发行人书面确认，该等物业尚在施工中。本所认为，A公司在办理竣工验收手续后，取得该等物业项下的房屋权属文件无重大法律障碍。

从上述措辞来看，中国香港特别行政区上市项目的法律意见需区分不同类型的不动产，针对土地、房屋和在建工程分别发表意见。在每一类型之下列明每一处不动产详细信息。如果不动产数量较多，律师宜采用表格形式，以清晰呈现所有不动产信息。对律师来讲，收集和整理各项不动产信息，并以方便读者阅读的形式呈现，这是法律尽职调查的一项核心基础性工作，也是法律尽职调查流程中的一个重要环节。

同时，法律意见措辞的核心要点在于确认“合法拥有”土地使用权或房屋所有权，并确认该权属上没有设定抵押等他项权利。就在建工程而言，法律意见需要确认该工程对应的土地权属状况，确认“合法拥有”相关土地使用权，并确认取得在建工程所需的各项许可。

2．不动产瑕疵的法律意见措辞

不动产种类较多，他项权利也很多。同时，取得不动产权属的过程比较复杂，可能出现的法律瑕疵也多种多样，不一而足。在涉及不动产权属及许可的法律尽职调查过程中，发现各种瑕疵是大概率事件。如何对不同法律瑕疵进行定性，分析其法律后果，并进一步说明对尽调主体、相关项目的影响，这也是法律意见书经常需要处理的内容。

下面摘要的法律意见较长，除针对权属状况、是否存在他项权利出具法律意见之外，还针对“未办理国有土地使用权证”、在建工程“未取得环评验收”、在建工程未完成“竣工备案”、在建工程未取得许可等瑕疵作了详细描述，分析法律后果，并作出对上市项目是否存在影响的判断性结论。

一、国有土地使用权

1．根据发行人提供的材料及说明，重要境内下属企业拥有国有土地使用权的相关信息详见本法律意见书附件三第（一）部分［附件三第（一）部分列明法律意见书涵盖的每一处国有土地使用权的具体信息，如坐落地、土地用途、使用权类型（即转让还是出让）、土地使用面积、使用期限等。——笔者注］。

2．根据发行人提供的材料及说明，除本法律意见书附件三第（一）部分所载第×项以外，重要境内下属企业合法拥有本法律意见书附件三第（一）部分所载的国有土地使用权。

3．根据发行人提供的材料及说明，本法律意见书附件三第（二）部分所载第×项物业的所有权人A公司就该物业已签署国有土地使用权出让合同（合同编号为京地出［合］字（2014）第×号）且已缴纳土地出让金。根据发行人的说明，“A公司尚在办理国有土地使用权证，目前未预见办理障碍，预计2021年办理完毕”。

根据原《中华人民共和国物权法》的规定，不动产物权的设立、变更、转让和消灭，经依法登记，发生效力；未经登记，不发生效力，但法律另有规定的除外。原《物权法》已于2021年1月1日被《民法典》废止，但关于不动产物权登记生效的条款内容未发生实质变动。根据《城镇国有土地使用权出让和转让暂行条例》的规定，依照该条例的规定取得土地使用权的土地使用者，其使用权在使用年限内可以转让、出租、抵押或者用于其他经济活动，合法权益受国家法律保护。出让方应当按照合同规定，提供出让的土地使用权。土地使用者在支付全部土地使用权出让金后，应当依照规定办理登记，领取土地使用证，取得土地使用权。

基于上述，本所认为，A公司已签署国有土地使用权出让合同并已取得国有建设用地交地确认书，该等合同具有法律约束力；在依照中国法律规定办理土地使用权的产权登记后，可就该宗土地依法享有土地使用权。

4．根据发行人提供的材料及说明，本法律意见书附件三第（一）部分所载的国有土地使用权未设立抵押。

二、房屋所有权

1．根据发行人提供的材料及说明，重要境内下属企业拥有房屋所有权/房地产权/不动产权的相关信息详见本法律意见书附件三第（二）部分［附件三第（二）部分列明法律意见书涵盖的每一处房屋的具体信息。——笔者注]。

2．根据发行人提供的材料及说明，除本法律意见书附件三第（二）部分第X项披露的情况外，重要境内下属企业合法拥有本法律意见书附件三第（二）部分所载的房屋所有权/房地产权/不动产权。

3．根据发行人提供的材料及说明，本法律意见书附件三第（二）部分所载的房屋所有权/房地产权/不动产权未设立抵押。

三、在建工程

1．根据发行人提供的材料及说明，重要境内下属企业在建工程的相关信息详见本法律意见书附件三第（三）部分[附件三第（三）部分列明法律意见书涵盖的每一处在建工程的具体信息。——笔者注]。

2．根据发行人提供的材料及说明，除本法律意见书附件三第（三）部分披露的第X项在建工程外，本法律意见书附件三第（三）部分所载的在建工程均已竣工，并且已取得截至该等项目建设进展所需的除环评验收以外的主管部门的审批、备案或同意，且该等审批、备案或同意均符合中国法律的相关规定，合法有效。除本法律意见书附件三第（三）部分披露的第Y项在建工程外，本法律意见书附件三第（三）部分所载的在建工程尚未取得环评验收文件。

根据发行人提供的材料及说明，本法律意见书附件三第（三）部分披露的第X项在建工程虽已投入使用，但相关竣工备案手续尚未完成，且该在建工程尚未取得建设用地规划许可证、建设工程规划许可证或建筑工程施工许可证。

根据《城乡规划法》《建设工程质量管理条例》《消防法》等相关法律法规的规定，未取得建设用地规划许可证、建设工程规划许可证而擅自开展施工建设、未组织竣工验收擅自交付使用的，可能面临罚款、收回已有土地使用授权批准、限期改正以消除影响、责令停止建设、限期拆除或没收实物等处罚。

根据发行人的说明，截至本法律意见书出具之日，A公司未因×项目产生任何纠纷或收到任何政府部门的调查或处罚文件，A公司对×项目相关物业的实际使用未受影响。

综上所述，本所认为，虽然本法律意见书附件三第（三）部分披露的第X项在建工程未取得上述在建工程相关文件，可能导致A公司受到相应政府部门的调查或处罚，但鉴于发行人自2015年8月×项目涉及物业投入使用以来尚未因未取得任何在建工程相关许可或备案或竣工验收文件而收到政府部门的调查或处罚文件，发行人的整体业务运营未因此等瑕疵遭受实质性的重大不利影响，因此此等瑕疵目前不会对发行人本次发行并上市造成重大不利影响。

根据《建设项目环境保护管理条例》的规定，需要进行环评验收的建设项目未经验收即投入使用可能面临责令限期改正以及罚款等处罚，若造成重大环境污染或者生态破坏的，该建设项目可能将被责令停止使用或关闭。

同时，根据发行人说明，截至本法律意见书出具之日，本法律意见书附件三第（三）部分披露的在建工程未发生任何重大环境污染或者生态破坏事件。

综上所述，本所认为，虽然除本法律意见书附件三第（三）部分披露的第Y项以外的在建工程相关重要境内下属企业存在因相关在建工程未取得环评验收而被主管机关责令限期改正或罚款的可能性，但不涉及发生任何重大环境污染或者生态破坏事件的情形，相应在建工程不会被责令停止使用或关闭，此等瑕疵目前不会对发行人本次发行并上市造成重大不利影响。

（三）A股上市项目

在A股上市项目中，公司律师的法律意见书及律师工作报告通常在“主要财产”下详细披露尽调主体所持有的全部不动产。披露内容包括这些不动产的数目、面积，并明确是否存在任何纠纷或权利负担，披露存在瑕疵的不动产的情况并确认是否存在法律风险。总体而言，A股上市项目与中国香港特别行政区上市项目的法律意见措辞较为相近。读者可以参考如下法律意见的写作思路，为方便阅读，内容已经稍事简化：

1．自有房产

根据A公司提供的资料及其确认，并经本所经办律师核查，截至2021年12月31日，A公司在境内已取得不动产权证书的自有房产共计10项，建筑面积合计124540.00平方米，该等房产不存在产权纠纷或潜在纠纷，亦未设定任何抵押或存在其他权利负担。具体情况如下：

表1　A公司不动产——房屋基本情况

序号	权利人	权属证明文件证号	房屋坐落	规划用途	建筑面积（平方米）
1	A公司	H（2017）H字不动产权第 × 号	S市H区解放路14号3层	办公	520
2	（下略）	—	—	—	—

截至2021年12月31日，A公司在境内另有建筑面积合计约600平方米的自有房产尚未取得不动产权证书。根据A公司提供的资料及其确认，该等尚未取得不动产权证书的自有房产系……（此处说明瑕疵产生的原因。——笔者注），其后续取得该等自有房产的不动产权证书不存在实质性法律障碍。具体情况如下：

表2　A公司房屋产权证书记载情况

序号	主体	房屋坐落	建筑面积（平方米）
1	A公司	S市P区和平路6号某大厦5层50×室	250
2	（下略）	—	—

注：以上建筑面积数据为相关商品房预售合同载明的建筑面积数据。

根据A公司的确认及境外法律意见，截至2021年12月31日，A公司在境外未拥有自有房产。

2．自有土地

根据A公司提供的资料及其确认，并经本所经办律师核查，截至2021年12月31日，A公司在境内已取得不动产权证书的土地使用权共计4项，该等土地使用权不存在产权纠纷或潜在纠纷，亦未设定任何抵押或存在其他权利负担。具体情况如下：

表3　A公司不动产——土地基本情况

序号	权利人	权属证明文件证号	土地位置	规划用途	宗地面积（平方米）	权利性质	终止日期
1	A公司	H（2011）H字不动产权第Y号	S市H区解放路14号	办公	350	出让	2061年4月9日
2	（下略）	—	—	—	—	—	—

截至2021年12月31日，A公司在境内另有部分自C公司购买取得的自有房产所对应的出让土地使用权尚未取得不动产权证书。

根据A公司的确认及境外法律意见，截至2021年12月31日，A公司在境外未拥有自有土地。

3．在建工程

根据A公司提供的资料及其确认，并经本所经办律师核查，截至2021年12月31日，A公司于《不动产权证书》［Z省（2015）H市不动产权第×号］项下土地上拥有1处在建工程，其已履行的相关手续如下：

（1）于2017年8月2日取得《H市企业投资项目备案通知书》［H发改备（2017）××号］。

（2）于2017年9月27日取得《建设用地规划许可证》

（地字第×号）。

（3）于2017年11月15日取得《建设项目环境影响评价文件审批意见》［H环评批（20××）×号］。

（4）于2019年1月2日取得《建设工程规划许可证》（建字第×号）。

（5）于2019年2月11日取得《建筑工程施工许可证》（×号）。

（四）债券发行项目

在债券发行项目中，不动产一般被视作资产的一部分，其尽调方式、底稿形式与前述上市项目基本一致。但是否需披露、披露范围以及披露内容，应当根据项目要求以及尽调主体类型（是否涉及房地产开发、城投建设等）予以判断。

（五）并购项目

在并购项目中，不动产的信息披露一般以附表形式列明，该附表应包括交易所涉及的所有相关不动产的具体信息，包括不动产存在的瑕疵。同时，并购协议需就因不动产存在瑕疵以及未披露全部信息导致的卖方赔偿责任进行相应约定。

三、不动产权属及许可的尽调信息来源

不动产权属及许可的尽调信息通常呈现在法律意见的“资产”部分。在部分项目中，这些资料也可能放在“业务”部分（如业务主要涉及不动产）或者“财务”部分。那么，尽调信息的来源一般有哪些呢？

（一）资料室文件

不动产权属证明文件是不动产尽职调查最重要的法律文件之一。通常来讲，不动产权属证明文件会记载不动产信息、权利人信息以及抵押等他项权利信息。也就是说，只要审阅不动产权属证明文件，通常就能获得出具法律意见所需要的核心信息。

1．房屋所有权证和土地使用权证

土地使用权证和房屋所有权证，适用于尚未“二证合一”（即统一适用不动产权证）的地区以及时间段，其样式如图5—1、图5—2所示（以下证照原图来源均为百度公开检索，仅供参考）：

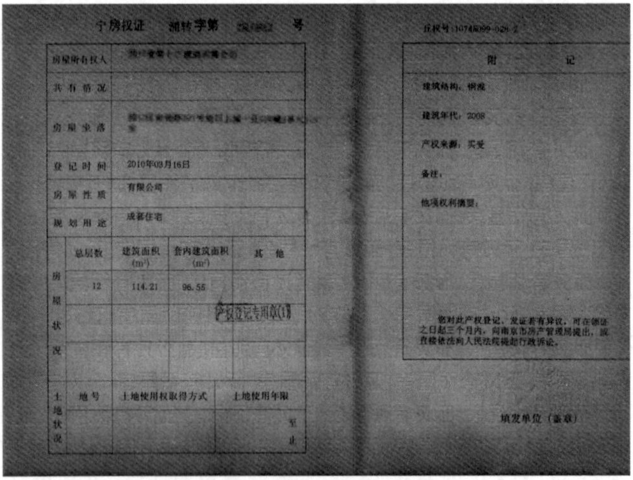

图5—1 房屋所有权证示例[1]

〔1〕《南京市浦口区南浦路301号旭日上城一区28幢3单元106号住宅》，载第四产权网。

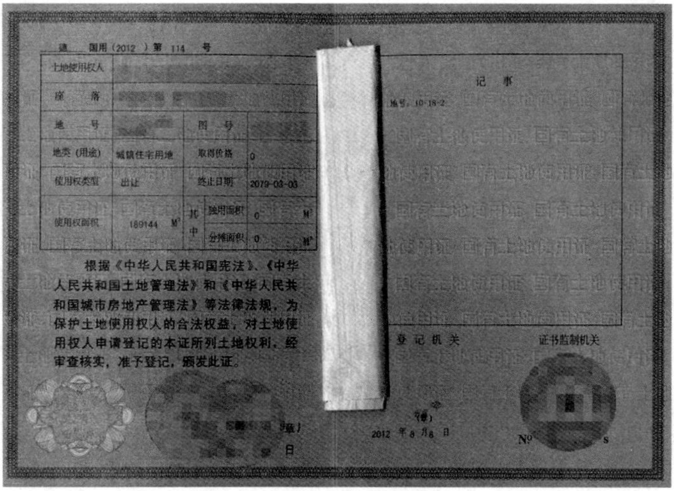

图5—2　土地使用权证示例[1]

2．不动产权证

不动产权证适用于已推行房屋、土地“二证合一”的地区和时间段，其样式如下图所示：

针对以上由住建部门出具的权属证明文件，尽职调查的重点在于核查权利人、共有情况、坐落地、用途、期限、权利其他情况和附记信息。此外，还应当核查证明文件上是否落有住建部门的专用章以及住建部门是否正确。如无对应住建主管部门的专用章，则不可作为有效的权属证明文件使用。[2]

〔1〕　《领秀天衢B1.B5.D1—D10号住宅楼预售许可证办前公示》，载德州市房产管理中心网。

〔2〕　在实践中，不同地方出具权属证明文件的政府部门不尽相同。除常见的住建部门之外，自然资源和规划局等政府部门也可能有权出具相关权属文件。因此，律师需要确认当地有权出具权属证明文件的政府部门具体是哪个部门，并根据实际情况开展法律尽职调查。

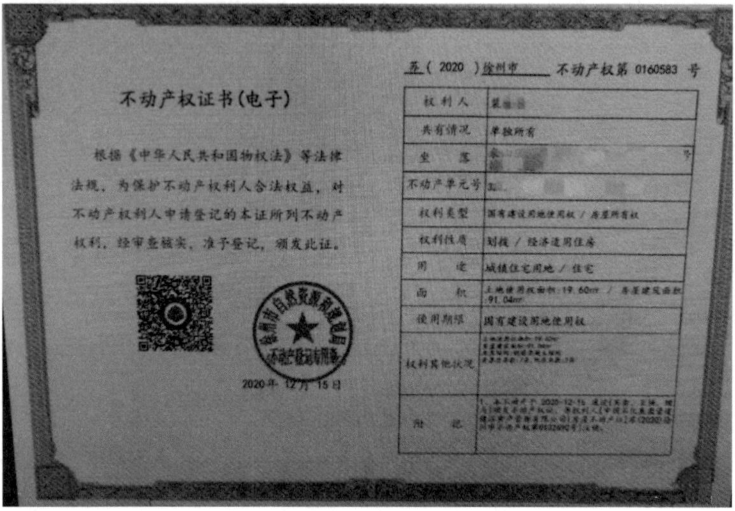

图5—3　不动产权证示例[1]

3．非住建部门出具的权属证明文件

从法律角度来讲，不动产权属证书是权利人享有不动产物权的证明，而不动产登记簿是物权归属和内容的根据。[2]因此，由非住建部门出具的权属证明文件既不属于有效的权属证书，其信息来源也非住建部门持有的不动产登记簿，其物权证明效力原则上存在不足。

但是，从实践来看，因为各种原因，这类证明文件大量存在（如某居委会出具的房产情况说明、某政府招商引资部门出具的资产情况说明），所以通常也被视为权属关系的一种证明。当然，此类文件效力弱于住建部门所出具的权属证明文件，且存在与后者冲突的可能性。在列为尽调信息来源时，此

〔1〕《首本！徐州不动产权证可以"跨省通办"了！》，载搜狐网。
〔2〕《民法典》第216条、第217条。

类权属证明文件一般不可单独作为有效权属证明文件使用，需配套收集尽调主体的确认、有关部门的证明、公开检索或查册结果。此类权属证明文件如图5—4所示：

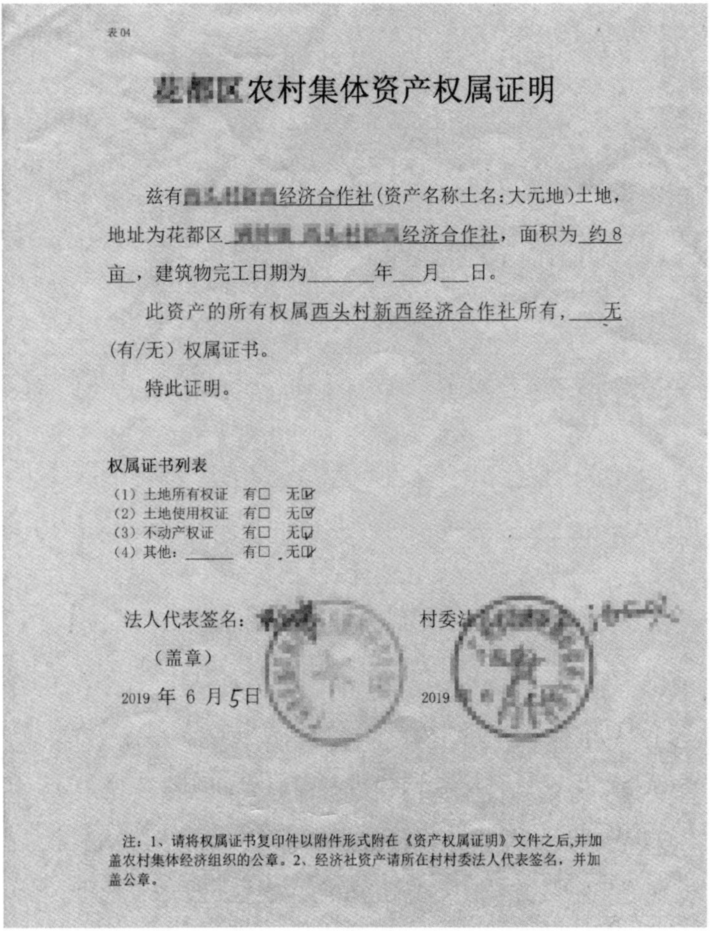

表04

[redacted]农村集体资产权属证明

兹有[redacted]经济合作社（资产名称土名：大元地）土地，地址为花都区[redacted]经济合作社，面积为约8亩，建筑物完工日期为____年__月__日。

此资产的所有权属西头村新西经济合作社所有，无（有/无）权属证书。

特此证明。

权属证书列表

（1）土地所有权证　有□　无☑
（2）土地使用权证　有□　无☑
（3）不动产权证　有□　无☑
（4）其他：______　有□　无☑

法人代表签名：[redacted]　村委[redacted]

（盖章）

2019年6月5日　2019[redacted]

注：1、请将权属证书复印件以附件形式附在《资产权属证明》文件之后，并加盖农村集体经济组织的公章。2、经济社资产请所在村村委法人代表签名，并加盖公章。

图5—4　村委会土地证明示例[1]

〔1〕　《狮岭镇西头新西经济社大元土地交易公告》，载中标易网。

4．在建工程许可

针对在建工程进行法律尽职调查，除工程对应的土地权属证明以外，各种许可证也都是重要的核查文件。

（1）建设用地规划许可证

在建工程的建设用地规划许可证样式如图5—5所示。

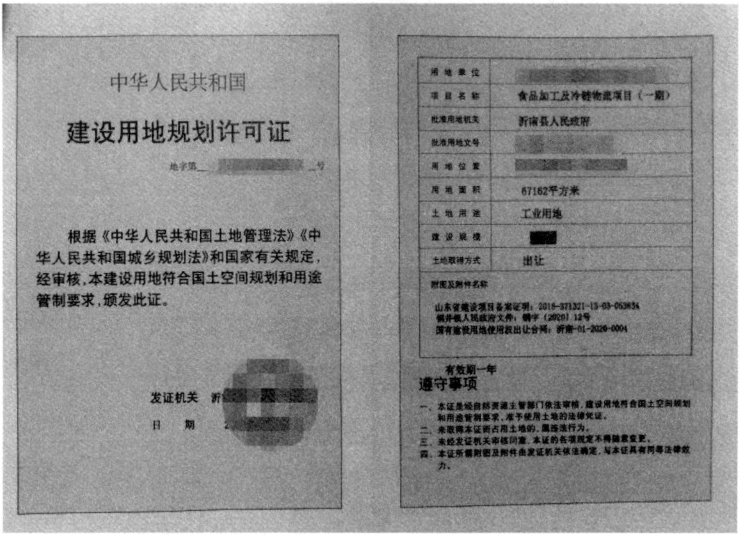
中华人民共和国

建设用地规划许可证

地字第　　号

根据《中华人民共和国土地管理法》《中华人民共和国城乡规划法》和国家有关规定，经审核，本建设用地符合国土空间规划和用途管制要求，颁发此证。

发证机关　沂

日　期

用地单位	
项目名称	食品加工及冷链物流项目（一期）
批准用地机关	沂南县人民政府
批准用地文号	
用地位置	
用地面积	67162平方米
土地用途	工业用地
建设规模	[redacted]
土地取得方式	出让
附图及附件名称 山东省建设项目备案证明：2018-371321-13-03-053834 人民政府文件：（2020）12号 国有建设用地使用权出让合同：沂南-01-2020-0004	

有效期一年

遵守事项

一、本证是经自然资源主管部门依法审核，建设用地符合国土空间规划和用途管制要求，准予使用土地的法律凭证。

二、未取得本证而占用土地的，属违法行为。

三、未经发证机关审核同意，本证的各项规定不得随意变更。

四、本证所需附图及附件由发证机关依法确定，与本证具有同等法律效力。

图5—5　在建工程建设用地规划许可证示例[1]

（2）建设工程规划许可证

在建工程的建设工程规划许可证样式如图5—6所示。

（3）建设工程施工许可证

在建工程的建设工程施工许可证样式如图5—7所示。

〔1〕《山东佳沃冷链物流有限公司建设用地规划许可证信息食品加工冷链物流项目（一期）》，载沂南县人民政府网。

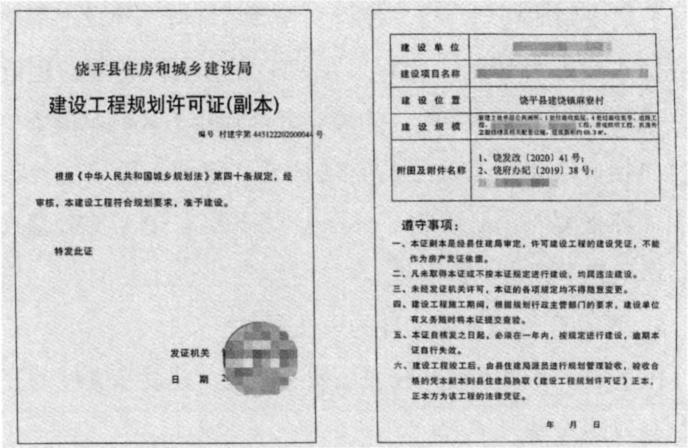

饶平县住房和城乡建设局

建设工程规划许可证(副本)

编号 村建字第 445122202000044 号

根据《中华人民共和国城乡规划法》第四十条规定，经审核，本建设工程符合规划要求，准予建设。

特发此证

发证机关

日 期

建设单位	
建设项目名称	
建设位置	饶平县建饶镇麻寮村
建设规模	
附图及附件名称	1、饶发改〔2020〕41号； 2、饶府办纪〔2019〕38号；

遵守事项：

一、本证副本是经县住建局审定，许可建设工程的建设凭证，不能作为房产发证依据。

二、凡未取得本证或不按本证规定进行建设，均属违法建设。

三、未经发证机关许可，本证的各项规定均不得随意变更。

四、建设工程施工期间，根据规划行政主管部门的要求，建设单位有义务随时将本证提交查验。

五、本证自核发之日起，必须在一年内，按规定进行建设，逾期本证自行失效。

六、建设工程竣工后，由县住建局派员进行规划管理验收，验收合格的凭本副本到县住建局换取《建设工程规划许可证》正本，正本方为该工程的法律凭证。

年 月 日

图5—6　在建工程建设工程规划许可证（副本）示例[1]

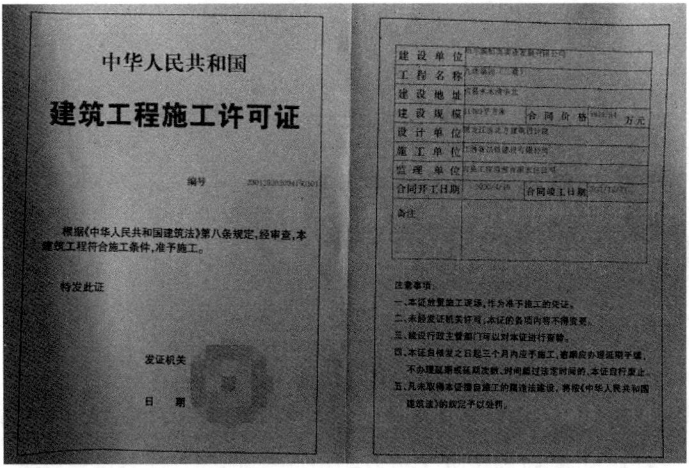

中华人民共和国

建筑工程施工许可证

编号

根据《中华人民共和国建筑法》第八条规定，经审查，本建筑工程符合施工条件，准予施工。

特发此证

发证机关

日 期

建设单位			
工程名称			
建设地址			
建设规模		合同价格	万元
设计单位			
施工单位			
监理单位			
合同开工日期		合同竣工日期	
备注			

注意事项：

一、本证放置施工现场，作为准予施工的凭证。

二、未经发证机关许可，本证的各项内容不得变更。

三、建设行政主管部门可以对本证进行查验。

四、本证自核发之日起三个月内应予施工，逾期应办理延期手续，不办理延期或延期次数、时间超过法定时间的，本证自行废止。

五、凡未取得本证擅自施工的属违法建设，将按《中华人民共和国建筑法》的规定予以处罚。

图5—7　在建工程建筑工程施工许可证示例[2]

总体而言，在建工程取得上文提及的“四证”（土地使用

〔1〕《建饶镇麻寮村生态宜居美丽乡村示范村建设工程〈建设工程规划许可证（副本）〉批后公告》，载饶平县自然资源局网。

〔2〕《建筑工程施工许可证公示》，载哈尔滨市宾县人民政府网。

权证、建设用地规划许可、建设工程规划许可、建设工程施工许可证）后方可开工。此外，在建工程的项目类型、建设阶段、项目所在地不尽相同，律师应综合判断还需要取得哪些文件，包括但不限于发改委的立项批复、建设工程规划验收许可、环评批复、消防验收、环保验收/备案、竣工备案验收、商品房销售（预售）许可证。

5. 不动产权属证明文件的审阅要点

在收集、审阅不动产权属证明文件时，建议从文件的完整性、有效性入手。

一方面，要保证不动产权属证明文件在形式上是完整的。应注意的是，由于法律法规变动，或者政府主管部门的变化，即便是同一类型的权属证明和许可文件，其实际的名称、出具机关以及具体内容都可能存在差异。比如，2019年修正的《消防法》规定，消防验收审批业务即由消防部门移交至政府住建部门。那么，该法施行后（即2019年4月23日起）的消防验收审批文件就不再由当地消防支队出具了，而是由当地住建部门负责出具。

根据地方规定的不同，权属证明文件的样式也可能存在一定差异，可提供的信息范围会有所不同。例如，根据厦门市自然资源和规划局于2021年9月29日发布的《厦门市自然资源和规划局关于优化不动产权证书附图方式的通知》，该机关核发的不动产权证书会在附图页打印不动产标识码，可通过扫描不动产权证书上的标识码获取对应不动产的产权、抵押、查封、异议、附图等信息。对于此类权属证明文件上未直观标识而需要进一步查询的信息，律师就不能只看不动产权证书，还应将扫描后的电子信息额外审阅，并截图存证。

珠海市消防支队关于不再受理
消防设计审核、消防验收、
备案抽查等业务的公告

根据2019年4月23日第十三届全国人民代表大会常务委员会第十次会议审议通过的《中华人民共和国消防法》（中华人民共和国主席令第二十九号）和应急管理部《关于贯彻实施新修改的〈中华人民共和国消防法〉有关事项的通知》以及省消防总队相关文件的要求，我单位不再受理建设工程消防设计审核、消防验收及备案抽查等审批业务。

特此公告。

珠海市消防支队
2019年4月30日

图5—8　消防验收业务主管部门转移公告示例

另一方面，要确认权属证明文件的有效性。到政府不动产登记机关进行查册，将不动产权属证明文件与登记信息进行交叉核对，这当然是确定不动产权属状况最稳妥的方法。但是，在很多项目中，尤其是常规的上市和并购项目中，查册往往是无法进行、不适宜进行或不需要进行的。在此情况下，权属证明文件如有住建部门有效的专用章，和其他公开信息不存在冲突，且发行人可提供关于材料真实性保证，一般可视作真实有效。当然，为了减少风险，律师应该尽可能地披露尽调的手段与方法，包括披露是否查册、如何查册（网上查询还是现场查询）、是否审阅权属证明原件等信息。

律师还可以探索更多快捷简便的方法。与其他章节的尽调资料进行比对，这也是一种很好的技巧。例如，尽调主体总部所在地的不动产权属证明文件应当与其提交住所工商变更时的权属证明文件一致，因此，律师可以取得工商底档文件，将其与不动产权属证明文件进行交叉核对。又如，财务报告的附注中也可能涉及在建工程信息，可用于核对尽调主体提供的在建工程资料是否准确。

（二）实地走访

在一般上市和并购项目中，通常不涉及实地走访。不过，部分客户或其他相关方可能会对实地走访做出要求。届时，律师需观察相关物业的具体使用情况，确认不动产的使用状况/建设状况，并拍照存证。

在实地走访时，律师应重点关注可能导致权利人受政府主管部门处罚的情形，如是否存在其他使用该物业的其他单位、是否存在与证件描述不符的违建/加盖/用途等情形（如租住混用）、是否存在消防通道堵塞等。如果观察到了此等情况，应及时与走访主体进行确认，并在汇总不动产信息时进行备注。

（三）政府主管部门出具证明

部分项目需要房地产、环境、公安等不动产政府主管部门出具的合规意见，用于确认难以单独通过权属证明文件判断的事项，如不动产是否存在权利负担、未批先建、环保及消防违法违规情形等特殊事项。

如前所述，在理想情况下，律师宜对不动产情况进行查册。具体的查册方式应以有相关权限的不动产登记中心（或类似政府部门）的规定为准。以广州市为例，广州市规划和自然资源局（广州市海洋局）负责就不动产登记相关事宜进行公示（网址：http://ghzyj.gz.gov.cn/ywpd/bdcdj/）：

图5—9　广州市规划和自然资源局业务频道——不动产登记

此外，广州不动产登记资料也可在广州市规划和自然资源局的网站上进行查询：

图5—10　广州市规划和自然资源局不动产登记结果查询证明

（四）尽调主体的确认性文件

当涉及不动产的状态以及是否存在潜在纠纷或权利负担时，律师出具法律意见需取得尽调主体的确认性文件。部分项目中，尽调主体无法提供具体的不动产意见，则相关结论以尽调主体提供的确认的范围为限，并应说明“仅基于××的确认”。

当涉及确认尽调主体是否遵守了相关法规政策（如2010年4月17日国务院颁布并于同日生效的《国务院关于坚决遏制部分城市房价过快上涨的通知》），尽调主体也需出具确认性文件，其内容包括确认是否存在违反相关政策法规的情形以及是否已受或者可能受到政府主管部门的处罚。

（五）公开检索

除上面提及的查册可能涉及公开检索以外，在不动产尽调中进行公开检索的不多，但某些特殊项目可能会有负面信息检索的要求（如房地产企业发债时的特殊核查）。

此外，就诉讼、仲裁与行政处罚部分的尽职调查而言，在进行公开检索时，也可能会涉及具体的不动产。如果出现此种情形，进行诉讼、仲裁与行政处罚尽职调查的律师应当及时与从事不动产尽职调查的律师进行沟通，分享各自了解的信息，综合判断并提出处理方案。

四、不动产权属及许可的尽调流程

（一）第一步：确定尽职调查范围

1．确定主体范围、不动产范围和重大性判断标准

项目各方应事先就不动产的尽调主体范围（涉及哪些主体）与不动产范围（涉及哪些不动产）达成一致。一般而言，相关方应结合项目情况，采用重大性标准，确定尽调主体范围和不动产范围。重大性的判断标准包括使用面积、用途、所在地、进度（对于在建工程）、估值等因素。

2．制作不动产信息统计表

负责不动产尽调工作的律师应当制作不动产及信息统计表，针对土地使用权、房屋和在建工程分别统计，且统计信息应覆盖法律意见书中需要披露的内容。不动产信息统计表涵盖信息可参考表5—1、表5—2、表5—3所示：

表5—1　不动产信息统计表——土地使用权

序号	土地使用权人	坐落地点	土地使用权证编号	使用权面积（平方米）	用途	使用权类型	使用年限	是否设定抵押
1	A公司	北京市海淀区×××	京海国用×号	2500	工业	出让	截至2045年3月5日	否

表5—2　不动产信息统计表——房屋所有权/房地产权/不动产权

序号	房屋所有权人	房屋产权证号	共有情况	房屋坐落地点	规划用途	建筑面积（平方米）	是否设定抵押
1	A公司	京房权证海字第×号	单独所有	北京市海淀区××号×幢	科研用房	250	否

表5—3 不动产信息统计表——在建工程

序号	项目立项文件	项目及实施主体	建设用地规划许可证	建设工程规划许可证	建筑工程施工许可证	消防备案	工程竣工验收	环评验收	是否设定抵押
1	深发改核准［×］号	A公司	深规土许×号	深规土建许字×号	×号	深公消验字×号	×号	深南环水验许×号	否

3．确定特定不动产范围

在部分项目中，如果某些不动产比较特殊，或者尤其重要，就会被单独筛选出来进行专项核查。哪些不动产需要专项核查，不同项目可能完全不同。下面罗列了一些典型的特殊不动产，它们容易被筛选出来作专项核查。

（1）房地产为主营业务的企业所有的不动产及在建工程。根据项目需要还可以对房地产企业作进一步细分，如住房类和非住房类，并据此对不动产做进一步细分。

（2）某些特定业务涉及的不动产，如专门用于数据中心的不动产。

（3）总部及分支机构注册地对应的不动产。

（4）存在负面信息的不动产。这里的“负面信息”包括可能导致相关不动产受到处罚，或受负面舆论评价的信息，如被认定为“××地王”的新闻报道。

（二）第二步：制作不动产尽调工作底稿

在尽调开始前，律师需先参考其他先例，尤其是法律意见书中的不动产附表起草不动产尽调工作底稿。上文提及的不动产信息统计表，可以作为工作底稿的基础性文件。根据项目进展情况和需要，还可以补充如下信息。这些信息通常都是确定不动产权属是否存在法律瑕疵、是否存在某种他项权利的重要参考信息。如果需要对法律瑕疵进行定性，并分析其法律后果，那么此类信息都是日后法律意见书中的重要内容。

（1）土地使用权

土地出让合同编号、出让金数额及实际缴纳情况（如涉及）、实际使用用途、出让方（如涉及）、出让合同编号（如涉及）、限制性条款（如出让合同规定土地必须用于某特定用途）、不动产登记情况等。

（2）房屋使用权

土地使用权证号及期限（在尽调主体仅持有房屋所有权而不持有土地使用权的情况下）、不动产登记情况等。

（3）在建工程

拟建建筑面积以及已完工面积、土地使用权证、建设工程规划验收许可证、立项环评批复、资金投入情况、开工日期、工程进展情况、用途、纠纷情况等。

（三）第三步：根据尽调主体提供的资料，填写并确认工作底稿

如果尽调主体未提供不动产清单，则按照上文的工作底稿对不动产进行排序。

如果尽调主体提供了不动产清单，则工作底稿可参考不动产清单进行调整，但不要直接引用不动产清单上的具体数据（可用于与工作底稿进行对比，如数据存在较大差异可在备注栏中列出）。如果尽调主体提供的不动产清单单独就特定类别

进行了区分（如机房相关的不动产），工作底稿也应当单独制作对应的工作底稿。

如果在诉讼、仲裁和行政处罚尽职调查发现任何不动产存在负面情形（如A公司的××地块项目曾经因为违反环境保护要求而收到环保部门相关处罚），就应在工作底稿的备注列中予以注明。

（四）第四步：根据工作底稿，更新补充尽调清单

工作底稿完成后，应梳理存在瑕疵的不动产，并起草相应的补充尽调清单。不动产相关的瑕疵可能有以下几个方面。

（1）未提供任何或特定权属证明文件。

（2）提供的权属证明文件非住建部门出具（如村委会、居委会证明）或未经有权机关用印。

（3）提供的权属证明文件缺失重要部分（如不动产权证的附记）或重要内容无法辨识，无法判断权属证明文件的时效性或真实性。

（4）提供的权属证明文件与公开检索信息不一致。

（5）提供的权属证明文件之间存在冲突，如同一处不动产的房屋所有权证面积和土地使用权证载面积/用途等存在矛盾且无法合理解释。

（6）权属证明文件、尽调主体提供的其他资料或公开检索显示该不动产或在建工程上设有他项权利且尚未解除。

（7）权属证明文件或公开检索显示该不动产及在建工程存在其他共有人，未提供共有情况说明，无法判断共有权人是否有任何优先购买权等不动产及在建工程上的权利主张，无

法排除共有权人是否存在自行处置该不动产及在建工程的可能性。

（8）权属证明文件中包含尽调主体可能违反或已经违反的规定，如土地出让合同中关于土地出让金交付时间的约定以及土地用途的限制。

（9）尽调主体提供的资料或公开检索显示该不动产及在建工程存在诉讼、仲裁或行政处罚，可能影响尽调主体对不动产及在建工程的所有权或使用权。

（10）存在其他章节提及但尽调主体未提供相应资料的不动产或在建工程，如招股书“业务”章节提及的厂房、在建项目等。

为避免歧义，在补充尽调清单后面可以将信息统计表附上，并将其中的待提供/补充内容予以备注，可参考表5—4、表5—4—1：

表5—4　不动产补充尽调清单

物业	
自有房产及其占用的土地	
请提供A公司位于××的1号楼的国有土地使用权证，并说明其上房产证的办理进展	A公司
请提供购买A大厦的房屋购置协议，以及对应房产证及土地证（若房产证与土地证合一的，则仅提供不动产权证即可）；如未取得不动产权属证明，请说明原因	A公司
根据此前项目中收到的尽调材料，除目前已提供资料以外，公司还拥有其他自有物业。请提供以下自有物业有关的房产证及土地证（若房产证与土地证合一的，则仅提供不动产权证即可）；如未取得不动产权属证明或已不再拥有此等自有物业，请进行说明：……（具体略）	A公司
请确认公司拥有的土地使用权及房屋上是否设置任何留置权、抵押权、担保权、质押权等担保权利或第三方权益，如有，请提供相关抵押合同、信托契据、担保协议等文件以及相关的政府批准或登记文件（如适用）	A公司

续表

请确认是否存在任何政府部门或法院的有关查封或没收上述不动产以及已披露的自有物业的任何文件、行政决定、通知或司法文书以及损害或有可能损害对上述不动产的权利或使用的文件，如有，请提供	A公司
根据证号为京海国用×号的《国有土地使用权证》纪要，A公司取得该宗地时减免了部分土地出让金，在土地使用期限内，若该单位转让该宗土地使用权、被取消国家高科技产业发展项目、改变土地使用性质或被用于非国家高科技产业发展项目，须补交全部地价款。请说明减免土地出让金的金额及当时享有该等出让金优惠的政策基础，并请说明公司是否预计会发生前述导致需补交全部地价款的相关事项	A公司
在建工程	
请提供以下文件： （1）A项目除发改委项目备案文件以外的其他材料，包括但不限于土地划拨/出让合同及土地证、建设用地规划许可证、建设工程规划许可证、建筑工程施工许可证、消防设计审核（如有）、环评批复、消防验收意见书、环保验收意见书及竣工验收备案登记表； （2）B项目的国有土地使用权证以及发改委立项批复或备案文件； （3）C项目的国有土地使用权证、发改委立项批复或备案文件以及环评批复文件	A公司
请提供所有在建工程项目竣工后的环保验收意见书或验收报告（如有）	A公司
公开检索显示，××市生态环境局于2012年7月6日出具了一份行政处罚决定书，××市生态环境局依据《中华人民共和国环境影响评价法》等法律规定，对A公司的D项目处以合计罚款200万元的行政处罚决定，请说明此行政处罚是否会对D项目的进行造成重大不利影响，提供相应的处罚文件并说明目前已采取或拟采取的整改措施	A公司

表5—4—1　不动产补充尽调清单之附表

A．土地使用权

序号	土地使用权人	坐落地点	土地使用权证编号	使用权面积（平方米）	用途	使用权类型	使用年限	是否设定抵押	备注
1	A公司	[×地块]	[注：待提供]	[注：待提供]	[注：待提供]	[注：待提供]	[注：待提供]	[注：待提供]	—

B．房屋使用权/不动产权

序号	房屋所有权人	房屋产权证号	共有情况	房屋坐落地点	规划用途	建筑面积（平方米）	是否设定抵押	备注
1.	A公司	［注：待提供］	［注：待提供］	［注：待提供］	［注：待提供］	×	［注：待提供］	对应土地使用权第1项

C．租赁物业（略）

D．在建工程

序号	公司	建设用地规划许可证	建设工程规划许可证	建筑工程施工许可证	消防备案	工程竣工验收	是否设定抵押	备注
1	A公司	［注：待提供］	［注：待提供］	［注：待提供］	［注：待提供］	［注：待提供］	否	对应土地使用权第×项

此后，每一轮补充尽调清单按照上述清单进行重复处理，直至明确提及的不动产均已在工作底稿中反映，且备注栏无待决事项（各方沟通后确认不构成重大不利情形且会在法律意见书中披露的情形除外，如无法在项目期间解决且未解决不会对项目进行造成重大不利的瑕疵事项）。

（五）第五步：根据工作底稿采取对应措施

在完成上述步骤并审阅完毕所有尽调材料后，涉及单独出具法律意见的，可根据第一步时拟定的法律意见书附表/物业法律意见书章节草稿起草相应的不动产附表和不动产法律意见章节。其中，就需披露的不动产存在的瑕疵而言，律师应确定此等瑕疵对应的法律规定要求为何以及违反相应法律规定要求的后果（如范例语言中提到的“在建工程尚未取得建设用地规划许可证、建设工程规划许可证或建筑工程施工许可证”的法律后果），并结合尽调主体提供的说明，确认此等瑕疵对尽调主体自身以及相关项目开展无重大不利影响。

如仅需就尽调主体不动产是否存在问题进行核查，就可通过尽职调查报告等文件向客户说明，并且建议客户采取相应的风险规避措施。比如，在并购项目交易文件中，要求对方就特定不动产的权属状况作出保证和陈述，并承诺就可能存在的法律瑕疵承担赔偿责任。

第六章

租赁协议的有效性和租赁物业瑕疵

一、租赁协议和租赁物业的尽调背景

在上市和并购项目中，律师通常需要出具租赁协议合法有效的法律意见。在部分项目中，律师还需要针对租赁协议所涉及的不动产情况出具法律意见。就后者而言，法律意见主要涉及两个要点。一是租赁协议瑕疵是否影响租赁协议的效力？比如，租赁协议没有备案，这是否影响租赁协议的效力？二是租赁协议所涉及的不动产权属是否存在瑕疵？该瑕疵是否影响租赁协议的效力、是否影响承租人（如拟上市公司）对不动产的使用？

就租赁协议合法有效的法律意见而言，律师需要审阅租赁协议，根据合同法原理和法律规定进行判断。比如，律师需要判断签署方是否有权签署租赁协议（如出租人是否是所有权人、是否可以转租）、签署方是否有适当内部授权签署协议、租赁协议是否具备必要条款、租赁协议条款是否违反任何法律强制性规定等。相对而言，中国合同法中强制性规定不多，上市和并购项目涉及的主体通常也比较成熟，签署方是否有权出租这类问题也比较容易判断，因此，核查租赁协议是否合法有效的法律尽职调查，属于相对常规的法律尽职调查。〔1〕

就租赁协议所涉及不动产出具的法律意见而言，也就是所谓针对租赁物业的法律意见通常涉及两类瑕疵：一类是租赁协议本身的瑕疵，另一类是租赁物业的瑕疵。

---

〔1〕　在判断租赁合同效力时，可以参考2013年6月中华全国律师协会发布的《中华全国律师协会律师提供房屋租赁合同非诉讼法律服务操作指引》第三章“房屋租赁合同的效力”的判断标准。但是，应注意的是，该操作指引于《民法典》生效前发布，指引中援引的关于租赁合同效力的法律规定应以现行有效（或届时有效）的法律规定为准。

在租赁协议的瑕疵中，经常出现的是情形是，出租人没有提供房屋所有权证、租赁协议没有备案等。为此，律师需要核查的是，出租人为什么没有提供房屋所有权证？是根本没有，还是没办下来？每一份租赁协议是否按规定完成备案等。

在租赁物业的瑕疵中，由于不动产权属本身非常复杂，由此产生的瑕疵也非常多。比如，仓库、公众聚会场所的所有权人没有完成消防验收手续，没有在物业使用前作出告知承诺，这都属于租赁物业方面的瑕疵。〔1〕为此，律师需要根据每一处租赁物业的具体情况，确定瑕疵的性质，分析瑕疵的法律后果，并判断该瑕疵对上市或并购项目本身的影响。

二、租赁协议和租赁物业的法律意见措辞

针对租赁协议是否合法有效、租赁物业的瑕疵及其影响，在不同类型的项目中，律师可能需要出具不同的法律意见。项目不同，法律意见的措辞不完全相同。

（一）美国上市项目

在美国上市项目中，公司、承销商中国律师的法律意见措辞一般这样阐述：

〔1〕《消防法》第15条第1款规定："公众聚集场所投入使用、营业前消防安全检查实行告知承诺管理。公众聚集场所在投入使用、营业前，建设单位或者使用单位应当向场所所在地的县级以上地方人民政府消防救援机构申请消防安全检查，作出场所符合消防技术标准和管理规定的承诺，提交规定的材料，并对其承诺和材料的真实性负责。"

(A) each of the PRC Material Group Entities has valid leasehold interests in all of the real properties that it purports to use as described in the Prospectus, and (B) the leasehold interests of each of the PRC Material Group Entities are subject to lease agreements that are duly executed, valid, legally binding and enforceable in accordance with their respective terms under PRC Laws, except in each case above that would not be reasonable be expected to have, individually or in the aggregate, a Material Adverse Effect.

上述法律意见译文如下：

（1）每一中国重要子公司均持有其按照招股书描述所使用的全部（用于租赁的）不动产的有效租赁权益；（2）每一中国重要子公司拥有的租赁权益均由中国法下适当签署、合法、具有法律约束力且可按照其条款执行的租赁合同所规定，但按照合理预期不会单独或合计造成重大不利影响的上述情形除外。

上述措辞的重点在“（2）/（B）”之后的部分，即租赁协议适当签署（duly executed）、合法（valid）、具有法律约束力（legally binding），并且能够被法院认可和执行（enforceable）。在中文语言中，我们会经常使用“合法有效”这种表述。这两种表述的含义虽然有些细微差别，但大致都包含“租赁合同真实、合法有效，且不违反双方合意，不存在无效或被撤销的情况”[1]之意。

一般来讲，在美国上市项目的法律意见书中，律师在撰写

〔1〕《国浩律师（上海）事务所关于四川观想科技股份有限公司首次公开发行股票并在创业板上市之律师工作报告》，载巨潮网。

法律意见书时，租赁协议和物业的意见不太常见。不过，如果招股书预备披露此类瑕疵，那么律师通常需要与公司和其他中介合作，为披露瑕疵做准备。[1]

（二）中国香港特别行政区上市项目

如第五章所述，在中国香港特别行政区上市项目中，中国香港特别行政区证券监管机构对不动产一直比较关注。在律师出具的惯常法律意见书中，常常已经包含了有关不动产的法律意见，甚至还要出具单独法律意见书。就本章所涉及的租赁协议和租赁物业而言，由于它们是基于不动产而产生的，律师也可能另外出具两份法律意见书。一般来讲，针对不动产及其对应的租赁协议所出具的两份法律意见书不存在实质区别。

以下法律意见措辞摘自某中国香港特别行政区上市项目的物业法律意见书。从下面措辞可以看出，中国香港特别行政区律师针对租赁协议既出具了合法有效的法律意见［第（三）项］，也出具了出租方有权出租物业的法律意见［第（二）项］，实际是对租赁协议合法有效这一意见的强化。此外，律师还针对租赁物业的几种常见瑕疵，如租赁协议没有备案［第（四）项］、租赁协议缺乏房屋所有权证支持［第（五）项］、租赁物业存在抵押［第（六）项］，说明了该瑕疵的具体情形、该瑕疵是否影响租赁协议效力、该瑕疵的法律

〔1〕　可参考中通快递美股上市招股书“Our use of certain leased properties could be challenged by third parties or governmental authorities, which may cause interruptions to our business operations.”段落的文字描述。

后果，并作出了瑕疵对发行人（公司）和本项目是否存在重大不利影响的判断。

（一）根据发行人提供的材料及说明，各重要子公司的重大租赁物业等相关信息参见本法律意见书附件七：重大租赁物业。

（二）根据发行人提供的材料及说明，就本法律意见书附件七：重大租赁物业所载重大租赁物业，除下述第（五）（六）款及本法律意见书附件七：重大租赁物业披露的情况外，该等租赁物业对应的出租方为相应租赁物业的房屋所有权人或取得房屋所有权人同意/授权的主体，有权出租重大租赁物业。

（三）根据发行人提供的材料及说明，各重要子公司就本法律意见书附件七：重大租赁物业所载重大租赁物业签署的房屋租赁合同的内容及形式符合中国法律的规定；除下述第（五）（六）款披露的情况外，房屋租赁合同对于合同签署双方具有法律约束力，各相应重要子公司有权根据相关房屋租赁合同规定的条件使用该等重大租赁物业，且作为承租方在该等房屋租赁合同项下的权利受中国法律的确认及保护。

（四）根据发行人提供的材料及说明，就本法律意见书附件七：重大租赁物业所载第×项重大租赁物业未办理相应的房屋租赁备案登记。

根据《最高人民法院关于审理城镇房屋租赁合同纠纷案件具体应用法律若干问题的解释》的规定，房屋租赁双方当事人未办理登记手续不影响合同的效力，当事人以房屋租赁合同未按规定办理登记备案手续为由，请求确认合同无效的，人民法院不予支持。此外，根据《商品房屋租赁管理办法》的规定，房屋租赁合同订立后30日内，房屋租赁当事人应当到租赁房屋所在地直辖市、市、县人民政府建设（房地产）主管部门办理房屋租赁登记备案；违反前述规定的，由直辖市、市、县人民政府建设（房地产）主管部门责令限期改正；单位逾期不改正的，处以1000元以上10000元以下罚款。

根据发行人的说明，“截至本法律意见书出具日，相关重要子公司未就未办理租赁登记备案的行为收到建设（房地产）主管部门责令其限期改正的通知，不存在因未就其承租的重大租赁物业办理房屋租赁登记备案而被建设（房地产）主管部门处罚的情况”。

基于上述，本所认为：

（1）该等房屋租赁合同未办理登记备案手续不影响房屋租赁合同的法律效力。

（2）但是，该等房屋租赁合同对应的承租人存在被建设（房地产）主管部门责令限期改正的风险，且若未能在前述规定期限内办理房屋租赁登记备案，存在被建设（房地产）主管部门处以1000元以上10000元以下罚款的风险。

据发行人的说明，若被主管部门处以相应罚款的，该等罚款不会对发行人造成重大不利影响。

（五）根据发行人提供的材料及说明，就本法律意见书附件七：重大租赁物业所载第×项（对应［Y］平方米租赁物业）重大租赁物业，发行人尚未提供对应的房屋所有权证。

根据发行人的说明，“截至本法律意见书出具日，前述租赁物业业主方均在办理租赁物业对应产证，且相关重要子公司未就该等重大租赁物业发生任何纠纷或收到任何政府部门的调查及处罚，相关重要子公司的实际使用未受到影响”。

基于上述，本所认为，鉴于前述租赁物业业主方尚未取得租赁物业对应产证，前述相关重要子公司仍然存在无法继续承租相应重大租赁物业的风险。

（六）根据发行人提供的材料及说明，就本法律意见书附件七：重大租赁物业所载第×项重大租赁物业，在相关重要子公司签署对应租赁合同时，该等重大租赁物业已设定抵押，且出租方已事先书面告知该等租赁物业已设定抵押。

根据《最高人民法院关于适用〈中华人民共和国担保法〉若干问题的解释》（现已失效）的规定，抵押人将已抵押的财产出租的，抵押权实现后，租赁合同对受让人不具有约束力；抵押人将已抵押的财产出租时，如果抵押人已书面告知承租人该财产已抵押的，对于抵押权实现造成承租人的损失，由承租人承担。

基于上述，本所认为，若相关抵押权人行使该等抵押权的，相关重要子公司存在无法继续使用该等重大租赁物业的风险。

（三）A股上市项目

在A股上市项目中，公司律师的法律意见书及律师工作报告通常需要详细披露所有国内租赁物业的情况，并就租赁物业存在的瑕疵（包括租赁备案）进行具体的描述和分析。同时，《执业细则》要求查验发行人租赁、被许可使用行为是否合法有效。[1]

因此，相比于美国上市项目和中国香港特别行政区上市项目，A股上市项目的法律意见措辞更为全面且详细。比如，法律意见需要具体到每一处租赁物业的瑕疵，而不是采用“重要性原则”，将租赁物业限于重大租赁物业。但是，就法律意见的内容来讲，A股上市项目与中国香港特别行政区上市项目比较接近。具体可参考如下措辞：

> 根据发行人出具的确认与承诺及其提供的房屋租赁合同、租赁房屋权属证明或出租方出具的确认文件、租赁登记或备案凭证等文件并经本所律师核查，截至2018年7月31日，发行人及其子公司境内租赁使用的物业共42处，合计建筑面积约24009.90平方米，具体情况详见本律师工作报告附件之“附件三、境内租赁物业”。

---

〔1〕 《执业细则》第41条要求的查验内容包括：（1）发行人租赁、被许可使用资产的期限、费用等具体情况；（2）发行人是否签订租赁、被许可使用合同,签订的合同是否合法有效,是否办理了备案登记手续,是否依约履行,是否存在纠纷或者潜在纠纷。租赁、许可使用合同期限届满,发行人继续租赁、被许可使用该资产的,是否存在重大法律障碍；（3）出租方、许可方是否合法拥有上述资产,发行人租赁、被许可使用的对生产经营有重大影响的资产是否存在抵押、质押、查封、扣押等权利限制以及权属纠纷情形；（4）上述租赁、被许可使用的情形对发行人资产完整和独立性的影响。

经核查，（1）上述境内租赁物业中共有39处未办理租赁备案登记，根据《商品房屋租赁管理办法》第14条、第23条的规定，房屋租赁合同订立后30日内，房屋租赁当事人应当到租赁房屋所在地建设（房地产）主管部门办理房屋租赁登记备案；未办理登记备案的，由直辖市、市、县人民政府建设（房地产）主管部门责令限期改正；个人逾期不改正的，处以1000元以下罚款；单位逾期不改正的，处以1000元以上10000元以下罚款。（2）发行人及出租方未能提供上述境内租赁物业中第3、14、17、20、24、25、40、42项等10处物业的权属证明文件，可能存在因物业产权瑕疵或出租方无权出租相关物业而导致发行人或其子公司无法继续占有使用相应租赁物业的风险。

鉴于：

（1）根据《合同法》（现已失效）第44条以及《最高人民法院关于适用〈中华人民共和国合同法〉若干问题的司法解释（一）》（现已失效）第9条的规定，房屋租赁合同不以登记备案作为生效要件，未办理租赁登记备案手续不会影响房屋租赁合同的法律效力，发行人及其子公司可依据租赁合同使用相关租赁物业。

（2）根据发行人出具的确认与承诺，相关物业出租方未提供物业权属证明的情形没有影响发行人或其子公司实际使用该等物业。

（3）根据发行人出具的确认与承诺，上述出租方未能提供权属证明文件的11处境内租赁物业中除第3项物业用于实验室使用之外，其余9处物业主要用途为外地办事联络办公及员工住宿，市场同类房源供给充足，如果未来因前述物业存在权属瑕疵无法继续租赁使用确实需更换租赁物业，发行人可以在较短的时间内寻找到可替代的租赁物业，不会对发行人的正常经营活动产生重大不利影响。

（4）根据A公司出具的授权书及声明文件，发行人租赁的上述第3项物业为A公司所有，未办理房产证，其授权B公司运营管理该物业并同意其转租；根据B公司出具的确认文件，其确认若因该物业权利问题导致的发行人在《房屋租赁合同》履行期间遭受实际损失的，其愿意承担赔偿责任。

（5）根据发行人实际控制人A某、B某出具的确认与承诺，若发行人或其子公司因上述租赁物业未办理房屋租赁备案或权属存在瑕疵无法继续租赁使用该等物业而遭受损失，或因该等情况被房地产管理部门处以罚款，实际控制人将无条件承担该等损失、罚款及相关费用，保证发行人及其下属子公司的业务不会因上述租赁事宜受到不利影响。

本所律师认为，除第3、14、17、20、24、25、40、42项等10处物业以外的境内租赁物业的租赁合同真实、合法有效，且不违反双方合意，不存在无效或被撤销的情况。发行人上述部分租赁物业未办理房屋租赁备案手续、部分租赁物业之出租方未能提供租赁物业权属证明的情形不会对发行人的正常生产经营活动产生重大不利影响，不会对发行人本次发行上市构成法律障碍。

（四）债券发行项目

在债券发行项目中，对于尽职调查范围和法律意见书的硬性规定不像上市这么严格，有相对较多的讨论与谈判空间。因此，债券发行项目下的尽职调查和法律意见范围更为灵活，租赁物业是否需进行披露、需披露的范围以及是否需在法律意见书中明确出具意见均可进行讨论。特别是涉及境外发债项目时，部分非房地产企业（如部分科技公司）可不就租赁物业发表意见或进行尽职调查，或仅就发行人认为重大的租赁物业（需发行人确认，或明确判断标准）进行尽职调查。

（五）并购项目

在并购项目中，考虑到交易的对抗性和尽调文件的完整性等因素（特别是尽调对手方一般不会提供租赁合同以外的材料），投资人/买方律师通常倾向于不对目标公司出具法律意见书，而是就租赁合同本身的效力以及未审阅租赁合同以外的其他材料可能会给收购方带来什么风险进行说明。下面是并购项目中法律尽职调查报告采用的相关描述示例：

> 受限于A公司仅提供了租赁合同，未提供能够与租赁物业相关的其他资料，因此，就标的物业的租赁，我们理解至少存在以下风险：
>
> （1）无法确认出租人对于该等租赁物业是否拥有合法的处分权，根据《合同法》第51条的约定，在没有得到权利人的追认或出租人获得该等物业租赁的处分权的情况

下，存在被认定为无权处分，继而租赁合同被认定为无效的风险。

（2）无法确认租赁物业作为［×］用途是否符合该等物业规划的土地用途，也无法判断该等租赁物业地块土地使用权的剩余使用权期限，是否已足额缴纳土地出让金和契税及是否存在土地闲置等依据《土地管理法》第80条、第58条、第37条、第65条、第78条、第80条的规定及《土地出让合同》而被收回土地使用权，继而使承租人无法实际使用标的物业的风险。

（3）无法确认物业合同的建设标准符合［×］等国家和地方关于该等租赁物业建设的标准。

（4）无法确认租赁物业是否存在抵押、查封及他项权利限制情况；无法确认租赁合同的剩余使用权期限及欠付租金、物业管理费或国有资产占用费等可能影响承租人继续使用租赁物业的重大租赁合同违约、被认定无效、被撤销或被出租人解除的情形。

（5）无法确认租赁合同在签订前是否就该等租赁物业的举办权/承租权依据［×］等国家和地方政府规定履行了必要的公开招标程序。

鉴于此，建议贵公司要求交易相对方作出声明或承诺，或在交易价款中留存保证金，如是出租人及交易对手方的原因造成公司无法继续享有租赁合同项下的权利，所造成一切损失及不利后果均由交易对手方承担，贵公司有权向交易对手方追偿，并优先从贵公司留存的保证金中先行扣除。

三、租赁协议和租赁物业的尽调信息来源

合同具有相对性、私密性。对租赁协议进行法律尽职调查，基本依赖于当事人提供的信息，包括租赁协议本身。除针对租赁备案、租赁物业（如确定其所有人）的尽调以外，采用公开渠道收集信息的不多。

（一）资料室文件

在尽调主体提供的文件中，租赁协议、租赁物业权属证明文件，以及租赁备案文件属于核心文件。如涉及权利负担（如抵押）方面的核查，还应当要求尽调主体提供权利人的同意文件，如银行出具的合作说明，明确承诺同意产权人将租赁物出租给承租人。

有关租赁物业的权属证明文件，可以参考本书第五章的内容。简单来讲，权属证明文件一般包括房产证、土地证/不动产权证以及出租人身份证明文件（营业执照或个人身份证，涉及共有人的情况则还包括另一名共有人的身份证照，无论其是否在租赁合同上签字）。此外，在某些情况下，也包括有权机关或居民组织（如村委会、居委会）出具的证明，但应以可以提供房产证/不动产权证为基本要求。

如涉及特种行业（如危险化学品储存），律师需核查使用的租赁物业是否满足从事相关业务的资质，如是否为专用仓库、专用场地或者专用储存室，是否涉及消防法规定的公众聚集场所等。

（二）实地走访

一般不涉及实地走访。但是，部分项目可能要求实地确认租赁物业的使用状况（拍照存证），或与出租方进行访谈。

（三）主管机关出具证明

一般不涉及主管机关出具证明，可参考下文关于租赁备案的公开检索。

（四）尽调主体的确认性文件

如果需要出具关于“租赁物业截至法律意见书出具之日正常使用”等涉及租赁物业使用状态的意见，需要得到尽调主体（或者有权代表尽调主体出具确认的一方）的确认。此外，每轮尽职调查时，应由尽调主体（或者有权代表尽调主体出具确认的一方）确认已提供的租赁物业无更新。

在部分情况（如并购项目）下，存在相关主体无法提供（如物业所有权人没有办所有权证），或不配合提供具体权属文件的可能。在此种情况下，也应当由尽调主体出具确认性文件，说明前述情况，同时，律师根据确认性文件，充分揭示尽调主体未提供具体的权属文件、可能存在的风险。

（五）公开检索

租赁物业尽调一般不涉及公开检索（下文提及的某些地区的租赁备案公开检索除外）。但是，进行其他章节的检索时可能会涉及租赁物业相关意见（如未办理房屋租赁备案导致受到行政处罚），需与其他事项的尽调人员保持积极的沟通。

四、租赁协议和租赁物业的尽调流程

（一）第一步：确定尽职调查范围

1. 确定主体范围、物业范围和重大性标准

项目各方应事先就租赁物业尽调主体范围（涉及哪些主体），与物业范围［涉及哪些物业、是否有面积标准、是否用于特定目的的物业（如机房）需单独进行尽调］达成一致。允许将尽职调查限定为“重大”租赁物业的，各方应就“重大性”标准协商一致。

2. 制作租赁协议和租赁物业信息表

律师应当制作租赁协议和租赁物业信息统计表（参见表6—1）。该表应覆盖法律意见书的租赁协议和租赁物业附表中需要披露的内容。

以某A股上市项目为例，其法律意见中提及的境内租赁协议和租赁物业信息包括：（1）租赁物业总数量；（2）租赁物业总面积；（3）未办理租赁物业备案登记的总数量；（4）未能提供物业权属证明的总数量。因此，租赁协议和租赁物业信息表需要涵盖前述信息，便于最后统计。

表6—1　租赁协议和租赁物业信息统计表

序号	出租方	坐落地点	租赁期限	面积	权属证明	其他证明文件或承诺①
1.	B公司	北京市朝阳区××中心5层502号	2021年1月1日至2022年12月31日	40平方米	（京2014）朝不动产权第×号	不适用/有

① 其他证明文件或承诺，是指除权属证明和租赁协议以外可证明出租人/转租人有权出租租赁物业的文件或承诺，如同意转租的承诺、物业共有权人出具的授权书等。

视项目需要，上述表头可补充承租人信息、租金、租赁物业使用用途、租赁备案情况等信息，涵盖租赁协议的主要条款，或者法律意见书涉及的主要内容。

3. 确定特定租赁物业范围

根据项目需要，亦可能需要单独筛选出以下租赁物业，作为专项法律尽职调查的对象：（1）用于特定用途的租赁物业，如用于仓储服务的租赁物业；（2）涉及关联交易的租赁物业，即尽调主体之间互相租赁的物业；（3）用于行政办公的物业（总部）。

以某A股上市项目为例，该项目的物业法律意见书分别就办公场所、零售场所、仓库租赁以及工厂场地的租赁物业发表了意见。

（二）第二步：制作租赁协议和租赁物业尽调工作底稿模板

在尽调开始前，律师应先参考其他先例，主要是租赁协议和租赁物业附表格式（如包含哪些表头）、物业法律意见书，制作租赁协议和租赁物业法律尽调底稿。租赁协议和租赁物业尽调工作底稿的格式可参见表6—2A和表6—2B。由于篇幅所限，该表分成两个部分。实践中，两个表通常合为一个表格，放在同一表格文件中。

表6—2A 租赁协议和租赁物业尽调工作底稿表

序号	公司名称	合同名称	签署日期	租赁性质（出租/承租）	房屋位置	权利人	出租人	承租人	房产证/不动产权证编号	土地证编号
1	A公司	租赁合同	20××年×月×日	承租	北京市朝阳区××中心×层×号	C公司	B公司	A公司	（京20××）朝不动产权第×号	（京20××）朝不动产权第×号

表6—2B　租赁协议和租赁物业尽调工作底稿表

面积（平方米）	证载用途	合同用途	租赁合同有效期	租赁费用	有无租赁备案	查封、抵押，违约或争议等情况	备注
×平方米	非住宅	办公	2021年×月×日至2022年×月×日	×元/平方米/日	无	无	提供了C公司同意B公司转租租赁物业的协议

在上述工作底稿表中，部分相关表头的含义如下：

（1）公司名称：指使用该租赁物业的尽调主体的名称，按照法律意见书中尽调主体的次序排位。如系尽调主体某分公司签署的租赁合同，可列在该尽调主体名下，并在备注中注明签署主体为××分公司。

（2）合同名称：以文件上的正式名称为准，不需要修改成“×××与×××的房屋租赁合同”。

（3）签署日期：以合同条款中声明的签署日期为准，若签字页日期与签署日期不同，可在备注栏注明。

（4）租赁性质：可单独就承租/出租分别列两个工作表，以避免出现统计混乱。

（5）房屋位置：指合同中声明的租赁物业所在地，应具体到门牌号（单一房间）或建筑。如果房屋位置与权属证明无法对应上，则需在备注中注明。

（6）权利人：指权属证明所载权利人，需特别注意是否存在共有权人未签署租赁合同的情况，如有，则需取得所有未签署租赁合同的共有权人的授权。

（7）出租人：指租赁合同出租方，若涉及多名出租人

（如一栋住宅多家房东出租），可在备注中单独进行说明。

（8）承租人：指实际签署租赁合同的承租方，转租比较普遍或涉及多次转租的，可以单独增加一列转租人，若不是很普遍则可以只在备注中对各转租方进行说明。

（9）房产证/不动产权证编号：指租赁房屋对应的权属证明的编号。若该权属证明非系此两类证明（如居委会证明或系临时建筑），则在此列注明文件的文号或文件的名称，并在备注中注明。

（10）面积：是否需要统计面积（以及统计哪些租赁物业的面积，如有些项目会要求特别统计总部的租赁物业面积）建议事先进行确认。面积以合同记载的租赁面积为准，但如果租赁面积与权属证明文件无法对应（如30平方米的房产证对应100平方米的租赁面积），则需特别在备注栏中注明并与尽调主体确认。

（11）证载用途和合同用途：这两项信息用于对比核查目的。如存在证载用途和合同用途不符的情况，需在备注中予以注明。合同用途可以比证载用途更加详细，如证载用途为办公，合同用途为××办事中心。但不得为证载用途覆盖不到的地方，如员工宿舍。此外，也可以在此处关注房产占用土地性质，如出让、划拨、租赁、集体等。

（12）租赁费用：是否统计租赁费用也请事先进行确认。租赁费用重点关注费用过高或过低（如为0）的情况，可与其他租赁物业进行横向对比，但一般不是租赁物业尽职调查的重点。此外，除非特别要求，否则不需要统一租赁费用的口径（如按平方米/月计算）。租赁费用一般不包括物业费，可以单独进行统计。

（13）有无租赁备案：一般为房地产管理部门提供的备案回执，部分地区亦有网络查询手段作为佐证（如北京查询网址：http://zjw.beijing.gov.cn/bjjs/fwgl/index.shtml，见图6—1），可在尽调开始前做前期准备研究。

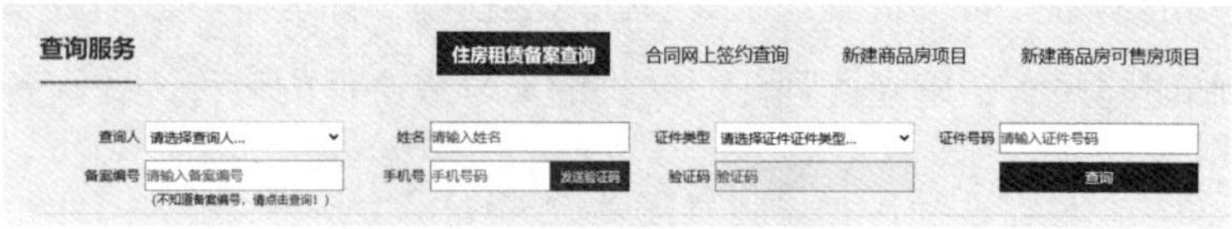

图6—1 北京房地产备案网上查询界面

（14）其他部门的备案/承诺（如消防告知承诺、外国人租赁备案）：可视情况补充单独的列。

（15）查封、抵押，违约或争议等情况：以权属证明所载为准，辅以尽调主体确认或当地房管局出具证明信息。

（16）备注：提供的文件质量问题（如缺页、页面模糊、未签署）、合同条款问题（可参考《民法典》合同编第二分编“典型合同”的第十四章的规定）、任何实际情况与证载描述存在差异（如用途）的情况中以及非普遍性问题（如只有某租赁物业涉及危险化学品储存），均可补充在备注栏中。

（17）优先权：合同如普遍有约定优先购买权、优先承租权等优先权约定，可以单独增列一列“优先权”。

（18）统计：部分项目可能会要求对每一年统计的租赁物业进行统计，或按年份提供租赁物业资料，可以相应将租赁物业分为“租赁物业—2020年”“租赁物业—2019年”等多个表，或单增一列“年份”以便后续统计。

（三）第三步：根据尽调主体提供的资料，填写并确认工作底稿

如果尽调主体未提供租赁协议和租赁物业清单，则按照上文的工作底稿对租赁协议/租赁物业进行排序。

如尽调主体提供了租赁协议和租赁物业清单，工作底稿可按照租赁协议/租赁物业清单进行调整。如尽调主体特别将行政相关租赁物业摘出，则工作底稿也应对应准备行政相关租赁协议和租赁物业清单，但不要直接引用租赁协议和租赁物业清单上的具体数据（可用于与工作底稿进行对比，如数据存在较大差异可在备注栏中列出）。

在填写工作底稿时，应注意以下事项：

（1）在表格最下面一行或表头注明此尽调底稿对应的尽调资料（如××于×月×日提供的尽调资料，文件夹名为×××）。

（2）结合上文提及的情况，租赁合同可重点检查如下条款：第一，使用租赁物业的限制性条款（如不得用于××用途）；第二，违约责任及处罚；第三，优先权或放弃优先权条款；第四，限制转租、分租条款；第五，单方中止/终止条款，单方免责条款；第六，减轻出租方义务、加重承租人负担的条款（如出租方不负责对租赁房屋进行修缮）。

检查上述条款的重点在于，确认合同中有无影响租赁方在合同期限内从事正常业务经营的条款、有无违反某条款会导致租赁合同无效或租赁方需支付赔偿的约定，以及履行该租赁合同是否会为租赁方带来任何负担。

此外，如发现部分租赁物业存在资质证照不齐、已抵押、

未进行相应的消防验收、转租未取得原出租人许可等可能影响租赁物业效力或承租人权利的问题，应检查对应的租赁协议是否就因上述情况导致承租方无法继续使用正常使用此等租赁物业的情形以及相应的违约责任进行规定。如存在违约责任，可单独加一列“违约救济”进行摘要和统计。

（四）第四步：根据工作底稿，更新补充尽调清单

工作底稿完成后，应梳理存在瑕疵的租赁物业，并起草相应的补充尽调清单。补充尽调清单应按照租赁协议和租赁物业具体的问题进行分类，可参考表6—3：

表6—3　租赁协议和租赁物业补充尽调清单

序号	描述	在此提供	待提供	已经提供	不适用
x.1	（此处可询问所有在尽调主体提供的租赁协议和租赁物业清单或其他文件中提及但未实际提供尽调资料的物业的情况，并要求提供相应文件。——笔者注）				
x.2	（此处可询问所有存在截图不清晰、无法辨识或缺页、没有签名盖章或者日期不详/已过期等情况而需要尽调对象重新或补充提供租赁物业资料的情况。——笔者注）				
x.3	[此处可询问在进行租赁物业工作底稿记录时发现的资产权属证明文件与合同描述不一致的问题，可参考表头进行分类，如： （1）证载租赁物业所在地与合同宣称的所在地不同； （2）出租方、承租方名称与合同宣称的不一致； （3）产权证载用途与合同用途不一致； （4）证载所有权人与合同宣称的所有权人不一致（且无法通过授权租赁、代理等合同条款合理解释）； （5）证载面积与租赁面积存在较大差异（如房产证证载面积为10平方米，但合同使用面积为20平方米等。——笔者注]				

续表

序号	描述	在此提供	待提供	已经提供	不适用
x.4	［此处可询问在进行租赁协议和租赁物业工作底稿记录时发现的未提供的文件，可参考表头进行分类，如： （1）房产证、地产证（或两者合一的证明文件）或由政府机关出具的权属证明文件（如有）、营业执照/身份证明（特别是在存在房屋共有权人的情况下）； （2）未提供的租赁协议或补充协议； （3）租赁备案证明； （4）涉及转租时，每次转租的授权文件（如原协议要求转租需要得到许可）； （5）消防验收等特定使用用途涉及文件。——笔者注］				
x.5	［此处可询问所有在尽调底稿的备注栏中提及且需发行人进一步说明的事宜，主要指可能会影响租赁协议的有效性、影响尽调主体（承租人）对租赁物业的使用的一些问题，如： （1）原租赁协议禁止或限制（如需要所有权人同意）将租赁物业转租给尽调主体，而实际上尽调主体是通过转租使用该等租赁物业； （2）租赁协议或权属证明文件日期已到期或将在法律意见书出具之日前到期； （3）租赁协议存在影响尽调使用的条款（如限制尽调对象从事某类经营活动，且该类经营活动可能由尽调对象从事，如租赁协议明确禁止将租赁物业商用而尽调对象仍将其纳入“办公室”用途，或租赁协议禁止将租赁物业用作仓储而尽调对象将其列为“仓库”）等。需要尽调对象说明该等情况是否存在，若存在，则需说明是否已采取或拟采取任何应对措施。 除上述外，对于其他可能令人引起合理怀疑的文件内容（如过高或完全豁免的租金）律师也需要与负责的资深律师或合伙人进行讨论后确认。——笔者注］				
x.6	（若上述文件有任何无法提供，则需发行人确认相关租赁物业其可合法有效使用，并无任何潜在争议；并确认相关文件的缺失不会对公司的业务经营造成重大不利的影响。——笔者注）				

此后，每一轮补充尽调清单按照上述清单进行重复处理，直至意见明确提及的租赁协议和租赁物业均已在工作底稿中反映，且备注栏无待决事项。

（五）第五步：根据工作底稿采取对应措施

在完成上述步骤并审阅完毕所有尽调材料后，涉及单独出具法律意见的，可参照第一步时拟定的法律意见书附表/物业法律意见书章节草稿起草相应的租赁物业附表/租赁物业章节。如仅需就尽调主体租赁物业是否存在问题进行核查的，可在通过尽职调查报告等文件向客户说明，并且建议客户采取相应的风险规避措施（如在并购项目交易文件中要求对方提供租赁物业对应的保证金）。

第七章 重大合同合法有效

一、重大合同合法有效的尽调背景

在上市和并购等项目中，律师通常需要出具公司重大合同合法有效的法律意见。一方面，律师需要和相关方一起，确定重大性标准，圈定哪些合同属于重大合同。另一方面，律师需要审阅重大合同，并作出该合同是否合法、有效的结论。

什么合同是重大合同？如何确定“重大性”标准？这与确定重要子公司、重要不动产的方法类似，但不同项目对此的界定不尽相同。通常而言，重大合同可能会涉及以下几类合同：

（1）融资、贷款合同。

（2）业务合同（包括采购、研发、业务合作等）。

（3）担保、质押、抵押合同，以及其他对公司重要资产设置权利负担、产生约束的合同。

（4）关联交易合同。

（5）其他对公司业务资产、治理结构、股权结构等方面影响重大或需单独出具法律意见的合同，如VIE协议、对外股权投资协议、收购协议、知识产权转让或许可协议等协议。

同时，《执业细则》第27条将判断标准和确定依据作为律师查验重大合同的事项之一。因此，在开始尽调前，律师有必要和各方就重大合同标准达成明确的共识。

就中国合同是否合法有效而言，律师需要根据《民法典》合同编第三章“合同的效力”的规定、合同法律原理和其他相关法律规定进行判断。比如，律师需要判断签署方是否有权签署某一重大合同、签署方是否有适当内部授权签署该重大合同、重大合同是否具备必要条款、重大合同条款是否违反任何法律强制性规定等。在判断合同效力时，律师可参考2009年8月中华全国律师协发布的《中华全国律师协会律师办理合同审查业务操作指引》中的合同审查要点。但是，由于该操作指引于2009年发布，其中提及的不少法律法规可能已经过时。律师应当结合2009年以后公布的法律法规，特别是《民法典》及相关司法解释的规定，对合同是否合法有效进行综合判断。

在部分项目中，如在涉及控股权转让的并购项目中，律师可能还需要关注某些特定合同条款，判断该条款的存在及履行是否会对项目造成不利影响。比如，贷款融资类合同常有限制融资方（公司）发债、分红或处置重大资产的条款，而该条款或者要求公司在从事前述事项前取得贷款方同意，或者需要通知贷款方。这种同意或通知条款的存在，可能会导致当前项目无法完成，或者无法按预期的时间完成。

此外，在部分项目中，比如在A股上市项目中，律师可能还需要对重大合同的履行等情况发表意见。举例而言，《执业细则》第27条中明确规定，律师应查验“发行人重大合同的履行情况,是否存在重大法律风险”。相对而言，这类意见在境外上市和并购项目中不太常见。其主要原因在于，合同履行是一个持续状态下基于事实的判断，通常缺乏明确的文件证明合同履行是否存在问题，同时，律师作为公司以外的第三方，很难掌握合同履行的具体状态信息。简单而言，在需要对合同履行出具法律意见的项目中，律师需要关注的情形通常包括以下几类：

（1）合同是否处于正常履行状态，是否存在可能影响其履行的情形/风险/障碍。

（2）合同当事方是否存在违约行为，是否会对该合同目的的实现造成不利影响。

（3）合同当事方之间是否存在现有或潜在纠纷或争议。

二、重大合同合法有效的法律意见措辞

就重大合同合法有效的法律意见措辞而言，在不同类型的项目中，法律意见措辞不完全相同。有的时候，差别还比较大。

（一）美国上市项目

在美国上市项目中，无论是公司中国律师，还是承销商中国律师，他们需要出具的法律意见措辞一般采取如下表述：

> Each of the Material Company Contracts to which any PRC Material Group Entity is a party and governed by PRC Laws has been duly executed by the relevant PRC Group Entity, and constitutes legal, valid and binding obligations of the parties thereto under PRC Laws and is enforceable against the parties thereto in accordance with its terms and conditions, in all material aspects.

上述法律意见译文如下：

> 一家中国重要子公司为其中一方且受中国法管辖的每一份重要公司合同均由相应的中国重要子公司适当签署并构成其项下各方合法、有效且具有约束力的中国法下的义务，且在所有重大方面可按照其条款和条件针对其项下各方执行。

在上述法律意见措辞中，“重要公司合同”是被定义的术语，涵盖律师和相关方认可的重大合同的范围，通常在法律意见书附表中逐一列明。就法律意见措辞本身而言，其重点在于

“适当签署”（duly executed），“合法”（valid）且“具有法律约束力”（binding obligation），能够被法院认可和执行（enforceable），属于美国上市项目中比较常见的涉及合同效力的法律意见措辞。

此外，根据重大合同定义的不同，重大合同可能还会涉及股权问题（如涉及股权质押或其他限制的重大合同）、公司架构问题（如有关VIE的重大合同）、募集资金运用问题（如涉及限制对外融资或募资用途约定的重大合同）等，为此，针对同样的重大合同，律师可能还需要出具涉及其他相关问题的法律意见。

（二）中国香港特别行政区上市项目

在中国香港特别行政区上市项目中，无论是公司中国律师，还是承销商中国律师，他们通常会以表格形式列明重大合同的具体信息，并出具如下结论：

本所认为，该等重大合同的内容不违反中国法律、行政法规的强制性规定，合法有效。

列表形式可参考表7—1：

表7—1　中国香港特别行政区法律意见书中的重大合同列表

序号	合同名称	合同主体	合同内容	合同金额	签署日期	合同期限
1	A公司商务平台代运营服务合作协议	甲方：A公司 乙方：B公司	B公司负责A公司线上直营店与运营、物流、仓储以及其他电子商务服务相关事项。	1500万元	2014年4月3日	2014年4月3日至2018年4月2日

上述法律意见措辞强调重大合同“合法有效”，同时说明，重大合同不违反中国法的强制性规定，实际上是从另一个方面强化“合法有效”这一总体结论性意见。

（三）A股上市项目

在A股上市项目中，有关重大合同的意见通常放在律师工作报告的“发行人的重大债权债务”项下，其法律意见措辞如下：

1. 发行人不存在虽已履行完毕但可能存在潜在纠纷的重大合同

根据发行人提供的资料及其确认并经本所经办律师核查，截至20××年×月×日，发行人及其子公司不存在虽已履行完毕但可能存在潜在纠纷的重大合同。

2. 发行人的重大合同

根据发行人提供的资料及其确认，发行人及其子公司签署的对发行人报告期内的经营活动、财务状况或未来发展等具有重要影响的重大合同的具体情况如下：

2.1　重大融资合同

2.1.1　与B公司及相关境内投资者签署的一系列股份转让协议（具体略）。

2.1.2　与一系列境内投资者签署的增资协议（具体略）。

2.1.3　与C公司签署的股份认购协议（具体略）。

> 2.2　重大授信合同
>
> （具体略）
>
> 2.3　发行人与其母公司签署的重大关联交易合同
>
> （具体略）
>
> 2.4　重大业务合同
>
> （具体略）
>
> 2.5　重大资产购买合同
>
> （具体略）
>
> 根据发行人提供的资料并经本所经办律师核查，发行人及其子公司签署的对发行人报告期内的经营活动、财务状况或未来发展等具有重要影响的且适用中国法律的重大合同合法、有效。

从上述法律意见措辞来看，其核心仍然是强调重大合同“合法有效”。不过，在上述法律意见措辞中，律师针对合同是否存在潜在纠纷发表了意见，认为公司不存在“虽已履行完毕但可能存在潜在纠纷”的重大合同。某一合同是否存在潜在纠纷，也就是还没有发生但可能发生的纠纷，对于律师来讲，这类信息很难获得。如果不是合同当事人，外人就可能很难知道，当事人之间是否存在争议。因此，法律意见书也特别强调，该意见是“根据发行人提供的资料及其确认并经本所经办律师核查”后得出的结论。

（四）债券发行项目

通常而言，在债券发行项目中，重大合同范围一般小于上市类项目，原则上应当包括重大融资合同以及与公司架构（特别是VIE结构的企业）、募集资金后续运用有关的重要合同。法律结论性意见可参考上文关于上市的意见，并且，一般律师也以附表形式对合同的范围进行限定，对具体信息（特别是对可能存在的瑕疵）进行说明。

（五）并购项目

在并购项目中，有关重大合同尽调应该与其他部分尽调协调。比如，重大业务合同尽调配合业务尽调一同进行、融资合同尽调配合财务尽调一同进行、VIE等公司架构重大协议配合公司股权结构尽调一同进行。与重大合同有关的尽调结论应与其他部分尽调结论一致。在并购项目的法律尽调报告中，除非客户明确要求，否则收购方律师很少出具重大合同“合法有效”这样的法律意见。其中的原因很多。比如，对于目标公司是否“适当签署”某一重大合同，作为收购方的律师来讲，他们很难进行判断。[1]

如果特定重大合同存在瑕疵或无法正常履行的风险，律师一般会单独提示该风险。同上市项目一样，在并购项目的法律尽职调查报告中，律师一般也会以表格形式，分门别类地列明所有重大合同。具体形式可参考表7—2。

〔1〕 针对这类事项，收购方通常会要求被收购方/目标公司的律师出具法律意见，因为被收购方/目标公司的律师更了解其客户情况，包括重大合同的情况。如果被收购方/目标公司律师也不愿意出具类似意见，那么收购方通常要求被收购方/目标公司在收购协议中针对重大合同合法有效作出保证陈述。当然，被收购方/目标公司是否在并购协议中作出该保证陈述，取决于双方谈判和项目具体情况。

表7—2　并购项目重大合同清单示例〔1〕

序号	合同名称	合同编号	签署方（对手方）	签署日期
(a)A公司的所有业务合作协议				
1	××××服务合作协议	×	B公司	2018年7月17日
(b)约定A公司向任何其他人直接或间接借款或贷款，或者为任何第三方的债务、责任或义务提供担保（为A公司子公司的债务、责任或义务提供担保除外）且交易金额超过［×］万元的尚未履行完毕的任何合同，但因拟议交易为A公司的利益所作的相关安排除外				
1	贷款合同	×号	中国银行股份有限公司××支行	2016年5月14日
(c)在A公司的股权或金额超过［×］万元的资产之上设置权利负担的且尚未履行完毕的合同				
1	质押合同	×号	中国工商银行股份有限公司××支行	2018年3月27日
(d)A公司作为一方的技术合作、技术服务、技术许可合同				
1	商标使用许可合同	×号	B公司	2020年1月2日
2	商标使用许可合同补充协议	×-1号	B公司	2021年1月9日
(e)在并购协议签署日有效且尚未履行完毕的且交易金额超过［×］万元的任何合同				
1	采购合同	×号	C公司	2020年3月30日
(f)与A公司各主营业务前十大客户和供应商签署的商业合同				
1	××业务服务合同	×号	D公司	2020年4月19日
(g)涉及A公司股权出售、股权收购、投资、融资、合资、并购、重组、表决权安排、利润分享或者控制权转让的合同				
1	境内增资协议	×号	E公司等	2015年3月6日
(h)任何实质性限制A公司经营全部或部分业务或者使用或利用任何重大资产，且金额超过［×］万元的合同				
	不涉及			

〔1〕　该清单列明的重大合同类别仅适用于该项目，并不意味着其他项目中该类合同也属于重大合同。不同项目中，重大合同的类别和范围都不尽相同。

三、重大合同的尽调信息来源

合同具有相对性、私密性。因此，针对重大合同进行法律尽职调查，其信息来源主要依赖于当事人（公司）主动提供，有关资料放在资料室供律师查询。有的时候，律师也可以通过公开渠道查询公司已经披露的重大合同信息，作为尽调的参考。

（一）资料室文件

根据合同类别不同，有关重大合同的资料可能会放在资料室的不同部分。比如，业务合同放在“业务”部分，而VIE协议放在“公司架构”部分。如果相关方事先对重大合同的范围有具体约定，也可能会单独放在“重大合同”项下。

在资料室中的重大合同，通常应是合同签署版原件的扫描件，且合同文字应清晰，页码应连贯，合同应为完整版本（包括首页、正文、签字页、附件、附表等各个部分）。如果出现任何瑕疵，如页码不连贯、合同缺页，都属于尽调过程中需要关注和解决的问题。如果法律规定、行业实践或客户要求审阅重大合同原件的，律师应逐一审阅重大合同原件。

除合同原件外，重大合同的核查对象还可能包括以下内容：

（1）合同原件上标明的附件。

（2）如果属于续签合同的，该续签合同对应的原合同。

（3）如果属于补充协议的，该补充协议的原协议。

（4）如果属于从合同的，该从合同对应的主合同（如反担保协议之于担保协议，以及担保协议之于被担保的债权相关合同）。

（5）如果属于框架协议的，落实该框架协议的单次具体协议。

（6）任何对重大合同后续进行调整的材料（如未反映在调整后的重大合同中）。

（7）重大合同以外单独存在的签字页（签署版）以及往来沟通材料（以证明签署的有效性）。

（8）如果属于基于模板协议起草的合同，该模板协议的范本（非必须）。

（9）合同约定到期自动续约的，与约定要求一致的确认材料（如系无异议自动续约的，可以项目主体确认为准）。

（10）合同履行的相关证明材料（除尽调主体确认以外），如银行流水、收款证明、在政府机构进行公证或登记的证明。

（11）发生过权利义务转让的，转让方及受让方之间的安排材料以及合同对方同意转让的书面材料（如需）等。

（二）公开查询

如果发行人或目标公司属于上市公司，或公开发行过任何证券、在任何交易中有过公开信息披露，则交易所网站的公开信息可能会包括部分重大合同。以A股上市项目信息披露为例，A股上市公司的信息可以在巨潮网等网站上查询，如图7—1所示：

图7—1 巨潮网查询界面

登录巨潮网之后，在搜索栏中搜索公司名称，或在知道合同名称的情况下尝试直接在搜索栏中搜索合同名称即可。

基于不同交易所的信息披露规则要求，公开查询重大合同所获得的信息可能仅涉及合同的部分内容或摘要，或以其他语言披露（如英文），通常仅供辅助参考用途，不能替代审阅重大合同原件本身。

（三）公司的说明与回复

律师很难了解重大合同的履行状况，同时，也缺乏其他核实资料室文件准确性的手段，因此，在项目尽调过程中，律师通常会要求公司以书面形式进行说明和确认，以此作为出具合同履行、争议状况的重要依据。举例而言，律师要求公司书面确认的信息包括：

（1）就给定的重大合同，说明此等重大合同的履行状况、是否有任何现有或潜在可能导致此等合同失效或需要进行变更的事宜，或因为此等合同而承担的重大义务与负债。

（2）确认没有尚未提供的其他重大合同或未告知的重大合同变更，以及确认已提供的重大合同材料完整并与原件一致。

（3）就项目律师针对重大合同提出的具体问题进行答复。

四、重大合同的尽调流程

（一）第一步：确定尽职调查范围，拟定尽职调查统计表

1. 确定重大合同范围

重大合同的范围和标准应当基于项目需要、项目主体的业务类型、合同标的额占项目主体的收入比例、对项目主体存续以及业务运营的影响等多种因素考虑。不同项目中，对重大的界定不完全相同，没有一个绝对统一的标准。

一般来讲，如无具体法律法规要求[1]，以下合同可能会被视作重大合同：

（1）一定金额以上的融资合同，包括与各类金融机构签

〔1〕 部分法律法规规章或规范性文件对重大合同直接作出界定，在这种情况下，律师需要根据该文件要求确定哪些合同属于重大合同。比如，根据《深圳证券交易所股票上市规则》的规定，上市公司签署日常交易相关合同，达到下列标准之一的，应当及时披露：（1）涉及本规则第6.2.1条第1款第1项、第2项事项的，合同金额占上市公司最近一期经审计总资产50%以上，且绝对金额超过5亿元；（2）涉及本规则第6.2.1条第1款第3项至第5项事项的，合同金额占上市公司最近一个会计年度经审计主营业务收入50%以上，且绝对金额超过5亿元；（3）公司或者本所认为可能对上市公司财务状况、经营成果产生重大影响的其他合同。

署的融资协议以及以其他方投资入股的协议。

（2）主要业务线的前几大（一般为前十或前五）应收/应付业务合同，以及其他一定金额以上的业务合同（区分供应商/客户两类）。

（3）业务核心资产或一定金额以上资产的质押/抵押合同。

（4）内部关联交易协议，特别是达到一定金额以上或与项目涉及资产有关的协议，如各类知识产权授权许可协议。

（5）一定金额以上的与业务有关的辅助类合同，如重要场地的租赁合同之于仓储物流企业、商标许可协议之于特许经营企业等。

（6）VIE协议（VIE协议一般包括独家服务协议、独家购买权协议、股东表决权委托协议、股权质押协议以及借款协议）。

（7）与政府签署的重大合同。

（8）重大对外投资、收购、合作、联营协议。

上文提及的“一定金额”一般需结合项目具体情况判断，不同项目差异很大。如某并购项目中的“一定金额”可能会被设定为1000万元以上，而某上市项目中的“一定金额”可能会被设定为上市当年该主体总营业收入的5%以上。具体采取固定金额还是一定比例作为标准，应当结合项目情况以及法律法规的要求具体判断。

重大合同的判定标准，应在尽调开始前确定，确定之后可参考表7—3格式准备统计汇总表。

表7—3　重大合同统计表示例

序号	合同号	合同名称	合同主体	签署日期	合同有效期	备注
1	×	战略合作框架协议/战略合作框架协议补充协议	甲方：A公司 乙方：B公司	20××年×月×日	20××年×月×日起×年（战略合作框架协议）；20××年×月×日至20××年×月×日（战略合作框架协议补充协议）	［此处补充需关注的合同条款或问题（如有）。——笔者注］

（二）第二步：审阅尽调资料，梳理重大合同情况

1．审阅尽调主体提供的资料，结合公开查询（如有）补充统计表

在确认公司提供的重大合同资料是否完整后，应当确认其是否存在任何法律法规禁止的、可能导致其无法得到正常履行、对尽调主体或项目进行严重不利的条款或瑕疵，通常可从以下方面着手：

（1）签字页上的签章是否清晰、完整，签章所示主体是否与合同载明的各方一致，是否存在公司法人以自然人身份或由第三方进行代签的情形；各类合同签章是否一致、同一签字人的签名是否一致、是否存在“萝卜章”等伪造图章的可能性。

（2）合同条款是否与相关法律法规存在冲突。

（3）各方支付的合同对价是否合理，是否存在一方无偿或以不合理低价提供对价的情形（如无偿租赁）。

（4）是否存在与当前项目目的冲突的条款，如在上市或发债项目中，尽调主体的融资合同中是否有任何限制融资、上

市、债券发行等事项的约定。

（5）是否存在一旦实现就可能对尽调主体造成重大影响的条款（无论其是否已经或可能事先触发），如股权认购协议中的回购条款。

（6）是否存在交叉违约条款（即其他某类合同发生违约亦会导致该合同违约的约定）。

（7）涉及合同权利义务整体受让的，是否与原合同约定冲突、是否已签署新的合同。

如发现有任何需要尽调主体确认或补充说明的问题条款或瑕疵，或者存在公开查询结果与尽调主体提供合同范围或内容不一致的情形，可在表7—3中的“备注”一栏中注明，后续进行确认和核查。

2. 就汇总统计表反映的待定事宜进行补充核查

根据尽调主体提供的资料完善尽职调查统计表后，审查尽调统计表格中所有暂时缺失或者存在冲突的信息，以及“备注”一栏标明的尚待确认的信息，起草补充尽职调查清单，具体形式可参考表7—4：

表7—4 重大合同补充尽调清单示例

所需资料	适用对象	备注	尽调主体答复
重大合同			
请补充提供以下文件： （1）编号为×的《×××服务合同》； （2）编号为×的《×××合作协议》	A公司		
请说明编号为××的《××项目合作协议》是否已完成向B公司的权利义务转交，如是，请提供相应文件	A公司、B公司		

续表

所需资料	适用对象	备注	尽调主体答复
请提供2019—2021年每年及2022年一期占A公司合并口径收入最大的5个客户（即每年/期确认自该客户的收入占当年/期合并总收入占比最大的5个客户）以及占公司合并成本最大的5个供应商/服务提供商（即每年/期确认自该供应商/服务提供商的成本占当年/期合并总成本占比最大的5个供应商/服务提供商）签订的所有合同	A公司		

3．完成汇总统计表，确认重大合同附表

重复补充尽职调查过程，直至尽职调查统计表格无待确认事项且“备注”栏所标注的问题均已得到解决或由公司确认不构成重大影响（需律师协助核实确实不构成重大影响）。基于汇总统计表，整理对应的重大合同底稿文件并存档。

（三）第三步：起草重大合同法律意见

在完成上述步骤并审阅完毕所有尽调材料后，根据项目需要且基于上文提及的法律意见和附表先例，起草法律意见书相应章节或准备风险揭示性文字。

（四）第四步：视情况进行补充核查

在项目进行期间，项目主体可能会签署新的重大合同，或者就已有重大合同进行修订、更新或续签。同时，重大合同也可能在项目进行期间到期。因此，在该项目重要时间节点前，如法律意见书出具之前、上市申报文件提交之前、债券发行交割日之前等，律师需要反复核实有关信息，如重大合同附表所列合同是否仍均处于有效期内、是否发生任何变更、相关信息是否仍准确。对于已过期的重大合同，应由尽调主体确认其现状。如果已续签或另行签署了合同，则应提供相应的补充材料，并相应更新附表。如果确认合同终止、不续签，则在不影响项目主体业务或重要资产的前提下，应从重大合同附表中删除已过期的合同，除非某些项目要求对已经履行完毕的协议出具某些特定意见（如是否存在潜在纠纷）。

此外，在项目重要时间节点前，应确认圈定的重大合同范围是否发生任何变化、是否需要进行调整或补充。确认的方式一般为发行人或目标公司出具说明进行确认。

五、常见类型的重大合同

在重大合同尽调中，律师可能会经常遇到特定类型的重大合同，比如VIE协议（常见于境外红筹上市项目）、贷款融资合同、担保合同等。下文简要介绍一下VIE协议和贷款融资合同。

（一）VIE协议

VIE架构常见于红筹模式中。红筹模式没有严格的法律定义，一般是指中国境内居民在境外注册离岸主体（常见的注册地包括开曼群岛、英属维尔京群岛等），将境内的资产、股权或其他权益注入境外离岸主体，通过境外离岸主体持有境内运营主体权益，以离岸主体作为发行人在境外进行、融资、首次公开发行和上市的模式。在部分红筹模式中，境外离岸主体在中国内地设立外商独资企业（WFOE），由外商独资企业与境内运营实体签署一系列协议（即所谓VIE协议），并通过该协议控制境内运营实体（被称为VIE），实现境内运营实体与境外离岸实体之间财务意义上的并表。

VIE协议通常由独家咨询/服务协议、独家购买权/期权协议、股东表决权委托协议、股权质押协议以及借款协议等组成。在美国上市项目中，存在VIE架构的公司通常需要在提交上市申请（F-1表格）时将现行有效的VIE协议作为附件一并提交和披露。因此，在美国证监会的披露网站（EDGAR）上可以查询到相关VIE协议。

1．主要内容

（1）独家咨询/服务协议

WFOE与VIE签署独家技术咨询或服务协议（合同期限一般较长，例如10年），前者向后者提供特定服务，后者向前者支付费用（相当于税前利润总额一定比例），目的是实现VIE利润转移至WFOE。

（2）独家购买权/期权协议

境外离岸主体、WFOE、VIE、VIE名义股东等主体签署的独家购买权或期权协议，其中一般约定VIE名义股东向WFOE和境外离岸主体授予购买全部或部分VIE股权的购买权/期权，约定在中国法律允许的情况下，境外离岸主体和/或WFOE可以行权购买VIE的股权，股权购买对价通常为法律允许的最低价。

（3）股东表决权委托协议

WFOE与VIE的名义股东等相关方签署的表决权委托协议，通常约定VIE的名义股东将其在VIE中的表决权委托给WFOE行使。

（4）股权质押协议

WFOE与VIE的名义股东签署股权质押协议，后者向前者出质其持有的全部VIE股权。同时，该等股权质押也应在工商部门进行出质登记。

（5）借款协议

WFOE与VIE的名义股东签署借款协议，约定前者向后者提供一定金额的贷款，用于VIE的注册资本缴纳。借款协议通常不计利息。

（6）配偶同意函

VIE名义股东的配偶通常应签署配偶知情同意函，以明确地、不可撤销地同意并确认该等名义股东签署的相关协议，明确VIE股权及其相关权益非夫妻共同财产等事项，以确保VIE股权的稳定性。

（二）贷款融资合同

贷款融资合同常见的形式包括贷款合同、借款合同、授信合同、融资租赁合同等。按照担保方式区分，可分为信用贷款合同、担保贷款合同；按照币种区分，可分为人民币借款合同、其他币种借款合同；按照借款用途区分，可分为固定资产借款合同、流动资金借款合同等不同类型。

与其他种类合同的灵活性和多样性不同，很多贷款融资合同都是与金融机构签署的，使用金融机构的格式文本，除了商业条款（利率、利息、金额、还款方式等），其他合同条款和内容通常不允许进行实质修改。

在核查贷款融资合同的时候，律师需要关注其中是否存在会对本次项目构成限制或者与项目目的存在冲突的条款，如在上市或发债项目中，尽调主体的融资合同中是否有任何限制融资、上市、债券发行等事项的约定。例如，一些贷款合同中会约定，借款人发生包括但不限于转股、重大资产转让、债务融资等可能或足以影响其担保能力的情形时，应提前30日书面通知贷款人，或取得贷款人事先书面同意。在这种情况下，应建议发行人或目标公司提前与相关债权人/金融机构沟通，根据合同的具体约定，向其履行通知义务或取得其书面同意，避免影响项目进度。

第八章 知识产权的权属尽调

一、知识产权权属的尽调背景

知识产权是公司的重要无形资产，通常包括如下类型：（1）商标权；（2）专利权，其中又分为发明专利权、实用新型专利权和外观设计专利权；（3）著作权，其中又分为作品著作权（部分项目会进一步细分为美术作品著作权和文字作品著作权）和软件著作权；（4）域名；（5）衍生权利，如基于注册商标、企业标志、专利、专有技术等经营资源产生的特许经营权。

在上市和并购项目中，律师需要出具有关知识产权权属的法律意见，也就是确认公司是否拥有某项知识产权的所有权，或者如果公司不拥有所有权，那么是否可以通过签署许可协议等方式享有某项知识产权的使用权。就所有权而言，律师需要核查公司拥有的知识产权是否均已取得权属证明文件、是否处于有效期内。如果公司正在申请某项知识产权，那么该项申请目前状态如何，预期是否能够取得该项申请的知识产权。[1]

---

〔1〕《执业细则》第39条对A股上市项目的知识产权尽调作出了指引。除知识产权所有权以外，律师还应该查验以下内容：（1）发行人取得无形资产的方式是否合法，如为购买取得的，发行人是否已经与权利人就上述无形资产的取得签订相关协议，并支付相应的价款；（2）发行人无形资产的权利期限情况，发行人取得上述无形资产的审批、登记或者注册是否仍在有效期内，发行人是否为保持拥有上述无形资产足额缴纳相关的审批、登记或者注册费用；（3）报告期内发行人无形资产是否存在被宣告无效或者经申请正在进行无效宣告审查的情形，相关无效宣告审查的程序进展、审查决定情况，上述无效宣告程序是否构成本次发行的法律障碍；（4）发行人上述无形资产是否存在质押等权利限制以及权属纠纷情形；（5）发行人将无形资产许可第三方使用的，是否签订相应的许可使用合同，许可使用合同是否合法合规，是否影响发行人对该无形资产的使用。

此外，在某些项目中，律师还需要就是否存在影响公司所拥有的知识产权效力的诉讼、仲裁、行政程序以及受限情形（包括但不限于知识产权质押、司法冻结、查封、第三人提起异议等事项），出具法律意见。不过，总体而言，无论是知识产权权属，还是知识产权诉讼，都属于相对常规的权属和诉讼尽职调查。〔1〕

二、知识产权权属的法律意见措辞

在不同类型的项目中，法律意见的措辞不尽相同。不同类型的企业，其知识产权构成也不完全相同。比如，制造业企业相对更注重专利权，而互联网公司的软件著作权则比较多。

（一）美国上市项目

在美国上市项目中，无论是公司中国律师，还是承销商律师，他们通常出具的法律意见措辞采取如下表述：

> Each of the PRC Material Group Entities are the legal owners of the trademarks, copyrights, patents and domain names which have been registered with the relevant PRC Authorities according to PRC Laws.

上述法律意见译文如下：

> 每一中国重要子公司是根据中国法在相关中国政府机构注册的商标、著作权、专利和域名的合法所有人。

〔1〕 本章不涉及较为专业的知识产权专门尽调。这类专门尽调的目的很多。例如，从防御目的来讲，部分公司会聘请律师，分析其所拥有的专利是否足以保护其特定产品，给竞争对手带来足够高的准入壁垒。这类尽调比较专业，也很复杂，远远超过知识产权权属常规尽调的范围。

这里的中国政府机构（PRC Authorities）通常被单独定义，涵盖中国境内所有相关的政府机构，包括负责各类知识产权注册的政府机构[一般为国家知识产权局、中国版权保护中心（隶属于中共中央宣传部）以及工业和信息化部]。从上述法律意见措辞可以看出，重点在于知识产权的所有权。当然，如果拥有的不是所有权，而是许可使用权，那么，法律意见需要做相应调整，以涵盖许可使用的情形。

（二）中国香港特别行政区上市项目

在中国香港特别行政区上市项目中，不管是公司律师，还是承销商律师，通常需要出具的法律意见措辞可以采取如下表述：

> （1）商标
>
> 根据发行人提供的材料及说明，并经本所律师查询中国商标网网站（网址：https://sbj.cnipa.gov.cn/sbj/）信息，A公司拥有的重要注册商标专用权情况详见本法律意见书附件二第（一）部分。
>
> 根据发行人提供的材料及说明，并经本所律师查询中国商标网网站信息，A公司为列载于本法律意见书附件二第（一）部分中注册商标的合法权利人，依照中国法律享有该等注册商标专用权。
>
> （2）专利
>
> 根据发行人提供的材料及说明，并经本所律师查询国家知识产权局网站（网址：https://www.cnipa.gov.cn/）信息，A公司拥有的重要专利情况详见本法律意见书附件二

第（二）部分。

根据发行人提供的材料及说明，并经本所律师查询国家知识产权局网站信息，A公司为列载于本法律意见书附件二第（二）部分中专利权的合法权利人，依照中国法律享有该等专利权。

（3）软件著作权

根据发行人提供的材料及说明，并经本所律师查询中国版权保护中心著作权登记系统（公测版，网址：https://register.ccopyright.com.cn/publicInquiry.html?type=softList），A公司拥有的已登记的重要软件著作权情况详见本法律意见书附件二第（三）部分。

根据发行人提供的材料及说明，并经本所律师查询中国版权保护中心著作权登记系统，A公司为列载于本法律意见书附件二第（三）部分中软件著作权的合法权利人，依照中国法律享有该等软件著作权。

（4）域名

根据发行人提供的材料及说明并经本所律师核查，A公司拥有的重要互联网域名情况详见本法律意见书附件二第（四）部分。

根据发行人提供的材料及说明并经本所律师核查，A公司为列载于本法律意见书附件二第（四）部分中重要互联网域名的合法权利人，依照中国法律享有该等互联网域名的合法权利。

从上面法律意见措辞来看，在中国香港特别行政区上市项目中，通常会将公司的知识产权进行分类，分别列明相关知识产权信息。同时，律师采用“重要”商标、“重要”专利、“重要”软件著作权以及“重要”域名的表述，将法律意见限定在重要知识产权范围。此外，该法律意见仍然侧重知识产权的权属，采用“合法权利人”的表述，实际上包括了所有权和许可使用权的概念。

（三）A股上市项目

在A股上市项目中，公司律师通常需要出具的法律意见采取如下表述：

根据发行人提供的资料及其确认并经本所经办律师核查，发行人拥有的知识产权的具体情况如下：

1. 专利

根据发行人提供的资料及其确认，截至2021年12月31日，发行人及其下属企业在境内的授权专利合计590项，在境内已经通过专利审查尚待取得专利权证书的专利申请合计85项，具体情况详见本法律意见书附件五。

根据发行人的确认并经本所经办律师核查，截至2021年12月31日，发行人及其下属企业的上述专利不存在任何权属纠纷，亦未设置质押或其他第三方权利。

2. 注册商标

根据发行人提供的资料及其确认，截至2021年12月31

日，发行人及其下属企业在境内已获授权的注册商标合计1800项，具体情况详见本法律意见书附件六。

根据发行人的确认并经本所经办律师核查，截至2021年12月31日，发行人及其下属企业的上述注册商标不存在任何权属纠纷，亦未设置质押或其他第三方权利。

3．著作权

根据发行人提供的资料及其确认，截至2021年12月31日，发行人及其下属企业在境内已获授权的著作权合计250项，其中计算机软件著作权210项、作品著作权40项，具体情况详见本法律意见书附件七。

根据发行人的确认并经本所经办律师核查，截至2021年12月31日，发行人及其下属企业的上述著作权不存在任何权属纠纷，亦未设置质押或其他第三方权利。

4．域名

根据发行人提供的资料及其确认，截至2021年12月31日，发行人及其下属企业已获注册的域名合计85项，具体情况详见本法律意见书附件八。

根据发行人的确认，截至2021年12月31日，发行人及其下属企业的上述域名不存在任何权属纠纷，亦未设置质押或其他第三方权利。

从上述法律意见措辞来看，在A股上市项目中，律师需要将所有知识产权逐一列明，而不是仅列明“重要”知识产权。同时，律师需要确认知识产权“不存在任何权属纠纷，亦未设置质押或其他第三方权利”。除“未设置质押或其他第三方权利”涉及权属以外，“不存在权属纠纷”侧重的是“纠纷”。就“纠纷”而言，在不构成诉讼的情况下，无论是否存在纠纷、纠纷如何，律师都很难通过公开渠道知晓。因此，在法律意见中，律师特别强调，“根据发行人的确认”，或者“根据发行人的确认并经本所经办律师核查”。

（四）债券发行项目

在债券发行项目中，对于尽职调查范围和法律意见书的要求不像上市项目这么严格，一般仅就尽调主体声称持有的特定知识产权进行尽职调查并出具意见。相较于其他项目而言，更依赖于尽调主体出具的确认文件和公开检索查询的结果。

（五）并购项目

在并购项目中，被收购方的知识产权作为其机密信息之一，通常不会提供相应的书面材料，或者仅提供有限的材料。因此，投资人/买方律师通常倾向于不对目标公司出具法律意见书，而是在提供给投资人/买方的尽职调查报告中将被收购方存在的知识产权纠纷情况以及可能发生的知识产权纠纷进行提示，并建议投资人/买方在交易文件中明确约定发生知识产权纠纷相关的违约金并加强投后知识产权保护（如提示投资人应尽快注册某类商标）。在并购项目中，尽职调查报告的相关语言可以参考表8—1：

表8—1 并购项目尽职调查报告中有关知识产权纠纷的内容

问题点	事实及分析	建议
4．资产		
［×］直播平台可能存在侵犯第三方知识产权风险（重要性：高）	根据A公司的说明以及我们的适当核查，［×］直播平台的内容存在较多第三方享有知识产权的内容，［×］直播平台使用该等知识产权可能存在下述未获得第三方授权的情况：（具体略）	• 在交易文件中要求A公司对于［×］直播平台业务经营过程中的知识产权合规性（包括但不限于知识产权不侵权）作出完整的陈述与保证，并要求对于因该等事项给投资人/买方造成的损失由A公司承担特殊赔偿责任； • 根据收购人/买方内部的合规要求严格规范［Y］业务在交割后的内容运营合规
可能存在第三方侵犯［Y］业务相关知识产权的情况（重要性：低）	根据公开渠道检索，我们注意到存在以下第三方在未经许可及授权情况下使用相关商标从事相关或类似业务的情况。该等使用的形式均为微信公众号，主要内容均为［Z］，具体如下：（具体略）	• 在交易文件中要求A公司针对［Y］业务的知识产权保护作出惯常的陈述和保证； • 提示投资人/买方关注投后知识产权保护事宜

三、知识产权权属的尽调信息来源

就主要知识产权类型来讲，如商标、专利、著作权中的软件作品著作权、域名，所有权人通过申请注册方式获得所有权。同时，与不动产登记不同的是，除域名相对复杂以外，其他知识产权的注册都由相关中央政府部门负责。而近年来，相关中央政府部门都通过其官网披露相关注册、申请注册、是否存在质押等信息。因此，知识产权的权属尽调，主要就是在官方网站进行查询和核实。当然，与不动产权属尽调类似，在部分项目中，也需要到相关政府部门进行查册。通过实地查册，往往能获得比官网更权威、更及时的权属信息。

（一）公开渠道查询

1．商标

已注册的商标以及申请中的商标均可通过公开渠道进行检索。检索涉及的主要网站为中国商标网。中国商标网由国家知识产权局商标局运营，为商标查询最权威的渠道之一。从标题处链接点击“商标查询”可进入具体检索页面，其界面如图8—1所示：

图8—1 中国商标网“商标查询”界面

其中，主要涉及的查询项为“商标综合查询”，界面如图8—2所示：

图8—2　中国商标网“商标综合查询”界面

一般性的商标公告亦可以在国家知识产权局商标局 中国商标网上进行查询。其中，最主要的查询项为是否存在商标质押的情形（网址：https://wsgg.sbj.cnipa.gov.cn:9443/tmann/annInfoView/annSearch.html?annNum=，公告类型选择“商标质权登记公告”）。

图8—3　中国商标网“商标公告”界面

商标综合查询和商标公告查询的内容可能存在不一致。原则上以最新的商标公告的信息为准。

图8—4　中国商标网“商标质权登记公告查询”界面

2．专利

专利权相关信息可在国家知识产权局的“专利检索及分析”页面（网址：https://pss-system.cponline.cnipa.gov.cn/conventionalSearch）进行检索[1]，其界面如图8—5所示（常规检索需注册）：

图8—5　国家知识产权局“专利检索及分析”页面

〔1〕　除此链接外，中国及多国专利审查信息查询（网址：http://cpquery.cnipa.gov.cn/）也可以用于公开检索，律师在进行尽调工作前应先确定公开检索选取的具体网站。

此外，国家知识产权局的“中国专利公布公告”页面（网址：http://epub.cnipa.gov.cn/）可查询专利权的质押情况，其界面如图8—6所示（事务数据查询——事务类型选择“专利权质押合同登记的生效、变更及注销”）：

图8—6　中国专利公布公告“专利权质押合同登记的生效、变更及注销”

3．著作权

软件著作权或作品著作权均可在中国版权保护中心网站（网址：https://register.ccopyright.com.cn/query.html，需注册）查询，其界面如图8—7所示：

图8—7　中国版权保护中心“登记公告检索”

"查软件"即为软件著作权,"查作品"即为作品著作权,查询时需输入准确的著作权信息。

该界面除可进行一般性检索外,也可以用于查询著作权的质押等受限情况。软件和作品的检索界面分别如图8—8、图8—9所示:

图8—8　中国版权保护中心"登记公告检索—软件公告"

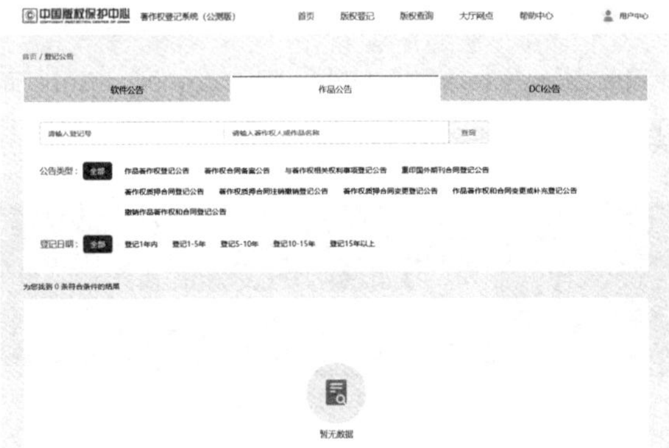

图8—9　中国版权保护中心"登记公告检索—作品公告"

4. 域名

工业和信息化部政务服务平台ICP/IP地址/域名信息备案管

理系统（网址：https://beian.miit.gov.cn/#/Integrated/index）可检索在工业和信息化部正式备案的域名，其检索界面如图8—10所示：

图8—10　工业和信息化部ICP/IP地址/域名信息备案管理系统

此外，也可以通过阿里云企航（网址：https://wanwang.aliyun.com/）等域名注册机构进行域名信息检索，检索界面如图8—11所示：

图8—11　阿里万网云域名查询

但是，域名注册机构检索一般不会显示具体的所有者信息，一般主要用于确认该域名是否已被注册、是否处于有效期内。

5. 衍生权利（以特许经营权为例）

根据《商业特许经营管理条例》第3条的规定，本条例所称商业特许经营（以下简称特许经营），是指拥有注册商标、企业标志、专利、专有技术等经营资源的企业（以下称特许人），以合同形式将其拥有的经营资源许可其他经营者（以下称被特许人）使用，被特许人按照合同约定在统一的经营模式下开展经营，并向特许人支付特许经营费用的经营活动。“加盟”即为特许经营的一种典型模式。

特许经营信息统一由商务部业务系统统一平台的商业特许经营信息平台（网址：http://txjy.syggs.mofcom.gov.cn/）汇总，其检索界面如图8—12所示：

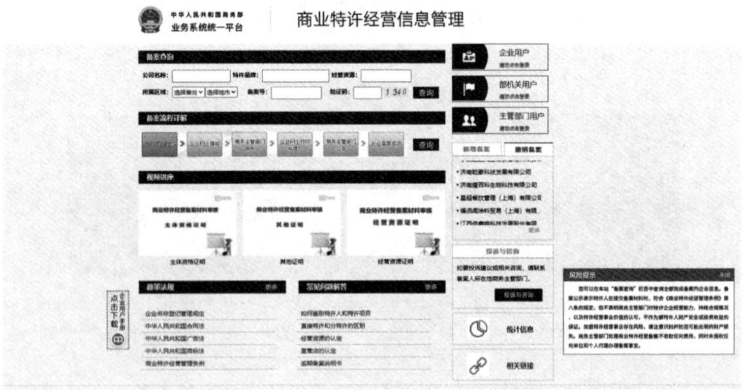

图8—12　商业特许经营信息平台

该平台主要用于查询特许人信息。被特许人信息可在特许人页面的“加盟分布区域”列出的境内加盟店信息中查询，其界面如图8—13所示：

图8—13　商业特许经营信息平台—加盟商信息

6. 质押以外受限信息检索

除上文提及的知识产权可能存在的质押外，尽调主体所持有的知识产权也可能存在司法保全、冻结、查封以及其他限制转让的情形。此种受限情形常伴随尽调主体的诉讼、仲裁、行政处罚出现，因此，可与诉讼、仲裁和行政处罚尽职调查时的公开检索一并进行。进行诉讼、仲裁和行政处罚尽职调查的律师在发现存在涉及尽调主体持有或使用的知识产权的诉讼、仲裁或行政处罚时，应将检索需求告知从事知识产权尽职调查的律师，建议其特别关注知识产权有关案由的案件（知识产权有关案由可参考裁判文书网上的分类，如图8—14所示）。

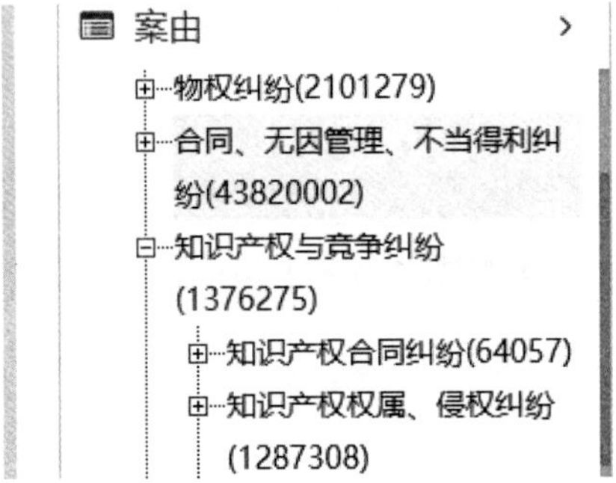

图8—14　裁判文书网—知识产权相关案由

7．企业信息数据库

天眼查、企查查等企业信息数据库也提供知识产权相关信息。如果上述官方检索渠道无法使用，可参考企业信息数据库的资料（但不能单独作为出具意见的依据）。界面如图8—15所示（以天眼查为例）：

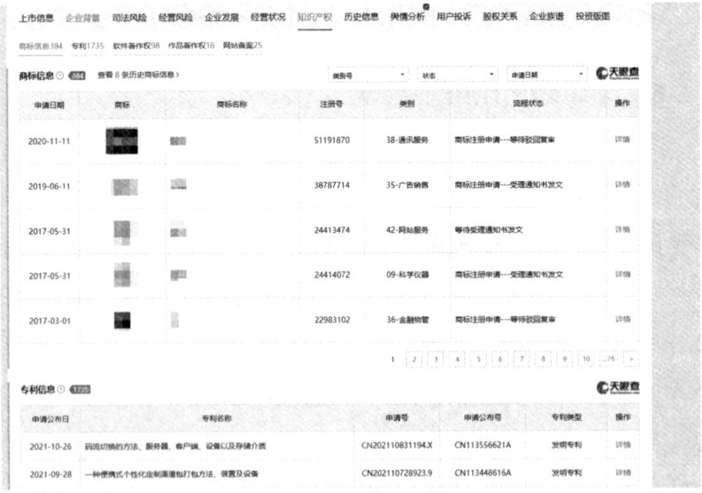

图8—15　通过天眼查查询知识产权信息

（二）尽调主体的说明与回复

在部分项目中，律师会对尽调主体的技术骨干人员进行访谈。访谈中可以要求技术骨干人员对业务所需的知识产权进行确认，并与尽调主体提供的知识产权清单进行比较，以确认是否有任何清单遗漏或表述不准确、重要性认定不充分的知识产权。

（三）资料室文件

在惯常尽调中，尽调主体根据尽职调查清单要求，通过资料室提供知识产权相关的文件。尽调主体提供的知识产权相关文件主要涉及以下种类，律师应根据公开查询结果，结合这些文件进行判断：

（1）权属文件：商标、专利与著作权的权属文件应提供政府主管部门盖章的正式版本，域名的权属文件一般为域名注册商所提供的域名注册证书。

（2）许可使用、再许可、再租赁、信息披露保密协议、共用品牌、网站开发、网站租用、技术保管、技术交换、许可费或其他协议及登记备案等涉及知识产权许可使用的文件。

（3）知识产权的现有或潜在的侵权相关材料：无论尽调主体为侵权方或被侵权方均需提供，此部分材料也可能会在诉讼、仲裁和行政处罚部分提供。

（4）知识产权相关内部规章制度，如商业秘密保护、知识产权授权使用办法等。

（5）如涉及知识产权共有情形，就还需要提供相关合作开发/委托开发协议、与署名/使用/收益相关的所有约定或者其他合法来源证明文件。例如，劳动合同关于职务发明权利归属的规定。

（四）政府主管部门的证明

在部分项目中，律师还需要在知识产权相应的政府主管部门（商标局、专利局、版权中心等）进行查册工作。知识产权查册，是指查询政府主管部门所持有的知识产权登记注册材料。和公开查询相比，两者的主要区别在于：第一，需要实名向政府主管部门提出申请并提交所需的申请材料；第二，获取的信息时效性、权威程度更强，且可能包含非公开信息；第三，一定程度上可视作政府部门的背书；第四，一般不会频繁进行，一次项目过程中可能只会进行一次。对于更强调知识产权尽调精确性且尽调主体能够予以充分配合、时间允许的项目，律师可考虑通过查册工作弥补公开检索信息的不足、提高其准确性。

1. 商标

商标档案的具体办理指引参见国家知识产权局商标局 中国商标网说明（网址：https://sbj.cnipa.gov.cn/sbj/sbsq/sqzn/201811/t20181115_589.html）。在非诉项目的尽调活动中，一般由公司律师代表目标公司进行查询。律师通常应提交如下材料：

（1）注册人出具的委托书，委托书需说明查询事由和查询内容。

（2）注册人为法人或其他组织的，需提交注册人身份证明文件复印件并加盖公章。注册人为自然人的，需提交注册人有效身份证明复印件。注册人为个体工商户的，还应提交个体工商户营业执照复印件。

（3）律师事务所或商标代理机构的介绍信。

（4）经办人的有效身份证明原件及复印件。

商标查询一般当天即可领取查询结果。如果涉及商标数量较多的主体，实际所需时间可能会比较长，应根据项目时间安排以及需求判断是否需进行商标查册。

2. 专利

国家知识产权局的专利服务事项之一为查询专利的相关证明文件，如专利证书证明、专利申请人名称变更证明、授权程序证明、专利批量法律状态证明（特别针对用户查询大批量专利法律状态的需求而提供的证明服务，上市等项目可能涉及）。具体的证明文件类别和办理材料需求见国家知识产权局的专利服务事项的简介（网址：https://www.cnipa.gov.cn/art/2020/6/5/art_1541_99760.html）。但是，需要注意的是，实际操作中专利查册所需时间可能相对较长（15个工作日），应根据项目时间安排以及需求判断是否需进行专利查册。

3. 著作权

软件著作权和作品著作权的查询档案见中国版权保护中心的用户指南板块。软件著作权和作品著作权的查询档案要求有所不同。

（1）软件著作权登记档案查询（网址：https://www.ccopyright.com.cn/index.php?optionid=1159）

查询材料、申请对象等如图8—16所示：

图8—16　软件著作权登记档案查询

（2）作品著作权登记档案查询（网址：https://www.ccopyright.com.cn/index.php?optionid=1050）

申请须知和申请流程同作品著作权登记（网址：https://www.ccopyright.com.cn/index.php?optionid=1059），可参考图8—17：

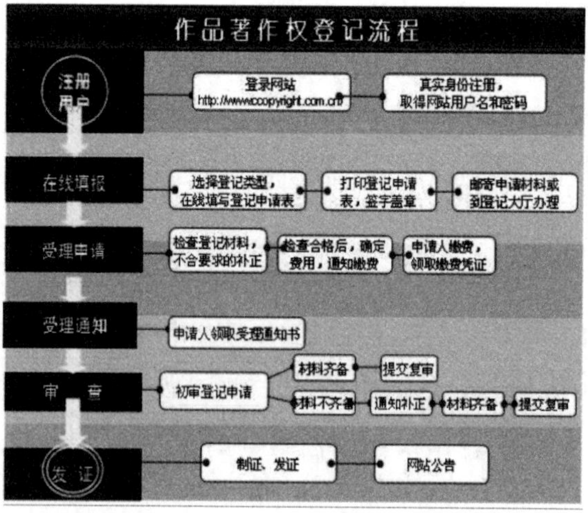

图8—17　作品著作权登记流程示例

作品著作权登记档案查询所需的材料包括查询申请表（通过中国版权中心网站系统导出，其表头见图8—18）、申请人身份证明文件（申请人为自然人的，提交身份证或护照等有效证件的复印件；申请人为法人或其他组织的，提交法人或其他组织的营业执照副本复印件）以及原登记证书复印件。

受理人：＿＿＿＿ 受理日期：＿＿＿＿ 查询号

查询人：＿＿＿＿ 查询日期：＿＿＿＿

著作权登记档案查询申请表

查询基本信息	
查询人性质	
登记号	
作品名称	
著作权人	
查询目的	
申请方式	
查询结果领取方式	
查询人信息	
代理委托信息	
查询人委托下述代理人办理登记事宜，具体委托事项如下：	
代理人信息	
需提交证明材料： 1. 查询申请表；2. 查询人身份证明文件（如营业执照副本复印件、身份证复印件等）；3. 原登记证书复印件；4. 其他相关证明材料。 注： 申请方式为由代理人办理时，除上述材料外，需提交代理人身份证明文件和代理委托书。	
查询人认真阅读了填表说明，准确理解了所需填写的内容，保证所填写的内容真实。此申请表需在线打印，请勿擅自更改表格格式。 查询人签章： 年 月 日	

图8—18 著作权登记档案查询申请表示例

4. 域名

域名一般不进行查册工作，通常以资料室文件和公开检索结果为准。

四、知识产权权属的尽调流程

知识产权权属的尽职调查可能涉及的主体、种类和数量较多，通常需要提前规划、分步操作和实施。

（一）第一步：确定尽职调查范围，拟定尽职调查统计表

1. 确定重要子公司范围和知识产权范围

重要子公司的判定范围与其他领域的尽调判定范围应保持一致，同时避免遗漏。

尽调开始前，应当对尽调主体所涉及的知识产权的范围进行初步判断，即通过业务经营范围判断是否涉及商标、专利、域名以及衍生权利等其他知识产权或其他相关权利（如特许经营）。是否需要将申请中的知识产权纳入尽职调查范围内，应当根据项目需要进行判断。

知识产权尽调一般不特别区分重要知识产权和其他知识产权。在实践中，部分公司出于谨慎考虑，明确不对此进行区分，以避免竞争对手有针对性地对公司的重要知识产权进行“挑战”。但是，如果尽调主体所持有的知识产权数量较多，且出具法律意见不需要穷尽所有知识产权，如部分美国上市和中国香港特别行政区上市项目，各方可事先拟定知识产权的重大性标准（如是否为业务经营所涉及的主要商标、主要产品有关的专利、正在使用中的主要域名等），通过对重要知识

产权进行尽调的方式，尽快推进项目完成。

2. 拟定知识产权尽职调查统计表

知识产权尽职调查统计表可分为总表和各项分表两大部分，其中，总表主要统计各类知识产权的总数，而分表用于统计单独大类知识产权的具体情况，可参考表8—2准备［（分表视项目需要可补充申请权表格，如商标申请权（参考表8—3）和专利申请权（参考表8—4）］：

表8—2　知识产权尽职调查工作底稿—总表

编号	主体名称	注册商标	专利	软件著作权	作品著作权	域名
1.	A公司	120项（已提供证照）+6项（尚未提供证照）+4项（已过期正在续期）	5项（已提供证照）+1项（尚未提供证照）	14项（已提供证照）	5项（文字作品，已提供证照）+4项（美术作品，已提供证照）	100项（已提供域名证书）+7项（已过期正在续期）
2.	–	–	–	–	–	–
	总计	–	–	–	–	–
其中：	权属文件提供情况	已提供证书［ ］个	已提供证书［ ］个	已提供证书［ ］个	已提供证书［ ］个	已提供证书［ ］个
	申请中权利总数	–	–	–	–	–
	受限权利总数	–	–	–	–	–
	备注	公司需后续提供［ ］	公司需后续提供［ ］	公司需后续提供［ ］	公司需后续提供［ ］	公司需后续提供［ ］

表8—3　知识产权尽职调查工作底稿—分表（商标）〔1〕

序号	注册号	商标截图	类别	注册人	有效期至	受限情况	取得方式	备注
1	6849403		9	奥尼电子	2030.11.06	无	受让取得	

表8—4　知识产权尽职调查工作底稿—分表（专利）〔2〕

序号	专利名称	专利号	类型（实用新型/发明专利/外观设计）	所有人	申请日期	有效期	状态（专利权维持/申请中等待实审提案等）	取得方式	受限情况	备注
1	行车记录仪及行车记录仪的控制方法	ZL201910686835.×	发明	深圳阿斯盾	2019年7月29日	20年	专利权维持	原始取得	无	

表8—5　知识产权尽职调查工作底稿—分表（软件著作权）

序号	登记号	证书号	软件全称	著作权人	首次发表日期	登记日期	受限情况	取得方式	备注
1	2015SR045575	软著登字第0932661号	新型军械装备军民一体化区域保障机构MES系统V1.0	发行人限	2012年1月4日	2015年3月16日	无	原始取得	

〔1〕　工作底稿分表表格具体内容摘自部分公开律师工作报告。《北京市竞天公诚律师事务所关于深圳奥尼电子股份有限公司首次公开发行股票并在创业板上市的律师工作报告》，载巨潮网；《国浩律师（上海）事务所关于四川观想科技股份有限公司首次公开发行股票并在创业板上市之律师工作报告》，载巨潮网；《北京市中伦律师事务所关于为迪阿股份有限公司首次公开发行股票并在创业板上市出具法律意见书的律师工作报告》，载巨潮网。

〔2〕　分表内容仅供参考，与实际情况不完全一致。请根据项目需要调整分表的具体列，如是否需要统一梳理取得日期、是否需要保留关于取得方式的内容等。

表8—6　知识产权尽职调查工作底稿一分表（作品著作权）

序号	登记号	作品名称	作品类型	著作权人	创作完成时间	首次发表时间	受限情况	取得方式	备注
1	国作登字-2015-A-00184805	真爱协议	文字作品	公司	2010年4月8日	2010年4月8日	无	申请取得	

表8—7　知识产权尽职调查工作底稿一分表（域名）

序号	域名	所有人	有效期	是否已在工信部备案	受限情况	取得方式	备注
1	aoni.cc	奥尼电子	至2027年5月9日	是	无	原始取得	

（二）第二步：审阅尽调资料，补充尽职调查统计表内容

1．梳理公开渠道查询信息

根据公开渠道能够查询到的知识产权信息，填写尽职调查统计表格，无法通过公开渠道确认的信息在备注列中予以说明。

2．审阅尽调主体提供的清单以及资料，与公开渠道查询信息进行对比

根据尽调主体提供的清单以及资料，验证公开渠道查询到的知识产权信息的准确性。如果公开检索信息和尽调主体提供的资料存在冲突，应当在备注列中列出，并由尽调主体出具说明/确认。受限状况和状态存在问题的知识产权，应当审阅相应的质押协议、质押登记文件、授权文件、判决书、仲裁裁决、行政决定/裁定、通知、协议等证明材料，如无此等材料或此等材料信息与存在的问题不完全对应（例如提供了质押协议但公开检索显示质押已解除），应当在备注列中列明。

3. 就尽职调查统计表反映的待定事宜进行补充尽职调查

根据公开渠道查询到的资料和尽调主体提供的资料完善尽职调查统计表格后，审查尽调统计表格中所有尚未补充以及存在冲突的信息（综合分表以及总表），起草补充尽职调查清单，可参考表8—8：

表8—8 知识产权补充尽调清单

所需资料	适用对象	备注	尽调主体答复
知识产权			
请提供A公司目前签订的所有有关专利、商标、著作权、技术协助、发明、商业机密和类似知识产权的许可使用、再许可、再租赁、信息披露保密协议、共用品牌、网站开发、网站租用、技术保管、技术交换、许可费或其他协议及登记备案等有关文件	A公司		
就［××］案件，请提供该案件的相关材料，包括但不限于民事起诉状、知识产权局出具的检索报告、提起无效宣告的受理通知书、公司涉案专利的相关具体情况、相关案件的进程性文件（如有）	A公司		
商标			
请补充提供以下A公司持有的商标的注册证书：（下略）	A公司		
公开检索显示A公司的以下商标存在共有人，请说明此等共有安排并提供相应协议材料：（下略）			
专利、专有技术			
请补充提供以下A公司持有的专利的权属证明文件：（下略）	A公司		
公开检索显示以下A公司持有的专利已质押，请提供质押相应材料，包括但不限于质押协议、质押登记文件、质押公告等：（下略）	A公司		

续表

所需资料	适用对象	备注	尽调主体答复
著作权			
请补充提供以下A公司持有的软件著作权的登记证书：（下略）	A公司		
请补充提供以下A公司持有的作品著作权的登记证书：（下略）	A公司		
域名			
请补充提供以下A公司持有的域名的注册证书：（下略）	A公司		

4．完成尽职调查表，确认需披露/告知的诉讼、仲裁与行政处罚

重复补充尽职调查过程，直至尽职调查统计表无待确认事项或不影响出具意见为止。基于尽职调查表，整理对应的知识产权底稿文件并存档。

（三）第三步：起草知识产权法律意见

在完成上述步骤并审阅完毕所有尽调材料后，根据项目需要且基于上文提及的法律意见和附表先例，起草法律意见书相应章节或准备风险揭示性文字。涉及知识产权诉讼、仲裁和行政处罚相关的意见应与诉讼、仲裁和行政处罚部分的意见保持一致，避免出现冲突情形。比如，在诉讼、仲裁和行政处罚部分，法律意见表示无此等情形，而在知识产权部分，法律意见又披露了有关诉讼、仲裁和行政处罚，并确认其为重大诉讼、仲裁和行政处罚，那么，这属于存在明显冲突的情形，要绝对避免。

（四）知识产权尽职调查可能涉及的特殊确认事项

上述知识产权尽职调查主要侧重知识产权的权属情况，属于常规的知识产权尽职调查。在部分项目中，监管机构、客户可能会提出额外的尽职调查要求。针对这些额外的或者说非常规的要求，律师需要做额外的或者说非常规的知识产权尽职调查。

1．尽调主体主营业务应拥有的知识产权是否已登记或注册，是否存在可能影响使用已取得的知识产权的情形

在部分项目中，律师需要对尽调主体是否已经取得其从事业务所需的主要知识产权发表意见。这方面的论证主要结合业务经营部分的尽职调查进行，不同类型企业所侧重的知识产权类型也会存在差异，如域名或著作权对于电子商务平台类企业比对于制造类企业更为重要。

即便公司已经取得了业务所需的知识产权，也可能存在影响使用此等已取得的知识产权的情形，如“商标淡化”等情形。[1]因此，部分项目中，律师除对披露的知识产权进行尽职调查外，还需要对相似、在同类商品上且可能导致公众产生误认的其他知识产权进行尽职调查。

---

〔1〕 例如，上海律师协会于2010年1月9日发布的《律师提供商标法律服务业务操作指引》第2.4.3.1条规定：“1.提醒企业及时申请注册商标，加强商标注册工作；做好既有注册商标维护，防止他人商标侵权以及商标淡化。2.注意为企业使用商标、标识、商品/服务名称、商品包装装潢等环节做好预检索工作，以防止在上述环节中侵犯他人商标权。”商标淡化目前中国法下无明确定义，一定程度上类似于《商标法》第13条、第14条关于驰名商标的保护。

2. 知识产权相关内部政策/制度

在部分项目中，律师需要对尽调主体的知识产权管理以及对非法转载、盗版行为监控、数据保护与合规的相关政策/制度文件进行审阅，并确认其是否与中国现行法律一致、是否有效保护尽调主体持有的知识产权。在这类项目中，律师需要结合法律法规的具体要求，如尽调主体针对盗版行为的法定义务内容，结合尽调主体的内部制度、实际操作等情况综合判定。

第九章 税务合规尽调

一、税务合规的尽调背景

在公司经营合法合规领域，税务合规是重要环节。本书第四章已经提到，在部分项目中，律师可能需要出具公司经营合法合规的一般性法律意见。但是，由于税务合规有其独特性，在上市和并购项目中，律师可能还需要针对公司税务情况出具法律意见，确认公司适用的税种和税率符合法律规定、确认公司纳税申报符合法律规定，以及确认公司不存在因重大税务违规而受到调查和/或行政处罚的情形。

为了出具上述意见，律师需要对公司进行税务方面的合规调查，核查目标公司是否办理税务登记、适用的税种和税率是否符合相关法律法规、是否依法纳税，以及税收优惠和税务处罚等情况。

二、税务合规的法律意见措辞

在不同类型的项目中，法律意见和法律尽调报告的表述与关注点存在区别，尽调范围和方式也需要做相应调整。

（一）美国上市项目

在美国上市项目中，无论是公司律师，还是承销商律师，通常需要出具的法律意见措辞一般采取如下表述：

> Each of the PRC Material Group Entities has duly registered with the relevant PRC tax bureaus having jurisdiction over such PRC Material Group Entity. None of the PRC Material Group Entities has been investigated, claimed or penalized for any material PRC tax incompliance.

上述法律意见译文如下：

> 每一中国重要子公司已经在对其具有管辖权的相关中国税务机构完成税务登记。没有任何中国重要子公司就重大中国税务合规问题被调查、提起指控或处罚。

在上述法律意见中，相关措辞强调公司适当完成税务登记，没有因为任何重大税务合规问题被调查、提起指控和处罚。因此，从逻辑上来讲，只有属于“重大”的税务不合规问题，才属于上述法律意见涵盖的范围。同时，法律意见不限于税务不合规导致的最终结果，即受到税务机关的行政处罚，而是涵盖调查等事项。

（二）中国香港特别行政区上市项目

在中国香港特别行政区上市项目中，无论是公司律师，还是承销商律师，通常需要出具的法律意见措辞一般采取如下表述：

> 截至本法律意见书出具之日，发行人及重要子公司适用的税种、税率符合中国有关法律法规的规定；发行人及重要子公司已办理税务登记并进行纳税申报，在重大方面符合有关税务法律法规的规定；并且，发行人及重要子公司自设立至本法律意见书出具之日不存在因重大税收违法案件而受到行政处罚的情形。

从上述法律意见来看，相关措辞针对的税务合规事项更多。比如，上述法律意见不仅涵盖完成税务登记，还涵盖纳税申报，以及税务登记与税务申报的合法合规；另外还确认了公司的适用税种、税率合法合规，并确认公司不存在因重大税收违法案件而受到行政处罚。[1]

（三）A股上市项目

在A股项目中，公司律师需要对发行人及子公司的税种和税率、税收优惠及财政补贴、税务行政处罚、纳税情况等方面发表意见。公司律师一般需要出具的法律意见措辞采取如下表述：

（1）根据审计报告、主要税种纳税情况专项审核报告及发行人确认，本所认为，发行人及其控股子公司报告期内执行的主要税种、税率符合现行法律、行政法规及规范性文件的要求。

（2）根据发行人确认，并经核查发行人获得税收优惠、财政补贴的相关文件及入账凭证等资料，发行人享有的税收优惠、财政补贴合法合规、真实有效。

（3）税务类行政处罚

根据审计报告及发行人确认，并经本所律师核查，报告期内，发行人部分分公司存在因逾期未申报纳税而被相关税务部门处以税务处罚的情况，具体情况如下表所示：

〔1〕 从逻辑上来讲，因重大违法违规受到处罚与因违法违规受到重大处罚，这两种措辞存在明显不同。前者强调“违法违规”是否重大，不管处罚的结果如何。从理论上来讲，一个“重大”的违法违规但只受到警告、罚款等相对较轻的行政处罚也被涵盖在法律意见范围内。而后者强调“处罚”是否重大，不管违法违规是否严重。从理论上来讲，即使是很轻的违法违规，但只要受到诸如吊销证照之类的较重行政处罚，也应被涵盖在法律意见范围内。

序号	处罚对象	处罚时间	处罚决定书	处罚事由	处罚金额（元）	处罚机关	整改情况
1	××上海分公司	2019年2月15日	《税务行政处罚决定书》（××号）	逾期申报	500	国家税务总局上海市税务局	罚款已缴清
2	××北京分公司	2021年1月17日	《税务行政处罚决定书》（××号）	逾期未缴纳税款	35	国家税务总局北京市税务局	罚款已缴清

根据国家税务总局上海市税务局和国家税务总局北京市税务局出具的证明并经本所律师查询国家税务总局重大税收违法案件信息公布栏的公示情况，本所认为，上述税务处罚不属于重大税收行政处罚案件，且涉及的罚款已缴清，上述情形不会对发行人的经营产生重大不利影响，亦不构成本次发行的实质性法律障碍。

（4）纳税情况

根据相关税务主管机关出具的证明并经本所核查，截至本法律意见书出具之日，除上述第（3）部分提及的税务行政处罚外，发行人及其控股子公司未因偷税、漏税等违反税收法律法规的行为受到主管税务机关的其他税务行政处罚，发行人及其控股子公司依法纳税。

在上述法律意见中，除税种、税率合法合规之外，相关措辞还涵盖税收优惠和财政补贴合法合规、相关税务行政处罚不构成重大不利影响以及依法纳税。在处罚这个问题上，上述措辞特别区分“税务类行政处罚”和“其他行政处罚”，分别加以说明或确认。不过，与A股上市项目的很多其他问题的处理方式类似，在公司受到过行政处罚的情况下，法律意见需逐一列举所有行政处罚，并不像美国上市项目和中国香港特别行政区上市项目一样加上“重大性”的限制。

此外，《执业细则》进一步明确了上市项目中律师在税务尽调方面应履行的核查程序，即“律师应当根据发行人的具体情况及所处行业情况，确认报告期内发行人执行的主要税种、税率是否符合法律法规的规定，发行人是否依法纳税”“律师应当查验报告期内发行人享受税收优惠和财政补贴情况，发行人享受的税收优惠和财政补贴的法律法规及政策依据是否合法合规。发行人享受的税收优惠到期后，律师应当对照相关规定对发行人继续享受优惠是否存在重大法律障碍进行专业判断并发表明确意见”。

（四）并购项目

与上市项目类似，在并购项目的税务法律尽职调查中，律师同样需要关注目标公司是否完成税务登记、适用税种和税率是否符合法律规定、税收优惠和财政补贴情况，以及是否存在税务违规和税务处罚等情形，以判断其税务合规方面的风险。

例如，如果目标公司存在欠税或漏税等情况，税务主管部门就可能会要求其限期缴纳并加收滞纳金，采取强制执行措施，或作出相关行政处罚。在这种情况下，律师可建议目标公司尽快整改，补缴相关税款和罚金（如有），必要时与税务主管部门进行沟通和确认。为督促目标公司，上述整改的完成可作为签约的前置条件或交割条件。但需要注意的是，如果目标公司欠缴的税款金额过大，可能会显著影响目标公司的财务状况、业务发展和估值，此时应建议客户综合各方面因素考虑本次投资/并购项目的可行性及商业安排。

此外，为进一步保障投资人权益，律师还可以建议在投资/并购协议中明确约定，由于目标公司在交割前的任何税务相关不合规导致的任何处罚、责任或义务，由原股东承担。

三、税务合规的尽调信息来源

（一）公司提供的资料

在尽职调查中，公司通常会根据事先收到的尽调文件清单的要求，通过网上数据库（VDR）、邮件、现场审阅等方式提供相关资料，其形式表现为电子文档、扫描件或纸质文件等多种形式，是尽职调查的主要信息来源。

在税务尽调中，目标公司通常提供的资料包括：

（1）审计报告及财务报表。

（2）纳税申报表、完税凭证/税收缴款书。

（3）所得税年度汇算清缴报告。

（4）适用的税种、税率情况。

（5）享受税收优惠的情况，以及相关证明材料（例如，高新技术企业证书、税务主管部门出具的税收优惠批复/备案文件等）。

（6）欠税通知、税务处理决定书、税务处罚决定书、罚款的缴付凭证、整改文件以及其他相关文件等。

企业所得税年度纳税申报表填报表单

表单编号	表单名称	选择填报情况	
		填报	不填报
A000000	企业基础信息表	√	×
A100000	中华人民共和国企业所得税年度纳税申报表（A类）	√	×
A101010	一般企业收入明细表	□	□
A101020	金融企业收入明细表	□	□
A102010	一般企业成本支出明细表	□	□
A102020	金融企业支出明细表	□	□
A103000	事业单位、民间非营利组织收入、支出明细表	□	□
A104000	期间费用明细表	□	□
A105000	纳税调整项目明细表	□	□
A105010	视同销售和房地产开发企业特定业务纳税调整明细表	□	□
A105020	未按权责发生制确认收入纳税调整明细表	□	□
A105030	投资收益纳税调整明细表	□	□
A105040	专项用途财政性资金纳税调整明细表	□	□
A105050	职工薪酬纳税调整明细表	□	□
A105060	广告费和业务宣传费跨年度纳税调整明细表	□	□
A105070	捐赠支出纳税调整明细表	□	□
A105080	资产折旧、摊销情况及纳税调整明细表	□	□
A105081	固定资产加速折旧、扣除明细表	□	□
A105090	资产损失税前扣除及纳税调整明细表	□	□
A105091	资产损失（专项申报）税前扣除及纳税调整明细表	□	□
A105100	企业重组纳税调整明细表	□	□
A105110	政策性搬迁纳税调整明细表	□	□
A105120	特殊行业准备金纳税调整明细表	□	□
A106000	企业所得税弥补亏损明细表	□	□
A107010	免税、减计收入及加计扣除优惠明细表	□	□
A107011	符合条件的居民企业之间的股息、红利等权益性投资收益优惠明细表	□	□
A107012	综合利用资源生产产品取得的收入优惠明细表	□	□
A107013	金融、保险等机构取得的涉农利息、保费收入优惠明细表	□	□
A107014	研发费用加计扣除优惠明细表	□	□
A107020	所得减免优惠明细表	□	□
A107030	抵扣应纳税所得额明细表	□	□
A107040	减免所得税优惠明细表	□	□
A107041	高新技术企业优惠情况及明细表	□	□
A107042	软件、集成电路企业优惠情况及明细表	□	□
A107050	税额抵免优惠明细表	□	□
A108000	境外所得税收抵免明细表	□	□
A108010	境外所得纳税调整后所得明细表	□	□
A108020	境外分支机构弥补亏损明细表	□	□
A108030	跨年度结转抵免境外所得税明细表	□	□
A109000	跨地区经营汇总纳税企业年度分摊企业所得税明细表	□	□
A109010	企业所得税汇总纳税分支机构所得税分配表	□	□
说明：企业应当根据实际情况选择需要填表的表单。			

图9—1　企业所得税纳税申报表示例

中华人民共和国
税收完税证明

No.345

填发日期：2021年 2月 3日　　税务机关：国家税务总局 税务分局

纳税人识别号	9		纳税人名称		
原凭证号	税种	品目名称	税款所属时期	入(退)库日期	实缴(退)金额
345	教育费附加	增值税教育费附加	2020-11-01至2020-11-30	2020-12-10	1,146.42
34501	城市维护建设税	市区	2020-11-01至2020-11-30	2020-12-10	2,674.98
金额合计	(大写) 叁仟捌佰贰拾壹元肆角				¥3,821.40
税务机关（盖章）	填票人 电子税务局	备注：正常申报一般申报正税自行申报 税务所（科、分局）：国家税务总局 税务分局			

收据联 交纳税人作完税证明

第 次打印　　妥善保管

图9—2　完税证明示例

（二）公开渠道查询

除了公司提供的资料，律师也可以通过网络或其他公开渠道对公司的涉税信息进行核查。公开渠道查询到的信息，可以与公司提供的信息进行交叉核对，提高核查的准确性和全面性。可供查询的渠道一般包括以下网站。

1．国家企业信用信息公示系统

在网站首页使用公司名称查询即可，主要关注公司的基本信息以及行政处罚情况。

2．国家税务总局（网址：http://www.chinatax.gov.cn）

进入网站首页，选择“纳税服务”项下“重大税收违法案件查询”，然后使用公司名称进行查询。此外，还可选择“纳税服务”项下“增值税发票查验”，填入发票相关信息，对特定增值税发票[1]的真伪情况进行查询[2]。在国家税务总局网站上，主要关注公司是否涉及重大税收违法失信案件。

图9—3 国家企业信用信息公示系统网站

〔1〕 根据国家税务总局网站的提示，可在该网站查验使用增值税发票管理系统开具的发票，包括：（1）增值税专用发票；（2）增值税电子专用发票；（3）电子发票（增值税专用发票）；（4）电子发票（普通发票）；（5）增值税普通发票（折叠票）、增值税普通发票（卷票）；（6）增值税电子普通发票（含收费公路通行费增值税电子普通发票）；（7）机动车销售统一发票；（8）二手车销售统一发票。

〔2〕 根据《发票管理办法》第21条、第22条的规定，不符合规定的发票，不得作为财务报销凭证，任何单位和个人有权拒收。付款方取得发票后应及时核对发票开具内容是否真实、项目填写是否齐全、加盖的发票专用章是否与收款方一致。任何单位和个人不得有相关虚开发票行为。因此，在税务尽调中，必要时，律师可以对公司的相关增值税发票进行抽查，以核查其真实性、是否存在开具与实际经营业务情况不符的发票的情形。

图9—4A 国家税务总局网站税务尽调查询

图9—4B 国家税务总局网站重大税收违法案件信息公布栏

图9—4C 国家税务总局全国增值税发票查验平台

3．地方税务局（网址：http://beijing.chinatax.gov.cn/，以国家税务总局北京市税务局为例）

进入网站首页，选择“纳税服务”项下“公众查询”。

（1）选择“发票查询”，可对目标公司的特定增值税发票进行查验。

（2）选择“公告查询”，可对目标公司是否涉及行政处罚及重大税收违法案件进行查询。

（3）选择“纳税人状态查询”，可对目标公司税务登记及一般纳税人资格进行查询。

检索时，律师可以根据公司提供的增值税发票信息进行真伪查验，关注税务局行政处罚信息公示中是否有对公司作出的税务处罚等信息。

图9—5A　国家税务总局北京市税务局网站

图9—5B　国家税务总局北京市税务局网站公众查询界面

4．信用中国

进入网站，直接输入公司名称进行查询。律师可主要关注公司的行政处罚信息，以及公司是否在重大税收违法案件当事人名单中。

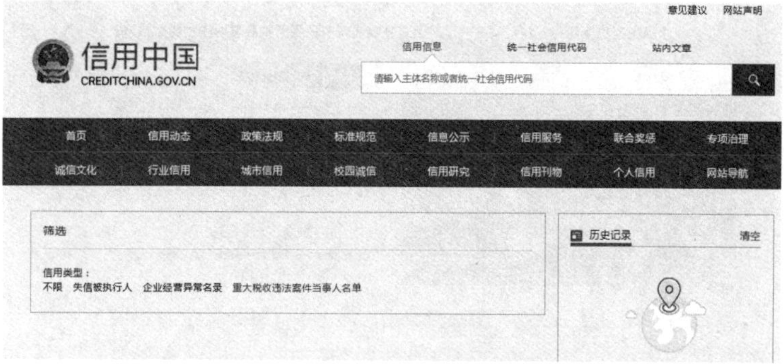

图9—6A 信用中国网站

图9—6B 信用中国网站重大税收违法案件当事人名单查询

5．商业数据库

以天眼查为例，进入网站，可使用公司名称进行查询，主要关注目标公司的基本信息及税务处罚等相关信息。

图9—7A　天眼查网站首页

图9—7B　天眼查税务处罚信息示例

6．搜索引擎

以百度为例，使用公司全称或简称，加上特定关键词（例如，税务调查、税务处理、税务处罚、税务诉讼）进行初步的负面信息搜索。该步骤的目的主要是对负面信息进行初步了解和梳理，后续需要与其他核查方式相互核对和印证或与公司确认，以保证查询结果的准确性。

需要注意的是，在进行上述公开检索时，需留存相应的页面截图（截图页面应显示检索日期和网址信息），按照主体、网站、文件类别等情况以不同文件夹保存，以便后续存档和复核。另外，需要注意，未显示异常结果的检索页面，也需要截图存档。

该部分涉及的负面信息检索梳理可参考第十一章“诉讼、仲裁和行政处罚尽调”中的相关部分。

（三）税务调档和税务合规证明

根据部分项目核查要求，比如根据中国香港特别行政区上市项目的惯常实践，律师可能需要前往公司当地税务机关，陪同公司和其他中介调取税务申报文件、开具纳税合规证明。从主管税务机关调取的税务申报文件，是公司提交的正式版本，相比目标公司自身提供的申报文件，具有更高的可信度和真实性。纳税合规证明，是主管税务机关出具的、确认公司在某一时间段内是否存在税务违法违规行为、是否受到该部门处罚的证明文件，可以以此判断目标公司的税务合规状况。

各地税务机关对调档流程和纳税合规证明模板一般没有统一规定。因此，在进行调档时，应在公司的配合下提前与当地税务机关沟通，以便合理高效地安排调档行程。在调档过程中，律师需要对调取流程和发现的问题进行适当记录。此外，还需要重点关注公司是否存在被追缴税款的风险。

以下是纳税合规证明的参考模板。在实践中，对于税务机关是否愿意出具纳税证明、是否有统一的纳税证明模板，各地存在很大差异，应以当地税务机关实际出具的纳税合规证明为准。

纳税合规证明

______________公司（统一社会信用代码：______________）（以下简称“该公司”）系我局管辖的纳税人。

兹证明，该公司已在我局办理税务登记。自　　年　　月　　日至本证明出具之日，该公司所适用的税种、税率符合国家法律、法规、规章和规范性文件的要求，该公司已按有关规定在我局按时申报缴纳各项税款，不存在拖欠、漏缴或偷逃税款的情况或其他税务方面的违法违规行为，亦不存在因违反有关税收管理法律、法规、规章和规范性文件而受到行政处罚的情形。

____________________（盖章）

年　　月　　日

图9—8　纳税合规证明模板示例

四、税务合规的尽调流程

（一）第一步：确定尽职调查目标

首先，如上文第一部分所述，不同类型的项目对于税务合规尽调要求的重点存在区别，律师需要出具的法律意见措辞各不相同。律师需要先参照相关先例，确定在本项目下需要就税务合规出具什么样的法律意见、进行哪些方面的工作、达到什么样的标准。

例如，如果是中国香港特别行政区上市项目，中国律师可能需要出具“发行人及重要子公司适用的税种、税率符合中国有关法律法规的规定；发行人及重要子公司已办理税务登记并进行纳税申报，在重大方面符合有关税务法律法规的规定；并且，发行人及重要子公司自设立至本法律意见书出具之日不存在因税务违法违规而受到重大处罚的情形”的法律意见，那么，尽职调查中需要核查和判断的问题就包括：

（1）“重要子公司”有哪些？

（2）发行人及重要子公司适用什么样的税种、税率？

（3）发行人及重要子公司是否已办理税务登记并进行申报？

（4）发行人及重要子公司是否存在税务违法行为或受到税务处罚？

只有上述问题都得到全面梳理和确认，律师才能够适当出具上述法律意见。

（二）第二步：核实公司的纳税和税务合规情况

在尽职调查开始后，律师需要对公司的纳税和税务合规情况有全面的了解，例如公司的税务登记、适用的税种和税率、是否及时履行纳税申报、是否受到过税务处罚等。这些情况可以通过上述第三部分“税务合规的尽调信息来源”所列的途径进行多方面的了解与研究。

通常来讲，为便于项目资料管理，律师在尽职调查过程中需要根据不同文件性质和类型准备一系列内部底稿文件（如租赁合同清单、不动产一览表、重大合同清单等），对审阅的尽职调查文件进行归纳、摘要或汇总，同时也便于后续的交叉复核。在税务合规的尽职调查环节，一般采用税种和税率汇总表、税收优惠统计表、税务处罚汇总表等底稿文件（具体形式根据项目要求和个人习惯设计），在审阅各项尽职调查文件时对所含关键信息进行整理和摘录，并填入相关底稿进行汇总。

以下是上述底稿文件的示例：

表9—1A　税务尽调工作底稿——税种税率

序号	公司名称	是否为一般纳税人	增值税税率	企业所得税税率	城市维护建设税税率	教育费附加税率	地方教育费附加税率	备注
1	××公司	是	6%、9%、13%①	15%	7%	3%	2%	高新技术企业所得税减按15%税率计征
2	××公司	是	6%	25%	7%	3%	2%	无

注：① 增值税的税率分为多个不同的标准（如3%、17%等），具体税率需要根据提供的货物和服务类型确定。如果目标公司的业务和服务包括多种类型，则可能就不同的服务适用不同的增值税税率。

表9—1B　税务尽调工作底稿——税收优惠

纳税主体	涉及税种	税收优惠	年度	主要依据
××公司	企业所得税	研究开发费用加计扣除	2018—2020	《中华人民共和国企业所得税法》以及《财政部、税务总局、科技部关于提高研究开发费用税前加计扣除比例的通知》（财税〔2018〕99号）
		高新技术企业所得税减按15%税率计征	2018—2020	《中华人民共和国企业所得税法》
	文化事业建设费	文化事业建设费减半征收	2019	《财政部关于调整部分政府性基金有关政策的通知》（财税〔2019〕46号）
		文化事业建设费减免	2020	《财政部、国家税务总局关于电影等行业税费支持政策的公告》（财政部、税务总局公告2020年第25号）

表9—1C 税务尽调工作底稿——税务处罚

序号	公司名称	处罚时间	处罚决定文号	处罚机关	处罚事由	处罚内容	罚款金额（元）	备注
1	××公司	2020年3月26日	×××	国家税务总局北京经济技术开发区税务局	逾期申报环境保护税	罚款1000元	1000	已缴纳全部罚款，无后续处罚或通知
2	××公司	2021年5月25日	×××	国家税务总局北京市税务局	采取偷税手段，不缴或者少缴应纳税款	追缴税款290.27万元	无	相关税款已由税务机关追缴

在审阅税务合规方面的尽调资料时，律师需要关注和研究以下要点。

1. 公司是否已办理税务登记并进行申报

在实行“三证合一”/“五证合一”之前，已办理税务登记的公司、公司的分支机构等主体会持有税务登记证，其中记载公司的相关信息。“三证合一”/“五证合一”实行以后，不再有单独的税务登记证，而是由加载统一社会信用代码的营业执照执行原有税务登记证的功能。

因此，律师在税务合规尽调中，需要审阅公司加载统一社会信用代码的营业执照，以及相关期间内的纳税申报文件，以确认是否办理税务登记并进行纳税申报。

此外，律师还可以通过公开渠道查询公司的税务登记情况。以北京市税务局为例，选择“纳税服务”项下“公众查询”中的“纳税人状态查询”，可查询确认目标公司的税务登记及增值税纳税人类别。

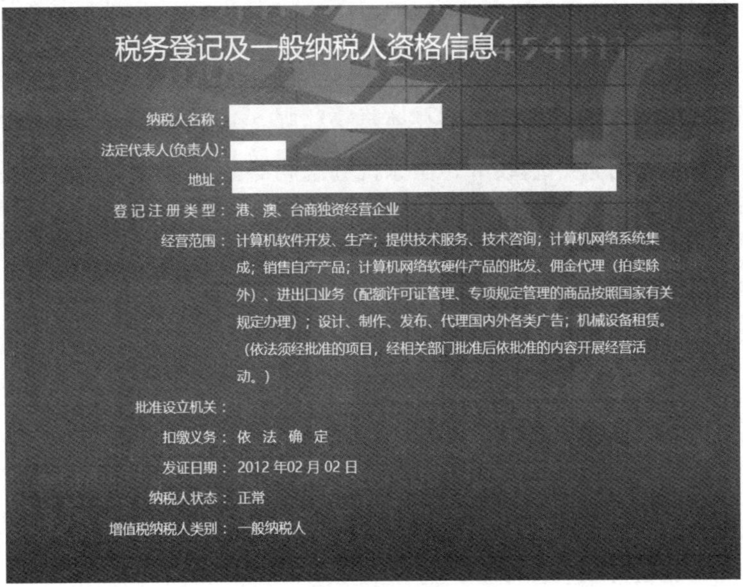
税务登记及一般纳税人资格信息

纳税人名称：[redacted]
法定代表人(负责人)：[redacted]
地址：[redacted]
登记注册类型：港、澳、台商独资经营企业
经营范围：计算机软件开发、生产；提供技术服务、技术咨询；计算机网络系统集成；销售自产产品；计算机网络软硬件产品的批发、佣金代理（拍卖除外）、进出口业务（配额许可证管理、专项规定管理的商品按照国家有关规定办理）；设计、制作、发布、代理国内外各类广告；机械设备租赁。（依法须经批准的项目，经相关部门批准后依批准的内容开展经营活动。）
批准设立机关：
扣缴义务：依 法 确 定
发证日期：2012 年02 月 02 日
纳税人状态：正常
增值税纳税人类别：一般纳税人

图9—9　税务登记查询示例

2. 公司适用的税种、税率是否符合相关法律法规的规定

一般来说，公司适用的税种主要包括企业所得税、增值税、城市维护建设税、教育费附加、地方教育费附加等。

具体而言，在中华人民共和国境内取得收入的企业和其他组织需要缴纳企业所得税[1]。适用的企业所得税税率，需要根据公司的性质和资质确定（例如，是否属于居民企业或非居民企业、是否属于小型微利企业、是否属于高新技术企业等特殊扶持对象）。

此外，在中华人民共和国境内销售货物或者加工、修理修

〔1〕　于2007年3月16日公布并于2018年12月29日修正后实施的《企业所得税法》第1条。

配劳务，销售服务、无形资产、不动产以及进口货物的单位和个人，为增值税的纳税人，应当缴纳增值税[1]。适用的增值税税率，需要根据提供的具体货物和服务类型确定。需要注意的是，国务院、财政部、国家税务总局等主管部门可能不时对相关种类的增值税税率进行调整，在尽调时应研究核实最新的法规或通知规定。

律师在税务尽调中，应该：（1）研究核实公司在企业所得税纳税方面的身份，确认其是否符合企业所得税税收优惠的相关条件；（2）核查公司所从事的货物及服务种类，确认其适用的各项增值税税率是否符合相关法规和主管部门的最新规定；（3）核查公司适用的其他税种及税率，是否符合相关法规和主管部门的要求。

3．公司享受的税收优惠政策是否已取得主管部门适当批准或者确认，是否面临潜在重大不利变化

税收优惠是国家运用税收政策，在税收法律法规中规定对某一部分特定企业和课税对象给予减轻或免除税收负担的措施。相关税法规定的企业所得税的税收优惠包括免税、减税、加计扣除、减计收入、税额抵免等。

律师在税务尽调中，需要了解公司所享受的税收优惠种类和具体情况，核实该等税收优惠是否有明确的法规或文件依据、公司是否符合该等享受税收优惠的资格、税收优惠是否经相关主管部门批准或备案等。同时，律师还应进一步了解，目

---

〔1〕 于1993年12月13日发布并于2017年11月19日修订后实施的《增值税暂行条例》第1条。

标公司享受的相关税收优惠在未来是否可能被取消或面临潜在的不利变化。例如，高新技术企业证书的有效期为3年，3年期满后，目标公司是否能够成功续展高新技术企业证书、维持高新技术企业的资格。

4. 公司是否受到税务处罚，处罚情形如何

该部分的尽调方法参见第十一章“诉讼、仲裁和行政处罚尽调”有关行政处罚核查的内容。

（三）第三步：梳理底稿和材料，确定处理方式

在实践中，通常需要与公司进行若干轮沟通与反馈。如果在审阅过程中发现缺失文件或针对某文件需要进一步核实，律师一般会汇总待跟进的问题、准备补充尽职调查文件清单并请公司继续提供材料。

在完成上述步骤并审阅完毕所有尽调材料后，律师针对公司税务方面的合法合规情况应当有较为全面的了解和判断。此时，再回到第一步中提出的几个问题，如果上述问题在尽职调查中已明确核实且没有发现影响出具法律意见的负面事项，那么，该部分的尽职调查即可以收尾；如果在尽职调查过程中发现了目标公司存在税务不合规的事项，那么则需要视其严重程度和项目性质采取不同的处理办法。

例如，在上市和发债项目中，一般需在招股说明书/募集说明书及/或法律意见书中对具体的不合规事项进行说明和披露。例如，何时受到何种处罚，涉及的具体处罚内容和罚款金额，是否已缴纳罚款或完成整改。在并购项目中，一

般通过尽职调查报告向客户说明不合规事项的具体情况、法律后果和解决方案，并且通过相关交易文件的条款规避相关风险。例如，如果发现目标公司存在欠缴税款的情况，就可以考虑在交易文件中约定目标公司应于某一期限内完成所有税款的补缴，或者作为交割条件，或者作为交割后承诺事项。

第十章

劳动与社保合规尽调

一、劳动与社保合规的尽调背景

在公司经营合法合规领域，劳动与社会保障合规是重要的一环。本书第四章提到，在部分项目中，律师可能需要出具公司经营合法合规的一般性法律意见。由于劳动和社保合规的独特性，在上市和并购项目中，律师可能还需要针对公司劳动和社保合规情况单独出具法律意见，确认公司不存在对其生产经营产生重大不利影响的劳动纠纷、仲裁或诉讼，不存在欠缴社会保险费、住房公积金或其他重大违反中国相关法律规定的情形。

为了出具上述意见，律师通常需要对目标公司的劳动用工、社会保险和住房公积金相关合规情况进行尽职调查，核查公司劳动合同签署情况、是否存在劳动纠纷或诉讼、是否存在社保和住房公积金欠缴等情形。总体来讲，劳动者的权益保障一直是政府监管部门关注的重点。在尽职调查中，劳动与社会保障相关方面的合规情况也是律师和其他中介机构核查的重点。

二、劳动和社保合规的法律意见措辞

在不同类型的项目中，法律意见的具体范围、表述与关注点存在区别。

（一）美国上市项目

在美国上市项目中，无论是公司律师，还是承销商律师，他们出具法律意见的范围都具有一定灵活性，措辞有时差异很大。常见的法律意见一般这样写：

No material labor legal proceedings or other material labor disputes with the employees of any of the PRC Companies exists, and there is no action, suit, proceeding, inquiry or investigation before or brought by any Governmental Agency against any of the PRC Companies on labor or employment matters, and none of the PRC Companies is subject to any administrative penalties for non-compliance with applicable PRC Laws concerning labor and employment.

上述法律意见译文如下：

不存在与任何中国公司雇员之间的重大劳动法律程序或其他重大的劳动纠纷，也不存在任何政府机构在劳动用工事宜上针对任何中国公司提起的诉讼、法律程序、问询或调查，不存在中国公司因不遵守适用的中国劳动用工法律而受到行政处罚的情形。

从上述法律意见来看，相关措辞都采用“否定性”表述，强调不存在重大纠纷、法律程序（如诉讼或仲裁）、政府调查或行政处罚。同时，相关措辞较为笼统，采用劳动（labor）这一表述，并未具体区分劳动合同、住房公积金、社保等劳动法下的各个细分领域。

在部分美国上市项目中，法律意见措辞开始具体涵盖劳动法涉及的各个细分领域事项，如确认公司劳动合同范本不违法、确认不存在社保或公积金重大违规情形，甚至从正面确认公司在所有重大方面遵守劳动法律。类似的法律意见一般这样写：

(a) None of the PRC Companies has been investigated, claimed or penalized for any material incompliance in connection with social insurances or housing provident funds; (b) the forms of the labor contract between the PRC Companies and employees are not in violation of the PRC Laws; (c) no material pending labor dispute, work stoppage or other conflict with the employees of any of the PRC Companies and (d) each of the PRC Companies is in compliance with the PRC laws concerning labor and employment in all material respects.

上述法律意见译文如下：

（1）不存在中国公司因社会保险或住房公积金重大不合规被调查、索赔或处罚；（2）中国公司和雇员之间的劳动合同范本不违反中国法律；（3）不存在与任何中国公司雇员之间的重大未决劳动争议、停工或其他冲突；（4）各中国公司在所有重大方面均遵守有关劳动和雇佣的中国法律。

（二）中国香港特别行政区上市项目

在中国香港特别行政区上市项目中，无论是公司律师，还是承销商律师，他们通常需要出具的法律意见措辞一般这样写：

（1）截至×年×月×日，［×］公司员工共计××人，均与［×］公司签署了劳动合同。［×］公司的劳动合同范本不存在违反中国法律法规及规范性文件的规定。

（2）截至本法律意见书出具之日，［×］公司与其员工之间不存在尚未完结的对其生产经营产生重大不利影响的劳动纠纷或争议。

（3）［×］公司已为其员工依法办理社会保险缴存登记手续，其与员工之间的社会保险费用缴存安排符合中国法律的规定，截至本法律意见书出具之日，［×］公司不存在欠缴社会保险费或其他重大违反中国社会保险法律规定的情形。

（4）［×］公司已为其员工依法办理住房公积金缴存登记手续，其与员工之间的住房公积金缴存安排符合中国法律的规定，截至本法律意见书出具之日，［×］公司不存在欠缴住房公积金或其他重大违反中国住房公积金法律规定的情形。

从上面的法律意见来看，相关措辞采用“否定性”表述，并加上“重大性”限定，确认公司不存在产生重大不利影响的劳动纠纷或争议、确认公司不存在重大违反社会保险法律规定的情形以及确认不存在重大违反中国住房公积金法律的情形。

（三）A股上市项目

劳动及社会保障并非《12号准则》所列明的法律意见条目。但是，在实践中，律师工作报告[1]一般会包括报告期内发行人及其下属公司与员工签署劳动合同、为员工缴纳社会保险和住房公积金的情况，是否存在劳务派遣、劳务派遣是否符合相关规定等内容。

---

〔1〕 根据《12号准则》，律师在律师工作报告中应详尽、完整地阐述所履行尽职调查的情况，法律意见书中应包含所发表意见或结论的依据、进行有关核查验证的过程、所涉及的必要资料或文件。

不过，《执业细则》作出了细则规定，律师应当查验报告期内发行人的劳动保护情况，例如，是否与员工签订劳动合同、是否依法为员工缴纳社会保险和住房公积金、是否因违反有关劳动保护的法律法规而受到有关部门的行政处罚、是否构成重大违法行为。

可见，在A股上市项目中，有关劳动和社保的尽职调查同样应涵盖劳动合同签署情况、社会保险和住房公积金缴纳情况、是否存在行政处罚以及重大违法行为等问题。

（四）并购项目

在并购项目的劳动社保法律尽调中，律师通常需要关注目标公司的劳动法律遵守情况、劳动合同签署情况、员工构成以及社会保险和住房公积金缴纳情况、是否存在劳动人事相关的行政处罚或违法行为、是否存在与员工之间的劳动争议纠纷等方面存在的问题，这与上市项目的关注点类似。

如果目标公司存在劳动社保方面的不合规情形，例如，目标公司与员工未签署书面劳动合同、未按照法律规定的基数和比例为员工全额缴纳社保和住房公积金、劳务派遣员工超过法定比例等，律师可首先建议目标公司尽快整改。整改措施包括尽快与员工补充签署符合法律规定的书面劳动合同、补缴相关社保和住房公积金或就少缴金额进行财务计提、撤换超出法定比例的劳务派遣员工。为督促目标公司，上述整改的完成可作为签约的前置条件或交割条件。短时间内无法完全整改的，可以在投资/并购协议中将其约定为交割后义务，并约定相关赔偿条款。

需要注意的是，如果目标公司欠缴的社保和住房公积金金额过大，进行全额财务计提可能会显著影响目标公司的财务状况和估值，那么，律师应建议收购客户综合各方面因素，考虑本次投资/并购项目的可行性及商业安排，维护收购客户的商业利益。

此外，在劳动社保合规尽调中，如果律师发现一些当前没有明确的法律后果或责任，但可能会有潜在重大负面影响的问题，那么也可根据具体情况向客户进行提示。例如，如果目标公司的核心员工在访谈中普遍表现了对薪资待遇或管理制度显著不满，则律师可向客户提示未来会有核心员工离职的风险，如处理不当，可能会影响目标公司的业务开展。

三、劳动与社保合规的尽调信息来源

（一）公司的说明与回复

在尽职调查过程中，律师可以就公司的员工情况、社会保险和住房公积金缴纳安排、劳动纠纷等相关问题以访谈、尽职调查问卷或口头沟通等方式询问相关的负责人员。人力资源（HR）部门的同事通常对这些情况最为熟悉。

通常来讲，律师向公司有关人员询问和了解的问题主要包括：

（1）公司是否已开设社会保险和住房公积金的单位账户，并通过单位账户为员工缴纳社会保险费和住房公积金？是否存在第三方代缴的安排？

（2）异地员工的社会保险费和住房公积金如何缴纳？

（3）公司为员工缴纳社会保险费和住房公积金是否按照法律规定的基数和比例？是否存在仅按照当地最低工资标准缴

纳的情形？

（4）公司是否有劳务派遣和劳务外包员工？人数和岗位情况如何？

（5）公司与员工之间是否有任何劳动争议、纠纷、仲裁或诉讼等情形？背景和进展如何？

（6）公司在劳动用工和社会保障方面，是否受到过行政处罚？

（二）资料室文件

在劳动与社会保障尽调中，公司通常提供的资料包括：

（1）员工花名册/统计清单。

（2）与员工签署的劳动合同、竞业禁止协议、保密协议、知识产权归属协议等，或者该等协议的模板。

（3）社会保险和住房公积金登记、缴费的证明文件。

（4）社会保险及住房公积金的应投保人数、实际投保人数、保费缴纳标准、保费缴纳情况统计和资料。

（5）相关主管部门（通常是人力资源和社会保障局、住房公积金管理中心等）出具的缴纳情况证明、催缴保费通知书等。

（6）劳动案件情况（仲裁或诉讼）及相关材料（包括仲裁裁决或法院判决、调解书或调解协议、仲裁申请书或起诉状、答辩状、裁定书等）。

（7）相关主管部门就劳动方面事宜向公司提出的警告、处罚、要求等情况说明和相关文件。

（8）员工福利和管理制度等资料。

（9）外籍员工（如有）的工作许可证复印件。

（10）劳务派遣员工和劳务外包员工的情况说明和相关文件，劳务派遣及外包机构的资质许可文件。

（11）公司与第三方人事服务机构（例如代缴社会保险和住房公积金）签署的相关协议等。

《中华人民共和国外国人工作许可证》样式

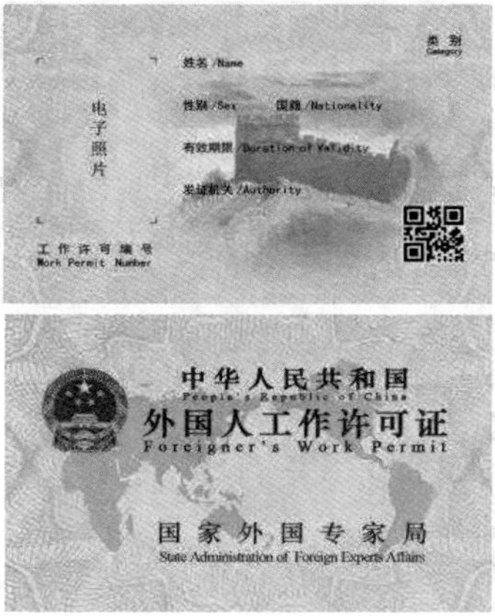

图10—1　社会保险缴费证明示例

社会保险费缴费证明

兹证明[illegible]（纳税人识别号：[illegible]），在税务机关缴纳社会保险费情况如下：

序号	征收税务机关	社保经办机构	单位编号	征收项目	征收品目	征收子目	费款所属期起止	入（退）库日期	实缴（退）金额
1	国家税务总局上海市[illegible]税务局	上海市社会保险事业管理中心[illegible]分中心	[illegible]	基本医疗保险费	职工补充医疗保险（单位缴纳）		2020-09 至 2020-09	2020-10-25	[illegible]
2	国家税务总局上海市[illegible]税务局	上海市社会保险事业管理中心[illegible]分中心	[illegible]	失业保险费	失业保险(个人缴纳)		2020-09 至 2020-09	2020-10-25	[illegible]
3	国家税务总局上海市[illegible]税务局	上海市社会保险事业管理中心[illegible]分中心	[illegible]	基本医疗保险费	职工基本医疗保险(单位缴纳)		2020-09 至 2020-09	2020-10-25	[illegible]
4	国家税务总局上海市[illegible]税务局	上海市社会保险事业管理中心[illegible]分中心	[illegible]	企业职工基本养老保险费	职工基本养老保险(个人缴纳)		2020-09 至 2020-09	2020-10-25	[illegible]
5	国家税务总局上海市[illegible]税务局	上海市社会保险事业管理中心[illegible]分中心	[illegible]	基本医疗保险费	职工基本医疗保险(个人缴纳)		2020-09 至 2020-09	2020-10-25	[illegible]
合计	—	—	—	—	—	—	—	—	[illegible]

特此证明

税务机关（公章）
2020年10月30日

图10—2　外籍员工工作许可证示例

劳务派遣经营许可证

编号：沪人社派许字第　　号

单位名称：　　有限公司

住　　所：

法定代表人：

注册资本：人民币　　元

许可经营事项：劳务派遣

有效期限：二〇一九年四月十九日　至　二〇二二年七月一日

发证机关：（盖章）

发证日期：二〇一九年四月十九日

中华人民共和国人力资源和社会保障部制

图10—3　劳务派遣经营许可证示例

（三）政府主管部门访谈

公司人员的说明和回复往往由于利益相关而带有倾向性，因此第三方的看法与观点就成了一种佐证方式。通过对第三方的交叉询问和验证，律师可以初步判断某问题答复的真伪程度。访谈的内容一般针对书面材料里面没有体现的，或者是在尽调核查过程中发现有疑问的问题，并且以访谈记录或者备忘录的形式确定下来。

在尽职调查中，如果各方中介机构认为必要，可以对劳动和社会保障相关主管部门就公司的登记、缴费等情况进行访谈和确认。但需要注意的是，协调和联系该等主管部门及受访人通常没有正式或官方的渠道，一般需要公司相关人员从中沟通，不同地区主管部门的配合程度也不同（一些政府主管部门可能不会接受访谈）。

（四）公开渠道查询

在劳动和社会保障尽调中，律师可以通过网络或其他公开渠道开展尽职调查，通过第三方平台获得更为客观的信息，并与公司提供信息进行交叉核对，提高真实性和准确度。

5．政府主办的查询网站

（1）国家企业信用信息公示系统

在网站首页使用公司名称查询即可，主要关注公司是否存在社会保险和住房公积金方面的行政处罚，以及年度报告中是否披露“社保信息”（包含单位缴费基数、本期实际缴费金额、累计欠缴金额等信息）。需要注意的是，年度报告中的“社保信息”不属于企业必须公示的信息，企业可以选择不公示。

▌社保信息

城镇职工基本养老保险	0人	失业保险	0人
职工基本医疗保险	0人	工伤保险	0人
生育保险	0人		

单位缴费基数	单位参加城镇职工基本养老保险缴费基数	企业选择不公示
	单位参加失业保险缴费基数	企业选择不公示
	单位参加职工基本医疗保险缴费基数	企业选择不公示
	单位参加生育保险缴费基数	企业选择不公示
本期实际缴费金额	参加城镇职工基本养老保险本期实际缴费基数	企业选择不公示
	参加失业保险本期实际缴费基数	企业选择不公示
	参加职工基本医疗保险本期实际缴费基数	企业选择不公示
	参加工伤保险本期实际缴费基数	企业选择不公示
	参加生育保险本期实际缴费基数	企业选择不公示
单位累计欠缴金额	单位参加城镇职工基本养老保险累计欠缴金额	企业选择不公示
	单位参加失业保险累计欠缴金额	企业选择不公示
	单位参加职工基本医疗保险累计欠缴金额	企业选择不公示
	单位参加工伤保险累计欠缴金额	企业选择不公示
	单位参加生育保险累计欠缴金额	企业选择不公示

图10—4　年报中的社保信息查询示例

（2）信用中国

进入网站，可直接输入公司名称进行查询。律师可主要关注公司是否有社会保险和住房公积金方面的行政处罚信息。

（3）主管部门网站

在劳动与社会保障尽调中，律师可以通过公司所在地的劳动与社会保险、住房公积金主管部门网站进行查询，以核查公司在相关方面是否存在违法违规、行政处罚等情况。

通常主管劳动和社会保险的政府部门是人力资源和社会保障局，主管住房公积金的政府部门是住房公积金管理中心。在上述相关部门的网站上，一般直接以公司名称搜索，或者在相应的公告/通告栏目中查询。但是，实践中并非所有处罚都会公布在主管部门网站上，因此，这种查询仅作为辅助核查方式。

当前位置：首页 > 政务公开 > 通知公告

关于公布2021年拖欠农民工工资“黑名单”的公告

日期：2021-11-08　来源：　　分享　字体大小：大 中 小

为加大对重大劳动保障违法行为的惩戒力度，强化社会舆论监督，维护劳动者合法权益，根据人力资源和社会保障部《拖欠农民工工资“黑名单”管理暂行办法》规定，以下4家用人单位存在无故拖欠农民工工资报酬、数额达到拒不支付劳动报酬罪数额标准，且经人力资源社会保障行政部门责令改正拒不改正等情形，严重侵害了农民工合法权益，被列入拖欠农民工工资“黑名单”。

2021年列入拖欠农民工工资“黑名单”信息

序号	对象名称	统一社会信用代码	法定代表人姓名	列入黑名单事由	列入日期
1	有限公司			拖欠50名劳动者工资458978元。	2021年5月7日
2	有限公司			拖欠18名劳动者工资453929元。	2021年3月29日
3	有限公司			拖欠韩XX10名农民工123200元。	2021年7月27日
4	有限公司			拖欠刘XX等45名农民工工资2355300元。	2021年5月19日

北京市人力资源和社会保障局

2021年11月8日

图10—5　北京市人力资源和社会保障局处罚公告示例

6. 第三方查询平台

企查查、天眼查、启信宝等均为第三方企业查询平台。上述平台的查询信息可以作为辅助手段、提高查询效率。在这些网站上，律师可以直接输入公司名称进行查询，关注要点与国家企业信用信息公示系统网站基本相同。

7. 搜索引擎或新闻

在对公司进行劳动与社会保障尽职调查时，以公司名称加上一些关键词的组合（例如，公司名称+处罚/违规）进行初步搜索，能够侧面了解到公司的相关新闻动态、负面信息等，对于指导下一步的尽调重点和方向有着重要意义。

该部分涉及的负面信息检索梳理可参考第十一章“诉讼、仲裁和行政处罚尽调”相关部分讨论。

（五）主管政府部门的证明

根据部分项目的核查要求，如根据中国香港特别行政区上市项目的惯常实践，各方中介机构会要求公司及重要子公司等主体向所在地的相关主管政府部门申请开具合规证明。合规证明，是相关主管机关出具的、确认目标公司在某一时间段内是否存在违法违规行为、是否受到该部门处罚的证明文件，可以以此判断目标公司的合规状况。开具合规证明的部门通常包括工商/市监、税务、社保、住房公积金、海关、环保等主管部门。

不同地区、不同部门的主管机关通常有各自常用的合规证明模板。以下是社保和住房公积金合规证明参考模板。在实践中，对于主管机关是否愿意出具合规证明、是否有统一要求的合规证明模板，各地存在很大差异，应以当地主管机关实际出具的合规证明为准。

证　明

有限公司在2018年1月1日至2020年10月31日期间无因违反社会保险法律、法规或者规章而被我局行政处罚的记录。

特此证明

市社会保险基金管理局

年　月　日

图10—6　社保合规证明模板示例

单位住房公积金缴存证明

编号：

单位名称：

单位账号：

缴存情况			
开户日期	2011年　月　日	单位账户状态	正常
单位销户时间			
当前缴存职工人数	人		
缴存时段	2011年　月 至 2020年　月		
违法违规处理情况			
没有因违法违规而被我中心处罚的情况。			
经办机构信息			
经办机构名称：　市住房公积金管理中心　管理部		经办人	
地址：			
开具日期：	2020年　月　日		

重要提示：

1. 本证明一式两联，第一联由经办机构存档备查，第二联交缴存单位留存或作　使用。
2. 本证明所列缴存、违法违规情况截止时间为开具日期。
3. 本证明所列的违法违规处理情况仅限于经我中心调查处理过的违法违规情况。

图10—7　住房公积金合规证明模板示例

四、劳动与社保合规的尽调流程

（一）第一步：确定尽职调查目标

首先，如上文第一部分所述，不同类型的项目对于业务合规尽调要求的重点是有区别的，律师需要出具的法律意见语言也有很大差别。律师需要先参照相关先例，确定在本项目下需要就业务合规进行哪些方面的工作、达到什么样的标准。

例如，某个中国香港特别行政区上市项目的中国律师需要出具这样一份法律意见：

（1）截至［××］年［××］月［××］日，［×］公司员工共计××人，均与［×］公司签署了劳动合同。［×］公司的劳动合同范本不存在违反中国法律法规及规范性文件的规定。

（2）截至本法律意见书出具之日，［×］公司与其员工之间不存在尚未完结的对其生产经营产生重大不利影响的劳动纠纷或争议。

（3）［×］公司已为其员工依法办理社会保险缴存登记手续，其与员工之间的社会保险费用缴存安排符合中国法律的规定，截至本法律意见书出具之日，［×］公司不存在欠缴社会保险费或其他重大违反中国社会保险法律规定的情形。

（4）［×］公司已为其员工依法办理住房公积金缴存登记手续，其与员工之间的住房公积金缴存安排符合中国法律的规定，截至本法律意见书出具之日，［×］公司不存在欠缴住房公积金或其他重大违反中国住房公积金法律规定的情形。

那么，该尽职调查中需要核查和判断的问题就包括：

（1）公司员工人数多少？是否均与公司签署了劳动合同？

（2）公司的劳动合同范本是否存在违反法律法规的条款？

（3）公司与员工之间是否存在可能产生重大不利影响的劳动纠纷或争议？

（4）公司是否已经办理了社会保险和住房公积金缴存登记、并依法按时足额为员工缴纳社会保险费和住房公积金？

（5）公司是否受到过社会保险和住房公积金主管部门的处罚或整改通知等？

只有上述问题都得到全面梳理和确认，律师才能够适当出具上述法律意见。

（二）第二步：核实公司的社保和住房公积金合规情况

在尽职调查开始后，律师需要对公司的劳动、社会保险和住房公积金方面的材料进行全面的审阅，以了解总体情况，并对可能出现的合规问题进行及时确认和进一步核查。例如，是否存在使用大量劳务派遣员工的情况、是否存在委托第三方代缴社保和住房公积金的安排、是否按照法律法规规定的基数标准为员工及时缴纳社会保险费和住房公积金等。

通常来讲，为便于项目资料管理，律师在尽职调查过程中需要根据不同文件性质和类型准备一系列内部底稿文件（如租赁合同清单、不动产一览表、重大合同清单等），对审阅的尽职调查文件进行归纳、摘要或汇总，同时也便于后续的交叉复核。在劳动和社会保障的尽职调查环节，一般采用员工信息统计表、社会保险和住房公积金缴纳情况汇总表等底稿文件（具体形式根据项目要求和个人习惯进行设计），在审阅各项尽职调查文件时对所含关键信息进行整理和摘录，并填入相关底稿进行汇总。

以下（表10—1至表10—3）是相关底稿文件的示例：

表10—1　员工信息统计表

用工性质	用工人数（人）	缴纳社保人数	缴纳住房公积金人数	人数差异原因
	截至2021年12月31日	截至2021年12月31日	截至2021年12月31日	
全日制员工	2484	2439	2440	由于离职员工人数变动和社保/公积金账户变更的不同步造成。[①]部分当月已离职人员，由公司缴纳当月社保公积金；部分新入职人员，由原单位缴纳或当月未完成在公司社保公积金账户的增加
非全日制员工	0	0	0	/
实习生	267	0	0	/
劳务派遣	0	0	0	/
签订劳务协议人员	0	0	0	/
外包人员	0	0	0	/
合计	2751	2439	2440	/

① 根据各地主管部门的不同办事规定，通常用人单位每月仅能在固定的日期内办理社保和住房公积金账户的变更程序（包括新增人员、减少人员等）。出现新员工入职或现有员工离职的情况时，用人单位可能无法在变动发生后立即办理社保和住房公积金账户相应变更，而是在发生变动的下一个月相应时间段内集中办理。因此，在某一时间点上，实际员工人数和缴纳社保/住房公积金的人数可能存在差异。律师应对该等差异的真实性进行核查。

表10—2　社保缴纳安排统计表

缴纳方式	公司	社保缴纳地	社保缴纳人数
第三方人事机构代缴	［××］公司深圳分公司	成都	5
		昆明	6
公司自有账户	［××］公司	北京（注册地）	101
	［××］公司上海分公司	上海	42

表10—3　社保缴费信息汇总表

养老保险					
	缴费基数	缴费比例	自缴人数	是否使用人事代理	第三方缴纳人数
北京市规定	员工实际收入	16%	/	/	/
［A］公司	员工实际收入	16%	236	否	/
［B］公司	员工实际收入	16%	0	是	480
医疗保险					
	缴费基数	缴费比例	自缴人数	是否使用人事代理	第三方缴纳人数
北京市规定	员工实际收入	10%	/	/	/
［A］公司	员工实际收入	10%	236	否	/
［B］公司	员工实际收入	10%	0	是	480
失业保险					
	缴费基数	缴费比例	自缴人数	是否使用人事代理	第三方缴纳人数
北京市规定	员工实际收入	0.80%	/	/	/
［A］公司	员工实际收入	0.80%	236	否	/
［B］公司	员工实际收入	0.80%	0	是	480
工伤保险					
	缴费基数	缴费比例	自缴人数	是否使用人事代理	第三方缴纳人数
北京市规定	员工实际收入	浮动	/	/	/
［A］公司	员工实际收入	0.24%	236	否	/
［B］公司	员工实际收入	0.24%	0	是	480

续表

生育保险					
	缴费基数	缴费比例	自缴人数	是否使用人事代理	第三方缴纳人数
北京市规定	员工实际收入	0.80%	/	/	/
[A]公司	员工实际收入	0.80%	236	否	/
[B]公司	员工实际收入	0.80%	0	是	480
公积金					
	缴费基数	缴费比例	自缴人数	是否使用人事代理	第三方缴纳人数
北京市规定	员工实际收入	5%—12%	/	/	/
[A]公司	员工实际收入	12%	236	否	/
[B]公司	员工实际收入	12%	0	是	480

在审阅劳动和社会保障合规方面的尽调资料时，律师通常需要关注和研究以下主要问题。

1．公司员工是否均与公司签署了劳动合同？公司与员工的劳动合同是否存在违反法律法规的条款？

根据2018年12月全国人大常委会修改并生效的《劳动法》第16条的规定，劳动合同是劳动者与用人单位确立劳动关系、明确双方权利和义务的协议。建立劳动关系应当订立劳动合同。根据2012年12月全国人大常委会修正、2013年7月1日生效的《劳动合同法》第10条第1款的规定，建立劳动关系，应当订立书面劳动合同。因此，公司应该与所有建立劳动关系的员工签署相应的劳动合同。

劳动合同按照种类可分为固定期限劳动合同、无固定期限劳动合同和以完成一定工作任务为期限的劳动合同等形式。需要注意的是，实践中往往存在其他形式的用工关系，例如用人单位与退休返聘人员签署的劳务合同[1]、与实习人员签署的实习合同等，这些合同通常不属于劳动法下的劳动关系，但也要审阅其具体条款、判断其实际的性质。

在劳动和社会保障尽调中，律师应核实公司的员工人数具体情况、向公司确认是否均与员工签署了劳动合同。如果公司员工人数较少，律师可以逐一审阅员工的劳动合同；如果公司员工人数较多，可以采用抽查形式审阅员工的劳动合同，以侧面核实劳动合同签署情况。

此外，律师还需要审阅公司与员工签署的劳动合同中的具体条款（如果相关劳动合同均按照某一模板签署，可直接审阅该模板），并与《劳动法》《劳动合同法》等劳动相关法律法规进行对照，以判断其是否存在违反法律法规的情况。

例如，《劳动合同法》第19条规定，劳动合同期限3个月以上不满1年的，试用期不得超过1个月；劳动合同期限1年以上不满3年的，试用期不得超过2个月；3年以上固定期限和无固定期限的劳动合同，试用期不得超过6个月。同一用人单位与同一劳动者只能约定一次试用期。以完成一定工作任务为期限的劳动合同或者劳动合同期限不满3个月的，不得约定试用期。试用期包含在劳动合同期限内。劳动合同仅约定试用期的，试用期不成立，该期限为劳动合同期限。如果某一公司与

---

〔1〕 最高人民法院《关于审理劳动争议案件适用法律问题的解释（一）》第32条规定："用人单位与其招用的已经依法享受养老保险待遇或者领取退休金的人员发生用工争议而提起诉讼的，人民法院应当按劳务关系处理。企业停薪留职人员、未达到法定退休年龄的内退人员、下岗待岗人员以及企业经营性停产放长假人员，因与新的用人单位发生用工争议而提起诉讼的，人民法院应当按劳动关系处理。"

员工的劳动合同中约定了6个月以上的试用期，则该条款就违反了上述法律规定。

2．公司是否已开设社会保险和住房公积金的单位账户，是否以公司的单位账户为员工缴纳社会保险费和住房公积金?

在实行“三证合一”/“五证合一”之前，已办理社会保险登记的公司等主体会持有社会保险登记证，其中记载公司的社保登记信息。“三证合一”/“五证合一”实行以后，不再有单独的社会保险登记证，而是由加载统一社会信用代码的营业执照执行原有社会保险登记证的功能。因此，律师在劳动和社会保障合规尽调中，需要审阅公司加载统一社会信用代码的营业执照，以及相关登记缴存和缴费文件，以确认公司是否办理社会保险登记。

根据《社会保险法》[1]和《住房公积金管理条例》[2]的规定，用人单位应该按时办理社会保险登记和住房公积金缴存登记，并且按时为其职工办理社会保险登记和住房公积金账

〔1〕《社会保险法》第57条第1款规定："用人单位应当自成立之日起三十日内凭营业执照、登记证书或者单位印章，向当地社会保险经办机构申请办理社会保险登记。社会保险经办机构应当自收到申请之日起十五日内予以审核，发给社会保险登记证件。"第58条第1款规定："用人单位应当自用工之日起三十日内为其职工向社会保险经办机构申请办理社会保险登记。未办理社会保险登记的，由社会保险经办机构核定其应当缴纳的社会保险费。"

〔2〕《住房公积金管理条例》第14条第1款规定："新设立的单位应当自设立之日起30日内到住房公积金管理中心办理住房公积金缴存登记，并自登记之日起20日内持住房公积金管理中心的审核文件，到受委托银行为本单位职工办理住房公积金账户设立手续。"第15条规定："单位录用职工的，应当自录用之日起30日内到住房公积金管理中心办理缴存登记，并持住房公积金管理中心的审核文件，到受委托银行办理职工住房公积金账户的设立或者转移手续。单位与职工终止劳动关系的，单位应当自劳动关系终止之日起30日内到住房公积金管理中心办理变更登记，并持住房公积金管理中心的审核文件，到受委托银行办理职工住房公积金账户转移或者封存手续。"

户设立手续。因此，最合规的做法是公司以自己名义依法开设社会保险和住房公积金的单位账户，并且及时通过单位账户为员工缴纳社会保险费和住房公积金。

但是，实践中，出于一些原因（例如人事管理成本；外商投资企业不熟悉境内主管机关的规定和操作流程；异地员工需要在当地缴纳社会保险和住房公积金，但公司在当地并无分支机构等），部分用人单位会采用第三方代缴的形式为相关员工缴纳社会保险和住房公积金，即委托某一第三方（如人事代理公司）通过该第三方账户（或者公司自己的账户）为员工办理社会保险费和住房公积金的登记和缴存。

如果公司采用第三方代缴的安排，律师需要关注该等安排是否受到过主管部门的质疑、是否被责令改正、是否因此受到过行政处罚等情况。即使第三方代缴的安排未受到过主管部门的质疑或处罚等，但考虑到这种做法与法律规定存在冲突，律师也应视情况考虑是否以适当形式对第三方代缴的情形和潜在风险进行披露和处理。

3. 公司为员工缴纳的各项社会保险费和住房公积金的计算基数和缴费比例是否符合当地规定？

根据社会保险和住房公积金相关法规，用人单位和职工应该按照国家规定的计算基数和缴费比例缴纳社会保险费和住房公积金。[1]

---

〔1〕 例如，根据《住房公积金管理条例》第16条的规定："职工住房公积金的月缴存额为职工本人上一年度月平均工资乘以职工住房公积金缴存比例。单位为职工缴存的住房公积金的月缴存额为职工本人上一年度月平均工资乘以单位住房公积金缴存比例。"

律师可以查阅公司当地的法规或咨询相关主管部门，以确认要求的缴费计算基数和具体缴费比例；然后，结合公司提供的社保和住房公积金缴纳文件（例如，员工工资和社保及住房公积金的汇总表、相关期间内的缴费凭证/缴费证明、员工工资详单），以及与公司负责人员的沟通和确认，判断公司为员工缴纳的各项社会保险费和住房公积金的计算基数和缴费比例是否符合当地规定。

4．公司是否存在欠缴或漏缴社会保险和住房公积金的情形？

除开设单位账户、按照规定基数和比例缴纳以外，律师还应核查公司是否存在欠缴或漏缴社会保险和住房公积金的情形，了解的途径主要包括：查阅公司相关期间内的缴费凭证/缴费证明，确认是否有空缺、未缴费的月份，以及缴费的人数与公司说明的缴纳人数是否一致；通过与主管部门的访谈沟通，或者主管部门开具的合规证明，判断公司是否有欠缴费用等违规情形。

5．公司与员工之间是否存在劳动方面的纠纷、争议、诉讼、仲裁等？

该部分的尽调方法参见第十一章“诉讼、仲裁和行政处罚尽调”有关行政处罚核查的内容。

6．公司是否受到社会保险和住房公积金主管部门的处罚，处罚情形如何？

该部分的尽调方法参见第十一章“诉讼、仲裁和行政处罚尽调”有关行政处罚核查的内容。

7．公司是否有劳务派遣和外包员工？人数和岗位情况如何？

为满足灵活用工的需求，一些用人单位可能会采用劳务派遣员工或外包员工作为用工形式。

劳动派遣，是指劳务派遣单位与被派遣员工建立劳动关系，并将员工派遣到用工单位，被派遣员工在用工单位的指挥和管理下从事劳动的用工形式。《劳动合同法》《劳务派遣暂行规定》等法律法规对于劳务派遣单位的资质，劳务派遣单位、用工单位及劳动者的权利义务，劳务派遣协议，劳务派遣的适用岗位等方面均作出了规定。在尽调中，如果公司存在劳务派遣员工，律师则需要根据法规要求核查其劳务派遣用工的合规性，判断是否存在违反法律法规的情况。

例如，《劳动合同法》规定，经营劳务派遣业务，应当向劳动行政部门依法申请行政许可；经许可的，依法办理相应的公司登记。未经许可，任何单位和个人不得经营劳务派遣业务。因此，律师应核查劳务派遣单位是否依法取得劳务派遣经营许可证，是否具备有效的资质。

又如，《劳务派遣暂行规定》规定，用工单位只能在临时性、辅助性或者替代性的工作岗位上使用被派遣劳动者，用工单位应当严格控制劳务派遣用工数量，使用的被派遣劳动者数量不得超过其用工总量的10%。因此，律师应核查公司劳务派遣员工的人数、占总员工的比例、岗位、工作期限等具体情况，以判断是否符合上述法规的要求。

劳务外包，是指用人单位将一些技术性或事务性的工作外包给第三方机构，由该机构自行安排人员按照用人单位要求完成相应的业务或工作。劳务外包的优点是降低成本、提高效率，常见的外包部门包括安保、保洁等。与劳务派遣不同，劳务外包主要是一种合同关系，不属于《劳动合同法》管辖的对象，但是，律师在尽调中同样需要关注公司劳务外包的情况，例如外包员工人数、涉及的职能/岗位、与劳务外包公司签署的协议等，从协议条款等各方面判断其法律关系实质是否是劳务外包。

（三）第三步：梳理底稿和材料，确定处理方式

在实践中，通常需要与公司进行若干轮沟通与反馈。如果在审阅过程中发现缺失文件或针对某文件需要进一步核实，律师一般会汇总待跟进的问题、准备补充尽职调查文件清单并请公司继续提供材料。

在完成上述步骤并审阅完毕所有尽调材料后，律师针对公司社保和住房公积金方面的合法合规情况应当有较为全面的了解和判断。此时，再回到第一步中提出的几个问题，如果上述问题在尽职调查中已经进行了明确的核实且没有发现影响出具法律意见的负面事项，那么，该部分的尽职调查即可以收尾；如果在尽职调查过程中发现了目标公司存在社保和住房公积金不合规的事项，那么则需要视其严重程度和项目性质采取不同的处理办法。

例如，在上市和发债项目中，一般需在招股说明书/募集说明书及/或法律意见书中对具体的不合规事项进行说明和披露（例如，何时受到何种处罚、涉及的具体处罚内容和罚款金额、是否已缴纳罚款或完成整改）；在并购项目中，一般通过

尽职调查报告向客户说明不合规事项的具体情况、法律后果和解决方案，并且通过相关交易文件的条款规避相关风险。例如，如果发现目标公司存在欠缴社会保险费和住房公积金的情况，就可以考虑在交易文件中约定目标公司应于某一期限内完成所有款项的补缴，并将其作为交割条件或者交割后承诺事项。

第十一章

诉讼、仲裁和行政处罚尽调

一、诉讼、仲裁和行政处罚的尽调背景

在上市和并购项目中，律师通常需要出具发行人或公司不存在重大诉讼、仲裁或行政处罚的法律意见。为此，律师需要对发行人或目标公司是否存在重大诉讼、仲裁和行政处罚进行尽职调查。如果存在，那么，律师需要针对重大诉讼、仲裁和行政处罚进行分析，并得出其是否对发行人或公司有重大不利影响的结论。

具体而言，律师需要就如下事实情况进行确认：

（1）尽调主体的诉讼、仲裁和行政处罚情况（金额、数量、类型、频次等）。

（2）是否存在重大且不利于尽调主体的诉讼、仲裁和行政处罚情况。

（3）如果存在上述情形，对尽调主体是否存在重大不利影响。

（4）如果存在上述重大不利影响，是否能采取相应的应对措施。

二、诉讼、仲裁和行政处罚的法律意见措辞

在不同类型的项目中，法律意见的具体范围不尽相同，相关法律意见措辞也不完全相同。

（一）美国上市项目

在美国上市项目中，无论是公司中国律师，还是承销商中国律师，通常需要出具的法律意见一般这样写：

there are no current, pending or, to the best of our knowledge after due inquiry, threatened legal, arbitral or governmental proceedings before any PRC Authorities in the PRC to which any of the PRC Material Group Entities is a party or of which any property of the PRC Material Group Entities is the subject which, if determined adversely to any of the PRC Material Group Entities would individually or in the aggregate have a Material Adverse Effect.

上述法律意见译文如下：

就每一中国重要子公司而言，不存在其为一方或其财产为标的的、任何当前的、待决的或经我们合理问询后所知的，威胁提起的、由中国境内当局受理且一旦判决对任何中国重要子公司不利将会单独或合计造成重大不利影响的司法、仲裁或政府性程序。

在上述法律意见中，相关措辞采用“政府性程序”（governmental proceedings）这一相对宽泛的表述，涵盖政府部门调查、仲裁、司法等各类程序。同时，相关措辞涵盖当前的（current）、待决的（pending）和威胁提起的（threatened）的政府程序，不仅包括正在进行的程序（当前的或待决的），也包括还没有发生的程序。对于没有发生的政府程序，律师很难根据具体的法律文件来验证。因此，法律意见措辞通常需要加上“经合理问询所知”这样的限制性措辞，强调法律意见的是根据问询所得出的结论。

（二）中国香港特别行政区上市项目

在中国香港特别行政区上市项目中，无论是公司中国律师，还是承销商中国律师，他们通常需要出具的法律意见措辞一般采用如下表述：

> 根据发行人确认，并经××律师事务所适当核查，截至本法律意见书出具之日，Y公司及其执行董事、总经理及监事不存在尚未了结的或可预见的对Y公司重要资产、权益和业务可能产生重大不利影响的重大诉讼、重大仲裁及重大行政处罚之情形。

从上述法律意见来看，其结论与上述美国上市项目法律意见类似，强调不存在重大的诉讼、仲裁和行政处罚；其限定性措辞也比较接近，强调其结论系“根据发行人确认，并经……适当核查”而得出。从范围来讲，上述法律意见的范围更广。它不仅针对发行人，也针对发行人的执行董事、总经理和监事等个人。

（三）A股上市项目

在A股项目中，公司律师的律师工作报告通常需要对发行人、控股股东及持有发行人5%以上（含5%）的主要股东（追溯至实际控制人）、发行人的控股子公司是否存在尚未了结的或可预见的重大诉讼、仲裁及行政处罚案件，以及发行人的董事、监事、高级管理人员和核心技术人员等是否存在尚未了结的或可预见的重大诉讼、仲裁及行政处罚案件发表意见。

因此，在A股项目中，法律意见范围不仅包括目标公司（发行人），还包括目标公司的主要股东、实际控制人（控股公司或控股自然人），以及目标公司的核心人员。如存在上述情形，根据《12号准则》第49条的要求，还需要对案件情况以及对发行人的影响进行简要说明。针对上述部分主体诉讼、仲裁和行政处罚案件的披露意见一般这样写：

（一）发行人及其控股子公司

除下述工伤保险待遇纠纷案及行政处罚之外，截至本律师工作报告出具之日，发行人不存在尚未了结的或可预见的影响发行人持续经营的重大诉讼、仲裁或行政处罚案件：

1．关于A公司与×某工伤保险待遇纠纷案相关情况说明

（情况说明略）

2．关于A公司未及时申报员工居住登记信息被处罚款相关情况说明

（情况说明略）

本所律师认为，上述A公司因未及时申报非×籍员工居住信息而受到罚款及责令改正的情形不会导致发行人不符合发行上市实质条件。

3．关于交通违章相关情况说明

（情况说明略）

鉴于上述交通违章罚款金额较小，且其性质不属于发行人或A公司生产经营违规，本所律师认为，上述A公司因其名下车辆交通违章受到罚款的情形不会导致发行人不符合发行上市实质条件。

4．关于A公司税收行政处罚相关情况说明

（情况说明略）

鉴于A公司上述因逾期申报印花税受到50元罚款金额较小，且根据××市××区国家税务局、××市××区地方税务局分别于×年×月×日出具的证明、国家税务总局×市×区税务局于×年×月×日出具的证明，未发现×年×月×日至×年×月×日期间A公司存在重大税务违法行为，本所律师认为，上述A公司因逾期申报印花税受到罚款的情形不会导致发行人不符合发行上市实质条件。

（二）持有发行人5%以上股份的主要股东

除下述事项外，截至本律师工作报告出具之日，持有发行人5%以上股份的主要股东不存在尚未了结的或可预见的影响发行人持续经营的重大诉讼、仲裁或行政处罚案件：

（情况说明略）

鉴于：《个人外汇管理办法》只规定了个人对外直接投资应当办理外汇登记，但其本身及相关配套规则并未规定具体办理的程序，经本所律师电话咨询相关外汇管理部门，实践中也没有相关办理程序；

（情况说明略）

本所律师认为，上述发行人持股5%以上的主要股东Z某、W某对外投资未办理个人境外投资外汇登记的情形不会导致发行人不符合发行上市实质条件。

从上述措辞来看，A股上市项目的法律意见措辞与中国香港特别行政区上市项目比较接近，其核心在于确认不存在这样的诉讼、仲裁和行政处罚。但是，A股律师还需就发行人是否符合上市条件发表意见，即发行人历史上（即报告期内）是否合法合规。也就是说，律师需要形成这样的意见："除前述1—4项已披露的行政处罚之外，发行人及其附属公司报告期内不存在其他行政处罚事项。本所律师认为，前述行政处罚不属于重大违法违规行为。"[1]因此，律师需要分析报告期内公司是否存在诉讼、仲裁、行政处罚；如果存在，律师还需要描述该行政处罚的内容，并确认该行政处罚是否导致发行人不符合发行上市实质条件。

（四）债券发行项目

在债券发行项目中，对于尽职调查范围和法律意见书的硬性规定不像上市项目这么严格，但律师仍需就是否存在可能影响发行人/担保人（如存在）及其资产的重大诉讼、仲裁及行政处罚发表意见。此外，境内发债项目除一般性的诉讼、仲裁及行政处罚外，还可能会涉及中介机构负面信息检索以及有关主体的诚信核查。

（五）并购项目

在并购项目中，有关诉讼、仲裁与行政处罚的尽调主要依赖于对卖方/目标公司的访谈以及公开检索，他们通常不愿意提供书面材料，或者仅提供有限的书面材料。因此，投资人/买方律师通常倾向于不对目标公司出具法律意见书，而是在提供给投资人/买方的尽职调查报告中将所有存在重大不利风险

〔1〕《北京市中伦律师事务所关于为迪阿股份有限公司首次公开发行股票并在创业板上市出具法律意见书的律师工作报告》，载巨潮网。

可能性的诉讼、仲裁与行政处罚按照重要性次序提示给收购方/买方，并建议投资方/买方在交易文件中明确约定保留潜在诉讼、仲裁与行政处罚相关的违约金，或者采取其他的风险防范措施。在并购项目中，尽职调查报告的相关语言可以参考表11—1措辞：

表11—1　并购项目尽职调查报告有关诉讼仲裁和行政处罚的内容示例

问题点	事实及分析	建议
5. 诉讼、仲裁、行政处罚		
存在较多未决仲裁事项（重要性：高）	根据A公司提供的信息以及我们通过公开渠道的核查，截至本报告出具之日，A公司存在下述未决仲裁：……（具体略）	• 要求A公司就所有与拟转让主体及其境内有关的近3年的已决及未决诉讼、仲裁和行政处罚进行完整披露，并作出惯常的陈述和保证； • 提示收购方注意考虑商业上对该部分仲裁收益的处理方式
A公司存在与某项业务相关的未决诉讼（重要性：中）	根据A公司提供的信息以及我们通过公开渠道的核查，截至目前，A公司存在［ ］起与某项业务相关的未决诉讼。其中：……（具体略）	• 要求A公司就所有与该项业务有关的近3年的已决及未决诉讼、仲裁和行政处罚进行完整披露，并作出惯常的陈述和保证
历史上存在行政处罚（重要性：低）	根据A公司提供的信息，A公司曾因为违反［ ］被［ ］市工商行政管理局责令整改。A公司说明其目前已经不存在前述违规情况	• 提示收购方关注投后相关运营合规情况

三、诉讼、仲裁与行政处罚的尽调信息来源

（一）公开渠道查询

在项目开始前、项目进行中以及出具意见前，均需要通过公开渠道对诉讼、仲裁与行政处罚进行检索。公开检索需注

意时效性（如检索网站标注信息的更新时间），网站有效性（是否为仍在更新的网站），以及是否适用于尽调主体（是否为尽调主体的行政主管或有权管辖的部门，尤其是市场监督管理部门）。

1. 诉讼

诉讼类信息，是指各级人民法院的法律诉讼及相关文书。诉讼类信息查询网站主要包括如下网站。

（1）人民法院公告网（网址：https://rmfygg.court.gov.cn/）

人民法院公告网可以查询各类人民法院作出的公告，如起诉状、传票、裁判文书、公示催告等。其查询界面如图11—1所示：

图11—1　人民法院公告网查询界面

（2）中国裁判文书网（网址：https://wenshu.court.gov.cn/）

裁判文书网可查询各类已挂网的判决、裁决等文书，使用该网站查询前需要先进行注册。但是，未挂网的裁判文书无法通过此渠道查询，有些裁判文书即便挂网，可能由于不适宜在互联网平台公开、当事人调解等情形，文书的内容不具体公开。其查询界面如图11—2所示：

图11—2　中国裁判文书网查询界面

（3）中国执行信息公开网（网址：http://zxgk.court.gov.cn/zhzxgk/）

执行信息公开网可查询被执行人信息，范围涵盖全国法院（不包括军事法院）2007年1月1日以后新收及此前未结的执行实施案件。其查询界面如图11—3所示：

图11—3　执行信息公开网查询界面

（4）全国法院失信被执行人名单信息公布与查询平台（网址：http://zxgk.court.gov.cn/shixin）

失信被执行人信息可在中国执行信息公开网的全国法院失信被执行人名单信息公布与查询平台上查到。其查询界面如图11—4所示：

（5）人民检察院案件信息公开网（即12309中国检察网，网址：https://www.12309.gov.cn/12309/ajxxgk/）

人民检察院案件信息公开网可用于查询检察院提起的法律程序及相关文书，如起诉书、不决定起诉书。其查询界面如图11—5所示（网站上方搜索栏）：

图11—4　全国法院失信被执行人名单信息公布与查询平台查询界面

图11—5　人民检察院案件信息公开网查询界面

2. 仲裁

仲裁类信息一般为非公开信息。但如果其他法律文书（如法院的执行仲裁裁决等）提及，可一并进行检索。

3. 行政处罚

此处的行政处罚，是指由尽调主体的政府主管部门作出的处罚。由于尽调主体涉及的主管部门相对比较复杂且不确定，行政处罚的公开检索范围相对也较广。其中涉及较多的检索主体如下。

（1）市场监管部门（即前工商管理部门）

市场监管部门，是指国家市场监督管理总局及其地方机构。市场监管部门行政处罚文书可在中国市场监管行政处罚文书网（网址：http://cfws.samr.gov.cn/list.html）中进行查询，其查询界面如图11—6所示：

图11—6　中国市场监管行政处罚文书网查询界面

此外，也可在当地市场监督管理部门网站上进行一般性检索，如图11—7显示北京市市场监督管理局网站信息：

图11—7　北京市市场监督管理局网站

（2）劳动、社会保险及公积金部门

一般为尽调主体当地的人力资源和社会保障局、住房公积金管理中心。各地信息是否公示、如何公示均存在不确定性，进行公开检索前应先确定查询渠道。

以北京市为例，北京市各区人力资源和社会保障局均有行政处罚信息的公示网址（网址：http://rsj.beijing.gov.cn/xxgk/zfxxgk/zdlygk/sgs/xzcfgs/201912/t20191206_873736.html），其中，西城区查询结果如图11—8所示：

图11—8　北京市西城区人民政府网站——人力社保局行政处罚信息

北京住房公积金管理中心的行政处罚查询如图11—9所示：

（3）税务部门

税务部门，是指国家税务总局（包括国地税合并前，分别由国家税务局和地方税务局出具的行政处罚）以及地方税务主管机关出具的税务行政处罚。在进行税务处罚尽职调查前，需先确定尽调主体的税务主管机关。

图11—9　北京住房公积金管理中心行政处罚信息

同时，税务处罚分为重大税收违法失信处罚以及一般性税收处罚，前者的检索渠道为国家税务总局重大税收违法失信案件信息公布栏（网址：http://www.chinatax.gov.cn/chinatax/c101249/n2020011502/）。以北京市税务局为例（网址：http://beijing.chinatax.gov.cn/bjsat/office/jsp/zdsswfaj/wwquery.jsp），图11—10显示国家税务总局北京市税务局重大税收违法失信案件信息的查询结果：

除重大税收违法失信处罚外，根据项目需要，可能还会进行一般性税收处罚检索。以北京市税务局行政执法信息公示平台（网址：http://beijing.chinatax.gov.cn/bjsat/xzzf/xzzf_sj/ybcxcfjg.html）为例，图11—11显示一般性税收处罚信息查询结果：

图11—10　国家税务总局北京市税务局重大税收违法失信案件信息查询

图11—11　国家税务总局北京市税务局一般性税收处罚信息查询

（4）外汇管理部门

外汇管理部门，是指国家外汇管理局及其地方机构就外汇作出的处罚，可在外汇管理局官网上查询（网址：http://www.safe.gov.cn/safe/whxzcfxxcx/）。但需注意外管局披露信息更新一般较慢。国家外汇管理局行政处罚信息查询结果如图11—12显示（仅对外公示1年内的处罚情况）：

图11—12　国家外汇管理局行政处罚信息查询

（5）业务主管部门（以银行业为例）

被尽调主体是否存在业务主管部门、有哪些业务主管部门、不同业务主管部门的监管权限是什么，这首先需要尽职调查加以确定。以银行业为例，银行业机构的主管部门主要涉及中国人民银行（以下简称“人行”）及其地方分行，还有国家金融监督管理总局（以下简称“金融监管总局”）〔1〕及中国银行保险监督管理委员会（以下简称“银保监会”）地方监管局。〔2〕

其中，中国人民银行的行政执法信息公示（网址：http://www.pbc.gov.cn/zhengwugongkai/4081330/4081344/4081407/4081705/index.html）如图11—13所示：

图11—13 中国人民银行行政处罚信息查询

〔1〕 肖捷：《关于国务院机构改革方案的说明——2023年3月7日在第十四届全国人民代表大会第一次会议上》，载中华人民共和国中央人民政府网，https://www.gov.cn/guowuyuan/2023-03108/content_5745306.htm。其中指出：“二、组建国家金融监督管理总局。党的二十大作出明确部署，要依法将各类金融活动全部纳入监管。为解决金融领域长期存在的突出矛盾和问题，在中国银行保险监督管理委员会基础上组建国家金融监督管理总局，统一负责除证券业之外的金融业监管，强化机构监管、行为监管、功能监管、穿透式监管、持续监管，统筹负责金融消费者权益保护，加强风险管理和防范处置，依法查处违法违规行为，作为国务院直属机构。为加强金融消费者合法权益保护，统一规范金融产品和服务行为，把中国人民银行对金融控股公司等金融集团的日常监管职责、有关金融消费者保护职责，中国证券监督管理委员会的投资者保护职责划入国家金融监督管理总局。不再保留中国银行保险监督管理委员会。”

〔2〕 根据国家金融监督管理总局官网信息，其派出机构尚没有统一更名，而是保留为“中国银行保险监督管理委员会某监管局”。因此，考虑实践因素，本章节仍然需要使用银保监会的说法。

此外，也可以在人行官网上进行一般性检索，作为辅助性检索手段。人行官网一般性检索结果如图11—14所示：

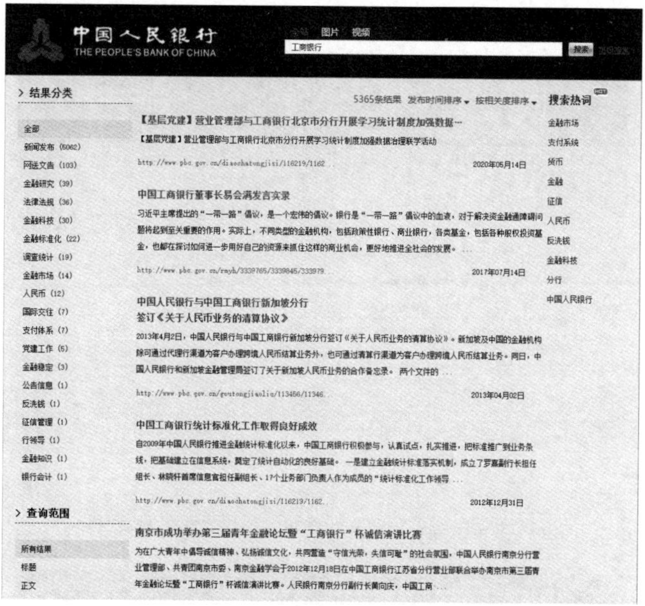

图11—14 中国人民银行官网一般性检索查询

金融监管总局的行政处罚信息（网址：http://www.cbirc.gov.cn/cn/view/pages/ItemList.html?itemPId=923&itemId=931&itemUrl=zhengwuxinxi/xingzhengchufa.html&itemName=%E8%A1%8C%E6%94%BF%E5%A4%84%E7%BD%9A）如图11—15所示：

如图11-15所示，金融监管总局的行政处罚分为总局机关、省局（计划单列市局）以及分局几个级别。

在部分项目中，除一般性检索金融监管总局的网站外，还会特别要求检索尽调主体所在省市的银保监局网站，以确保公开检索的完整性。例如，银保监会北京监管局的处罚查询如图11—16所示（图11—15“银保监会机关”下方有各地监管局的跳转链接）：

图11—15　国家金融监督管理总局行政处罚信息查询

图11—16　中国银行保险监督管理委员会北京市监管局行政处罚信息查询

（6）企业信用信息相关官方网站

此外，企业信用信息相关官方网站信息也包含行政处罚信息，可以与上述政府机构网站查询相结合，避免遗漏。企业信息用信息相关官方网站主要包括信用中国和国家企业信用信息公示系统。

其中，信用中国的行政处罚信息具体查询界面如图11—17显示：

图11—17　信用中国行政处罚信息查询

4. 搜索引擎检索

除通过上述官方或权威网站查询诉讼、仲裁和行政处罚信息之外，律师通常还需要通过搜索引擎对尽调主体进行检索。通过搜索引擎检索的目的在于，一方面与官方网站查询信息进行交叉核对；另一方面看官方网站信息是否有遗漏（如裁判文书网目前还无法包含所有诉讼文书），是否存在重大诉讼、仲裁与行政处罚信息的进一步解读等。

通常来讲，以百度搜索为例，在百度网站录入"'公司姓名'+'处罚/立案/诉讼/仲裁/起诉'"等关键字，对搜索结果进行截图，一般截5页（每页20条信息）即可，如图11—18所示：

图11—18　百度网站诉讼、仲裁和行政处罚信息检索

就其中信息出处比较权威、对尽调主体不利的信息，可单独进行截图或保存页面，如图11—19所示：

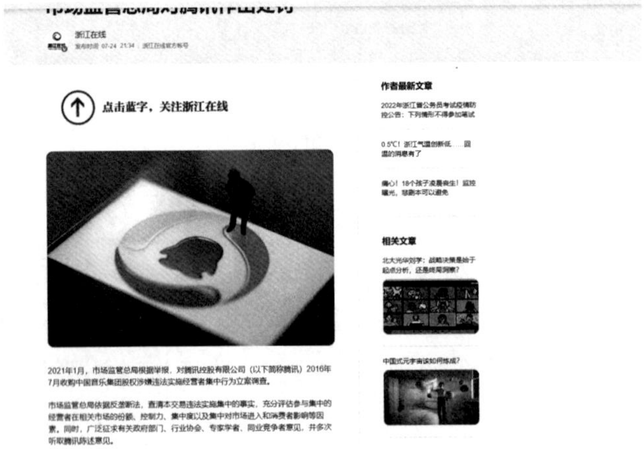

图11—19　百度诉讼、仲裁和行政处罚信息的解读文章

5. 企业信息数据库

企查查、天眼查等企业信息数据库中也会披露企业诉讼、仲裁与行政处罚的公开信息。以天眼查查询某计算机系统有限公司为例，其查询界面如图11—20所示：

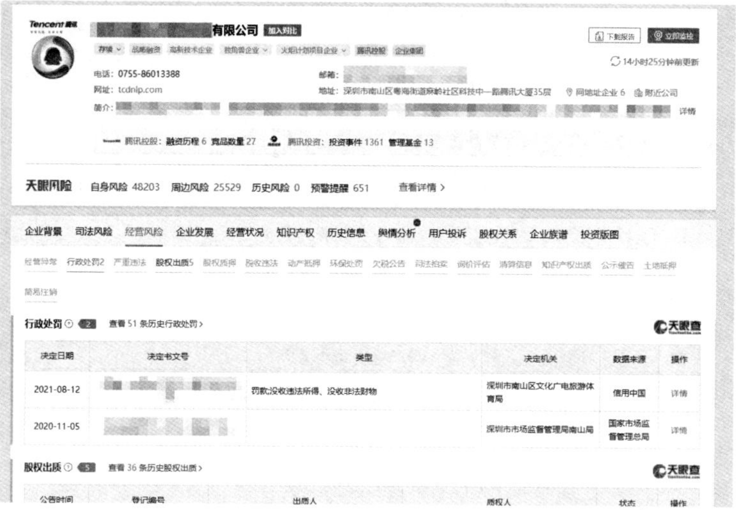

图11—20 天眼查企业诉讼、仲裁和行政处罚信息查询

6. 特定类别检索（如诚信核查）

在某些特定项目中，律师可能会需要针对特定类别的诉讼、仲裁与行政处罚信息检索。比如，图11—21为发行人诚信信息检索问题清单：

就此类检索而言，一般会首先确定检索范围，针对具体核查内容确定核查的网站、数据库或手段（如访谈），确定检索方式（如关键词检索），然后再开展尽职调查、获得尽职调查结果。

1. 发行人是否为失信被执行人?
2. 发行人是否为重大税收违法案件当事人?
3. 发行人是否为安全生产领域失信生产经营单位?
4. 发行人是否为环境保护领域失信生产经营单位?
5. 发行人是否为电子认证服务行业失信机构?
6. 发行人是否为涉金融严重失信人?
7. 发行人是否为食品药品生产经营严重失信者?
8. 发行人是否为盐业行业生产经营严重失信者?
9. 发行人是否为保险领域违法失信当事人?
10. 发行人是否为统计领域严重失信企业?
11. 发行人是否为电力行业严重违法失信市场主体?
12. 发行人是否为国内贸易流通领域严重违法失信主体?
13. 发行人是否为石油天然气行业严重违法失信主体?
14. 发行人是否为严重质量违法失信行为当事人?
15. 发行人是否为财政性资金管理使用领域相关失信责任主体?
16、发行人是否为农资领域严重失信生产经营单位?
17. 发行人是否为海关失信企业?
18. 发行人是否为失信房地产企业?
19. 发行人是否为出入境检验检疫严重失信企业?

图11—21　诚信核查问题清单

7．公开渠道查询信息的存档

针对每个尽调主体，律师均应建立对应的检索文件夹，其子文件夹按照检索信息来源（百度/裁判文书网/北大法宝等）命名，分类存档。存档方式如图11—22所示：

1.百度负面信息	2020/1/16 17:48	文件夹
2.企业信用信息	2020/1/16 17:48	文件夹
3.天眼查	2020/1/16 17:48	文件夹
4.信用中国及地方信用网	2020/1/16 17:48	文件夹
5.人民银行及分行	2020/1/16 17:48	文件夹
6.银监会及银监局	2020/1/16 17:48	文件夹
7.保监会及保监局	2020/1/16 17:48	文件夹
8.外管局外汇违法查询	2020/1/16 17:48	文件夹
9.证券期货市场失信记录	2020/1/16 17:48	文件夹
10.全国法院被执行人信息查询	2020/1/16 17:48	文件夹
11.全国法院失信被执行人名单信息查询	2020/1/16 17:48	文件夹
12.检察院案件信息	2020/1/16 17:48	文件夹
13.重大税收违法查询（国税总局）	2020/1/16 17:48	文件夹
14.人力资源与社会保障部及公司注册地社保局	2020/1/16 17:48	文件夹
15.公司注册地住房公积金管理中心	2020/1/16 17:48	文件夹

图11—22　公开渠道查询信息的存档

（二）尽调主体的说明与回复

在上市和并购项目中，通常会安排管理层访谈，即律师和中介机构与公司的高管进行访谈。在管理层访谈中，除访谈经营状况外，一般也会就尽调主体是否存在重大诉讼、仲裁与行政处罚进行确认。其中，特别需要就目前仍处于前期阶段、尚无公开信息的诉讼、仲裁与行政处罚与公司管理层进行沟通确认。

此外，如果需要对尽调主体特定工作人员出具诉讼、仲裁与行政处罚意见（如针对董事长和总经理的法律意见），则还需要与此等对象进行访谈。访谈可与其他访谈相结合（如业务访谈），由受访者确认其是否存在满足项目重大性标准的诉讼、仲裁与行政处罚。如存在，则需被访谈对象就其背景、过程、处理结果予以详细说明，并确认是否对其存在重大不利影响。

（三）资料室文件

诉讼、仲裁与行政处罚的核查文件主要涉及法院、仲裁委员会、政府部门出具的文书，以及尽调主体向此等主体提交的各类文件，包括但不限于起诉状、答辩状、判决书、裁决书、行政处罚通知书、执行公告、罚款缴纳回执等。

在部分项目中，尽调主体可能会以清单方式列举涉及的诉讼、仲裁与行政处罚情况，律师可结合下文提及的尽职调查统计表格进行梳理。此外，需要注意的是，部分涉及诉讼、仲裁与行政处罚的相关资料可能会在其他章节提供（如业务经营、税务、劳动等），需和负责其他部分尽职调查工作的人员保持积极沟通。

诉讼、仲裁与行政处罚文件应尽量为签署盖章版，且应反映届时最新的诉讼、仲裁与行政处罚进展信息（如公司清单中称已结案，则需提供终审的判决书或裁决书；如称已立案，则需提供法院的立案回执等）。

（四）政府主管部门的证明

一般只涉及行政处罚，开具方式参考第四章“公司经营的合法合规”相关部分的讨论。

四、诉讼、仲裁与行政处罚的尽调流程

（一）第一步：确定尽职调查范围，拟定尽职调查统计表

重要子公司的判定范围与之前章节应保持一致，同时避免遗漏。

诉讼、仲裁以及行政处罚的尽调主体/对象范围，是指除常规性的诉讼、仲裁以及行政处罚外，是否需要对特定主体、特定业务范围或特定地域进行尽职调查。如部分债券项目需要就尽调主体进行上文所提及的诚信核查，涉及房地产行业的尽调主体需额外确认房地产业务相关的合规性（如是否有违反规定取得“地王”“捂地惜售”等特定业务行为），需根据项目具体情况单独进行判断。

诉讼与仲裁可放入同一个统计表格中，已决和未决诉讼、仲裁可以分开统计，如表11—2所示：

表11—2 已决诉讼仲裁统计表

序号	公司名称	受理/审理/裁判日期	案号	对应诉讼主体	诉讼对方	受理法院/仲裁机构	案由	案件基本情况	诉讼金额	案件阶段
2.	A公司	受理日期：2020年×月×日；审理日期：2021年×月×日；结案日期：2021年×月×日	（2021）×民初×号	被告	Z公司	×省高级人民法院	不正当竞争纠纷	原告：Z公司；被告：A公司；案件基本信息：（略）；诉讼请求：（略）；案件结果：双方达成和解	×万元	双方已通过和解结案

重要子公司的判定范围与之前章节应保持一致，同时避免遗漏。

表11—3 未决诉讼仲裁统计表

序号	公司名称	受理/审理/裁判日期	案号	对应诉讼主体	诉讼对方	受理法院/仲裁机构	案由	案件基本情况	诉讼金额	案件阶段
1.	A公司	受理日期：2020年×月×日；审理日期：2021年×月×日	（2021）×民初×号	原告	Y公司	×省高级人民法院	商标侵权	原告：A公司；被告：Y公司；案件基本信息：（略）；诉讼请求：（略）	×万元	一审——待出具判决

行政处罚可单独放入一个表格，如表11— 4 所示。

表11—4　行政处罚统计表

序号	被处罚主体	处罚时间	处罚决定文号	处罚机关	处罚依据	处罚事由	处罚内容	备注
1.	A公司	2021年×月×日	×银保监罚决字〔2021〕×号	×省银保监会	《中华人民共和国银行业监督管理法》等	重大关联交易未经内部流程审查等	罚款×万元	A公司已提供罚款缴纳凭证

此外，部分非诉讼、仲裁和行政处罚类的负面信息同样可能需要参照重大诉讼、仲裁和行政处罚进行尽职调查。例如，“3・15”晚会曝光的问题企业、部分行业协会的负面清单（劣迹艺人清单等），这都属于负面信息，可以参照重大诉讼、仲裁和行政处罚尽调开展相关尽调工作。

（二）第二步：确定诉讼、仲裁与行政处罚的重大性标准以及时间跨度

1. 确定诉讼仲裁的重大性标准

从尽调的实际操作来讲，诉讼与仲裁的重大性一般通过金额确定，根据项目不同，金额标准也不同。如某非金融企业上市项目中，审计师要求的重大诉讼的标准为“标的额在200万元以上”；而某科技企业的收购项目中，收购方要求披露的重大诉讼的标准为“标的额在10万元”以上。

同时，部分诉讼和仲裁即便金额很小，但是它们可能对尽调主体也非常重要，也应纳入尽调范围。比如，某高科技企业被诉专利侵权，诉讼标的额可能很小，但是，如果被诉侵权专利涉及该企业的主营业务，那么，该诉讼案件也可能被认为是重大案件。在这种情况下，确定重大性标准，不能只依赖于金

额，而仍然需要保留弹性，结合相关因素，对具体诉讼或仲裁案件是否重要进行综合判断。

2．确定行政处罚的重大性标准

行政处罚的重大性应首先参考政府主管部门的规定。例如，按照2021年10月陕西省药品监督管理局发布的《重大行政执法决定法制审核制度》的规定，省药监管局作出的行政处罚中，涉及重大公共利益的，处罚意见涉及责令停产停业、作出吊销许可证件或者撤销批准证明文件、限制从业、移送司法机关等直接关系当事人或者第三人重大权益，且经过听证程序，或案件重大、情况疑难复杂、涉及多个法律关系，由省局监督抽检处直接办理的案件的，都属于重大行政执法决定。

如果相关法律法规或政府主管部门无具体规定，一般综合处罚标的额（如1万元）和处罚的严重程度（是否涉及停业整顿、取消经营资质）进行判断。以上面提及的A股上市科技公司为例，其披露了：（1）两起未及时申报员工居住登记信息被处罚款的行政处罚，处罚金额为500元，且处罚派出所出具了无重大行政处罚的证明；（2）一起交通违章，罚款为500元；（3）一起逾期未交印花税的税收行政处罚，罚款为50元。上述行政处罚金额均相对较小，且处罚严重程度低，因此，律师判断不构成重大行政处罚，且认为“不会导致发行人不符合发行上市实质条件”。

3．诉讼、仲裁和行政处罚重大性标准的特殊情况处理

此外，在确定重大性标准过程中，也可能存在某些特殊情况。

（1）关于尽调主体董监高的诉讼、仲裁或行政处罚意见

针对这类个人主体来讲，重大性标准一般取决于诉讼、仲

裁或行政处罚对其履职能力的限制程度，以及是否可能对当前项目的推进造成实质障碍。以上面提及的A股上市科技公司为例，其披露了持有发行人5%以上股份的主要股东未办理境内个人对外直接投资的外汇登记的潜在处罚危险，并在法律意见书中明确就未办理个人外汇登记事宜的法律后果进行了陈述，特别强调“对外投资未办理个人境外投资外汇登记的情形不会导致发行人不符合发行上市实质条件”。

（2）劳动、环保等专门类型的诉讼、仲裁与行政性处罚

部分项目需要专门就劳动、环保相关合规事项出具意见。此类诉讼、仲裁与行政性处罚一般以是否会对业务经营（可参考前文）产生重大影响为重大性判断标准。

4. 确定时间跨度

诉讼、仲裁以及行政处罚的时间跨度一般与项目的报告期保持一致（如近三年即一期）。如是在诉讼、仲裁以及行政处罚系报告期前作出但处罚延续至报告期内（如证券市场禁入），从谨慎角度考量，仍需纳入尽调的时间范围。

（三）第三步：审阅尽调资料，补充尽职调查统计表内容

1. 梳理公开渠道查询信息

根据公开渠道查询到的诉讼、仲裁与行政处罚信息，填写尽职调查统计表。

2. 审阅尽调主体提供的清单以及资料，与公开渠道查询信息进行对比

根据尽调主体提供的清单以及资料（主要是资料室文件），核实公开渠道检索信息的准确性。

就公开检索和尽调主体提供的资料均涉及的诉讼、仲裁与行政处罚，如果两者存在冲突，就需要进行特别标注，谨慎对待。比如，如果公开检索的情况比尽调主体提供的更为全面或两者差异过大的，可在备注中特别注明“待尽调主体确认”，并根据尽调主体确认情况进行处理。

3. 就尽职调查统计表反映的待定事宜进行补充尽职调查

根据公开渠道查询到的资料和尽调主体提供的资料完善尽职调查统计表后，审阅尽调统计表格中所有尚未补充以及存在冲突的信息，起草补充尽职调查清单，可参考表11—5至表11—7：

表11—5 诉讼、仲裁、行政处罚补充尽调清单

所需资料	适用对象	备注	尽调主体答复
诉讼、仲裁、行政处罚			
公司已经提供一份A公司截至2021年×月×日的案件清单，请提供A公司自2021年×月×日至今，任何有关或涉及已经发生的、正在进行的或已有明显迹象表明可能要发生的×万元以上的未决诉讼、仲裁情况清单（请将公司作为原告的及作为被告的分为两张清单列示），清单应当包含当事人、案由、受理法院/仲裁机构、诉讼/仲裁请求、涉案金额、案件阶段、案件最新进展	A公司		
公司已经提供A公司的重要案件清单：（1）对于其中A公司和A公司的境内主要子公司作为被告的未决案件，请说明案件的最新进展情况以及如败诉是否会对A公司产生重大不利影响；（2）对于其中A公司和A公司的境内主要子公司作为原告的未决案件，请说明如果案件败诉是否会对A公司或A公司的境内主要子公司造成重大影响（案件信息请见本清单附表三、四）。	A公司和A公司的境内主要子公司		

续表

所需资料	适用对象	备注	尽调主体答复
请提供：（1）A公司的境内主要子公司的行政处罚、监管措施的处罚决定书、整改文件及/或罚款缴款凭证；（2）请说明是否已经完成整改，监管部门就该等处罚/处理是否有任何后续问询；（3）请确认该等处罚或监管措施是否对A公司和A公司境内主要子公司的业务产生重大不利影响（具体处罚信息请见本清单附表五）	A公司的境内主要子公司		
请说明A公司相关主体任何财产是否存在于或涉及任何行政机关、司法机关的查封、冻结及其他强制执行的措施或程序，并提供以下文件：裁定书、查封、扣押、冻结通知书、协助执行通知书、执行通知书等	A公司和A公司的境内主要子公司		
请确认A公司和A公司的境内主要子公司在近三年是否受到过国家外汇管理局或地方外汇管理部门就外汇相关事项作出的处罚、处理、监管措施	A公司和A公司的境内主要子公司		
请说明市场监管部门是否正在对A公司或A公司的境内主要子公司进行反垄断调查或作出任何反垄断相关的处罚；如是，请提供具体情况的说明、市场监管部门的相关文件及处罚决定书（如有）	A公司和A公司的境内主要子公司		

表11—6 诉讼、仲裁、行政处罚补充尽调清单附表三：诉讼案件情况

公司作为被告的案件：					
原告	被告	案由	诉讼金额（万元）	信息来源	最新进展，以及如果败诉是否会对集团或集团相关主体产生重大不利影响
Z公司	A公司	不正当竞争	×	［公开检索/具体资料室文件名称］	

表11—7 诉讼、仲裁、行政处罚补充尽调清单附表五：行政处罚信息

处罚机关	处罚主体	处罚决定书	处罚金额（万元）	处罚时间	请提供处罚决定书及缴款凭证
北京市×区市场监督管理局	A公司	京×市监处字〔2021〕第×号	×	2021年×月×日	

4．完成尽职调查表，确认需披露的诉讼、仲裁与行政处罚案件

重复补充尽职调查过程，直至尽职调查统计表无待确认事项或不影响出具意见为止。基于尽职调查表，整理对应的诉讼、仲裁与行政处罚的底稿文件并存档。

（四）第四步：起草诉讼、仲裁与行政处罚法律意见

在完成上述步骤并审阅完毕所有尽调材料后，根据项目需要且基于上文提及的法律意见和附表先例，起草法律意见书相应章节或准备风险揭示性文字。

（五）后续工作：根据项目需要更新公开检索结果，视情况进行补充尽调

诉讼、仲裁与行政处罚一般会截止到一个特定的时间节点（如项目交割日）。因此，在该项目重要时间节点前，需要定期和不定期地通过公开渠道检索的方式确认是否有任何新发生的诉讼、仲裁与行政处罚，并由尽调主体予以确认。

此外，所有尚未结案的诉讼、仲裁与行政处罚也需要在该

项目重要时间节点前确认其状态是否发生变化。确认的方式一般为尽调主体出具说明，佐以公开渠道检索。

此外，部分项目涉及bring-down尽职调查，即项目完成或阶段性完成前进行的、由尽调主体就特定事项进行确认的尽职调查会议。如bring-down 尽职调查时尽调主体提及了任何新的诉讼、仲裁与行政处罚，应予以补充尽职调查。

第十二章

交易所需的批准和授权

一、交易所需的批准和授权的尽调背景

在上市和并购项目中，律师通常需要对公司就本次发行上市或并购交易是否取得必要且合法有效的批准与授权出具法律意见。批准与授权涉及内部与外部两个方面。内部主要是指公司治理层面的批准与授权，如股东（大）会批准、董事会批准等；外部主要是指政府部门的批准与授权，如证券监管部门批准、反垄断部门批准、网络安全审查办公室批准等。

与本书其他章节讨论事项所不同的是，对交易所需的批准和授权出具法律意见、开展尽职调查，它们与正在进行的交易本身密切相关，贯穿整个项目过程。它们可能既需要律师事后核查，也需要律师事中协助公司获取有关批准与授权。有时，还需要律师起草申请批准与授权的相关文件。尽职调查与申请和获得批准、授权同时进行，律师尽调的对象，有时就是自己或其他律师起草的文件。

为了出具有关交易批准与授权的法律意见，律师通常需要对以下问题进行尽调：

（1）股东（大）会/董事会/监事会是否已依法定程序作出批准发行上市或批准本次并购交易的决议。

（2）根据有关法律、法规、规范性文件以及公司章程等规定，上述决议的内容是否合法有效。

（3）如股东（大）会授权董事会（或其他公司内部机构、人员）办理有关发行上市或并购事宜，上述授权范围、程序是否合法有效。

（4）如须履行外部批准程序（例如部分国有企业首次发

行上市须取得有关国有资产监督管理委员会的批准〔1〕，公司在境外上市须取得有关证券监管部门对企业境外发行上市等备案信息的确认〔2〕），发行人是否已依法定程序履行并取得该等外部批准。

二、交易所需的批准和授权的法律意见措辞

在不同类型的项目中，法律意见以及尽职调查的具体范围与关注点不尽相同，相关法律意见措辞也不完全相同。

（一）美国上市项目

在美国上市项目中，中国企业采用"小红筹"模式上市的较多。一般采取设立境外主体作为美国上市主体，并通过发行美国存托凭证（American Depositary Receipt）的方式在美国的证券交易所发行上市。由于发行主体是境外公司，作为公司或券商的境内律师，中国律师并不需要对境外主体公司治理层面的批准与授权发表意见。同时，由于境外主体是控股公司，境外主体控制中国境内主体，一般也不会涉及境内主体授权境外主体的情形。因此，在中国律师出具的法律意见书中，通常不涉及公司治理层面的批准与授权，而仅会对"本次发行及上市

〔1〕《上市公司国有股权监督管理办法》第63条规定："国有股东所控股上市公司发行证券，应当在股东大会召开前取得批准。属于本办法第七条规定情形的，由国家出资企业审核批准，其他情形报国有资产监督管理机构审核批准。"

〔2〕《境内企业境外发行证券和上市管理试行办法》第13条规定："境外发行上市的境内企业，应当依照本办法向中国证监会备案，报送备案报告、法律意见书等有关材料，真实、准确、完整地说明股东信息等情况。"

涉及的中国政府审批”发表意见。

此前，规范境内企业赴境外上市的法规主要包括两类：一类是主要适用于国企红筹（“大红筹”）境外上市的法规，另一类是主要适用于民企红筹（“小红筹”）境外上市的法规。前者如1997年6月20日国务院发布的《关于进一步加强在境外发行股票和上市管理的通知》（国发〔1997〕21号）（以下简称《97红筹指引》），后者如2009年6月22日商务部修改的《关于外国投资者并购境内企业的规定》（商务部令2009年第6号，以下简称《并购规定》）等。

然而，2021年年末至2023年3月，中国证监会陆续出台、更新了一系列相关法规，主要从发行监督管理程序等方面加强规范境内企业赴境外上市。2023年2月17日，中国证监会正式发布《境内企业境外发行证券和上市管理试行办法》（以下简称《境外发行试行办法》），并于同年3月31日生效，同时出台一系列境外发行上市类监管规则适用指引[1]。《97红筹指引》相应废止。

自此，境外上市新规首次明确将境内企业境外发行上市（包括前述“小红筹”模式、“大红筹”模式，以及下文所述中国香港特别行政区上市项目中直接上市、间接上市等）纳入统一监管，打破目前直接上市和间接上市两条独立监管条线的

〔1〕 包括《监管规则适用指引——境外发行上市类第1号》《监管规则适用指引——境外发行上市类第2号：备案材料内容和格式指引》《监管规则适用指引——境外发行上市类第3号：报告内容指引》《监管规则适用指引——境外发行上市类第4号：备案沟通指引》《监管规则适用指引——境外发行上市类第5号：境外证券公司备案指引》《监管规则适用指引——境外发行上市类第6号：境内上市公司境外发行全球存托凭证指引》。

局面。新规下，境内企业以不同模式境外上市原则上均须向中国证监会履行事中、事后备案程序〔1〕。

此外，境外上市还可能涉及网络安全审查办公室〔2〕、商务部、国家发展与改革委员会等行业监管部门的审批。根据《境外发行试行办法》，境内企业境外发行上市活动，应当严格遵守外商投资、网络安全、数据安全等国家安全法律、行政法规和有关规定，切实履行维护国家安全的义务。涉及安全审查的，应当在向境外证券监督管理机构、交易场所等提交发行上市申请前依法履行相关安全审查程序。由于境内企业赴境外上市的监管政策在完善中，新法规不时出台，究竟哪些法律法规需要适用以及如何适用，律师们需要持续关注。

实操中，由于是否适用该等法规会因主体性质、交易结构、监管口径等而存在较大不确定性，法律风险较高，因此，在出具本部分意见时，中国律师通常不会直接给出是或否的简单结论，而是会具体论证本次项目是否适用上述法规，并增加保留性措辞，说明法律法规适用或解释存在的不确定性。

就本章写作时点（2023年年初）而言，尚未有在新规生效后且履行完毕中国证监会备案程序并在美国上市的中概股。

---

〔1〕《境内企业境外发行证券和上市管理试行办法》第16条规定："发行人境外首次公开发行或者上市的，应当在境外提交发行上市申请文件后3个工作日内向中国证监会备案。发行人境外发行上市后，在同一境外市场发行证券的，应当在发行完成后3个工作日内向中国证监会备案。发行人境外发行上市后，在其他境外市场发行上市的，应当按照本条第一款规定备案。"第22条规定："发行人境外发行上市后发生下列重大事项，应当自相关事项发生并公告之日起3个工作日内向中国证监会报告具体情况……"

〔2〕《网络安全审查办法》第7条规定："掌握超过100万用户个人信息的网络平台运营者赴国外上市，必须向网络安全审查办公室申报网络安全审查。"

以2023年4月美国上市的“优品车”（股票代码：UCAR）为例，中国律师针对“本次发行及上市涉及的中国政府审批”发表意见如下：[1]

3.1.2 With respect to the M&A Rules.

The M&A Rules, among other things, purport to require CSRC approval prior to the listing and trading on an overseas stock exchange of the securities of an offshore special purpose vehicle established or controlled directly or indirectly by PRC companies or individuals and formed for the purpose of overseas listing through the acquisition of PRC domestic interests held by such PRC companies or individuals. Based on our understanding of the explicit provisions under PRC Laws, the CSRC’s approval is not required under the M&A Rules for the Offering. However, there are substantial uncertainties regarding the interpretation and application of the M&A Rules, other PRC Laws and future PRC laws and regulations, and there can be no assurance that any Governmental Agency will not take a view that is contrary to or otherwise different from our opinion stated herein.

3.1.3 Overseas Listing Trial Measures.

The Overseas Listing Trial Measures require PRC domestic companies that seek to offer and list securities in overseas markets, either in direct or indirect means, to complete the filing procedure with the CSRC and submit relevant information. As of date of this opinion, the Company and the PRC domestic companies are not required to complete the filing procedure with the CSRC. If the Company fails to

〔1〕 OPINION OF GUANTAO LAW FIRM, PEOPLE’S REPUBLIC OF CHINA COUNSEL TO THE REGISTRAN，载美国证监会网站。

obtain the approval for the effectiveness of the Registration Statement before March 31, 2023, or if the Company has obtained the approval before March 31, 2023 but fails to complete the offering and listing before September 30, 2023, the Company will be required to complete the filing procedure with the CSRC in accordance with the Overseas Listing Trial Measures.

上述英文法律意见译文如下：

3.1.2　关于《并购规则》

《并购规则》除其他规定外还要求，由中国境内公司或自然人设立或直接/间接控制的、为实现以其实际拥有的境内公司权益在境外上市的目的而设立的境外特殊目的公司，在境外证券交易所公开上市前须获得中国证监会批准。根据我们对中国法律明文规定的理解，本次上市无须取得《并购规则》下的中国证监会的批准。但是，《并购规则》、其他中国法律以及未来的中国法律法规之解释和适用仍存在很大不确定性，且我们无法保证任何政府机关不会采取与我们在此陈述的意见相反或不同的观点。

3.1.3　《境外发行试行办法》

《境外发行试行办法》要求中国境内公司以直接或间接方式寻求在境外市场发行和上市证券的，向中国证监会履行备案程序并提交相关信息。截至本意见书出具之日，公司和中国境内公司无须向中国证监会完成备案程序。如果公司未能在2023年3月31日（即《境外发行试行办法》施行之日。——笔者注）获得注册申报文件生效批准，或公司已在2023年3月31日前获得批准但未能在2023年9月30日前完成发行与上市，则公司将被要求按照《境外发行试行办法》向中国证监会履行备案程序。

（二）中国香港特别行政区上市项目

中国企业在中国香港特别行政区上市分为直接上市（即H股模式[1]）和间接上市两种模式，即本部分“（一）美国上市项目”中提及的“小红筹”模式。如前所述，在《境外发行试行办法》等新规出台并施行后，两种模式上市原则上均须向中国证监会履行事中、事后备案程序，不再区分不同方式进行监督与管理。

与“（一）美国上市项目”类似，中国律师通常仅需要针对“本次发行及上市涉及的中国政府审批”出具意见。考虑到前述监管境内企业赴境外上市法律法规存在不确定性，在实操中，出具本部分意见时，中国律师一般也不会直接给出是或否的简单结论，而是会具体论证本次项目是否适用上述法规，再出具相应保留性措辞，说明法律法规适用或解释存在的不确定性。

〔1〕 H股模式，是指境内企业不通过境外主体，直接以境内主体在中国香港特别行政区联合交易所发行并上市的模式。在2004年以前，不少中国国有企业（如中国电信、中国人寿）通过H股模式在中国香港特别行政区上市，同时，将H股转为美国存托凭证在美国上市。因此，H股模式并非中国香港特别行政区上市独有。不过，之后中国国有企业选择不去美国上市，不采用通过H股模式或直接上市模式在美国上市。

（三）A股上市项目

根据《12号准则》规定，在A股上市项目中，发行人律师需要就“本次发行上市的批准和授权”发表结论性意见。〔1〕同时，《执业细则》针对股东大会的查验事项、针对发行上市是否需要取得有关政府部门的审批，作出了进一步更为详细的规定。〔2〕

以2023年“阿特斯”A股上市（股票代码：688472）为例，发行人律师针对“本次发行上市的批准和授权”发表意见如下：〔3〕

（一）董事会的召开及决议

2021年3月12日，发行人召开第一届董事会第三次会议，审议通过了本次发行及上市的具体方案、本次募集资金使用的可行性及其他本次发行及上市的事项作出决议有关的议案，并于同日通过书面方式向全体股东发出召

〔1〕《12号准则》第30条规定，本次发行上市的批准和授权：（1）股东大会是否已依法定程序作出批准发行上市的决议；（2）根据有关法律法规规范性文件以及公司章程等规定上述决议的内容是否合法有效；（3）如股东大会授权董事会办理有关发行上市事宜上述授权范围 程 序是否合法有效。

〔2〕《执业细则》第63条规定：“律师应当查验发行人股东大会是否已经依法定程序作出批准发行上市的决议，上述股东大会的召集、召开、表决等程序是否合法合规，决议的内容是否合法有效。发行人股东大会授权董事会办理有关发行上市事宜的,上述授权范围、程序是否合法有效。”第64条规定：“律师应当确认发行人首发事项是否需要取得有关主管部门的批准或者备案。如需要，发行人是否已经取得相应的批准或者备案。”

〔3〕《北京市君合律师事务所关于阿特斯阳光电力集团股份有限公司首次公开发行股票并在上海证券交易所科创板上市之法律意见书》，载上海证券交易所官网。

开2021年第二次临时股东大会的会议通知。经本所律师核查后认为，该次董事会决议在形式及内容上均为合法、有效。

（二）股东大会的批准及授权

2021年3月29日，发行人召开2021年第二次临时股东大会，以逐项表决方式审议通过本次发行及上市的议案，经本所律师核查后认为，该次股东大会召开的时间、地点、议题等与股东大会的通知相符，股东大会的召开程序和表决程序符合公司章程相关规定，该次股东大会所形成的决议不违反我国法律、法规和规范性文件的规定，因此该次股东大会通过的决议合法有效。

（三）发行人本次股东大会就本次发行及上市事宜对董事会的授权

发行人2021年第二次临时股东大会审议通过了关于授权董事会办理首次公开发行股票并上市有关事宜的议案，就本次发行及上市相关事宜对董事会做出相关授权，上述授权自发行人2021年第二次临时股东大会批准之日起24个月内有效。经本所律师核查后认为，发行人股东大会对董事会的授权范围、程序符合《公司法》等法律、法规和规范性文件的规定，作出的决议合法有效。

基于前述，本所律师认为，发行人已就本次发行及上市获得其内部权力机构的批准，但尚待获得上海证券交易所的审核及中国证监会的注册。

由于发行人的法律意见书属于向中国证监会提交发行并上市申请的文件之一，〔1〕而中国证监会的批准以及证券交易所的审核均为提交申请后、项目进展后期的审核程序，因此，在出具上述法律意见时，该审批程序尚未完成，律师会使用“但尚待获得上海证券交易所的审核及中国证监会的注册”这样的措辞。

另外，如果拟上市公司涉及国有股东，则可能还须针对前文中提及的国资审批流程〔2〕发表合规意见，以2021年“中国电信”A股上市（股票代码：601728）为例，发行人律师针对“本次发行上市的批准和授权”发表意见如下：〔3〕

1.1　内部批准和授权

本所认为，本次发行及上市相关董事会及股东大会已依照法定程序作出了批准本次发行及上市的决议，决议的

〔1〕　《公开发行证券的公司信息披露内容与格式准则第58号——首次公开发行股票并上市申请文件》（中国证券监督管理委员会公告〔2023〕5号）第2条规定：“申请在中华人民共和国境内首次公开发行股票并在上海证券交易所、深圳证券交易所（以下统称交易所）上市的公司（以下简称发行人）应按本准则的要求制作和报送申请文件，并通过交易所发行上市审核业务系统报送电子文件。报送的电子文件应和预留原件一致。发行人律师应对报送的电子文件与预留原件的一致性出具鉴证意见。报送的电子文件和预留原件具有同等的法律效力。”附录《首次公开发行股票并上市申请文件目录》第3-3章规定，发行人律师关于本次发行的文件包括“3—3—1法律意见书”。

〔2〕　《上市公司国有股权监督管理办法》第63条规定：“国有股东所控股上市公司发行证券，应当在股东大会召开前取得批准。属于本办法第七条规定情形的，由国家出资企业审核批准，其他情形报国有资产监督管理机构审核批准。”

〔3〕　该发行人律师法律意见书完整版原文，载上海证券交易所网。

内容符合中国法律及发行人当时适用的公司章程的有关规定，合法有效；本次发行及上市相关股东大会对董事会办理与本次发行及上市相关事项的授权范围、程序合法有效。

1.2 外部批准

2021年4月2日，国务院国资委作出《关于中国电信股份有限公司公开发行A股股份有关事项的批复》（国资产权〔2021〕152号），同意发行人申请A股上市的总体方案；发行人本次发行尚待获得中国证监会的核准，本次上市尚待获得上海证券交易所审核同意。

（四）并购项目

在并购项目中，考虑到交易的对抗性、交易对方（或目标公司）提供尽调文件缺乏完整性等因素，律师通常倾向于不对目标公司出具法律意见书。但在进行法律尽职调查时，同样需要关注本次交易是否已取得必要的内部批准与授权，是否需要取得且是否已取得政府部门（比如反垄断部门）的批准。这些问题不仅是投资者重点关注的问题，而且在很大程度上影响着交易风险、交易价格和交割时间。

一般来说，在并购项目的交易协议里，相关方会在“陈述与保证”部分，对交易所需的批准和授权予以确认或保证，也会在“交割先决条件”部分作出约定，将交易所需的批准和授权作为交割的先决条件。交易律师通常需要起草的协议条款如下所示：

（陈述与保证）3.1［买方各方/卖方各方］有权签署、交付和履行其作为一方的交易文件，并为此采取了必要的行为，代表［买方各方/卖方各方］签署交易文件的人已经获得所有必要的授权。

（交割先决条件）4.1［买方各方/卖方各方］股东会和董事会（如适用）已批准按照交易文件进行和完成本次交易，该等批准在交割日维持完全有效。

（交割先决条件）4.2买方各方和卖方各方交割均需满足的共同条件：本次交易已通过中国的反垄断审查。

三、交易所需的批准和授权的尽调流程

（一）第一步：判断尽调主体交易可能需要的批准和授权

1．发行上市类交易

发行上市项目的特点之一是法律法规更新快、数量多，这就需要律师时刻关注行业监管动向，不断培养自己对受监管事项的敏感度及相关法规的检索技能，从而能迅速识别可能存在法律强制规定的问题点，并精准定位到有关规定。

以中国香港特别行政区上市项目为例，律师一般可以套用图12—1的路径对交易所需的批准和授权进行逐步判断：

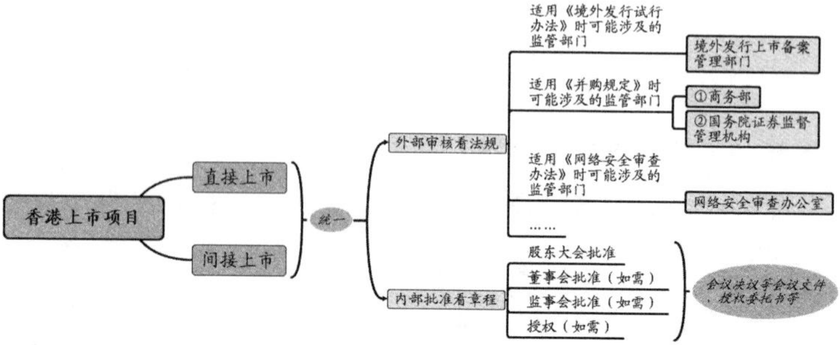

图12—1　上海“中国香港特别行政区上市项目”如何判断所需的批准和授权[1]

如前所述，对于中国香港特别行政区上市项目，目前可能适用的法律法规主要包括《境外发行试行办法》。如果发行人未能在2023年3月31日前获得境外监管机构或者境外证券交易所同意（如中国香港特别行政区已通过聆讯、美国市场已同意注册生效等），或已在2023年3月31日前获得同意但未能在2023年9月30日前完成境外发行上市，那么就需要发行人按照《境外发行试行办法》等法律法规向中国证监会递交备案材料。备案材料完备、符合规定的，中国证监会自收到备案材料之日起20个工作日内办结备案，并通过网站公示备案信息。因此，对于律师认为需要履行备案程序的上市项目，本次交易所需的批准和授权至少需要包括中国证监会出具的备案通知书。

〔1〕　本示意图仅供参考，实际操作中具体适用的法律法规及相关解读仍需以现行有效的法律法规及相关司法解释为准。

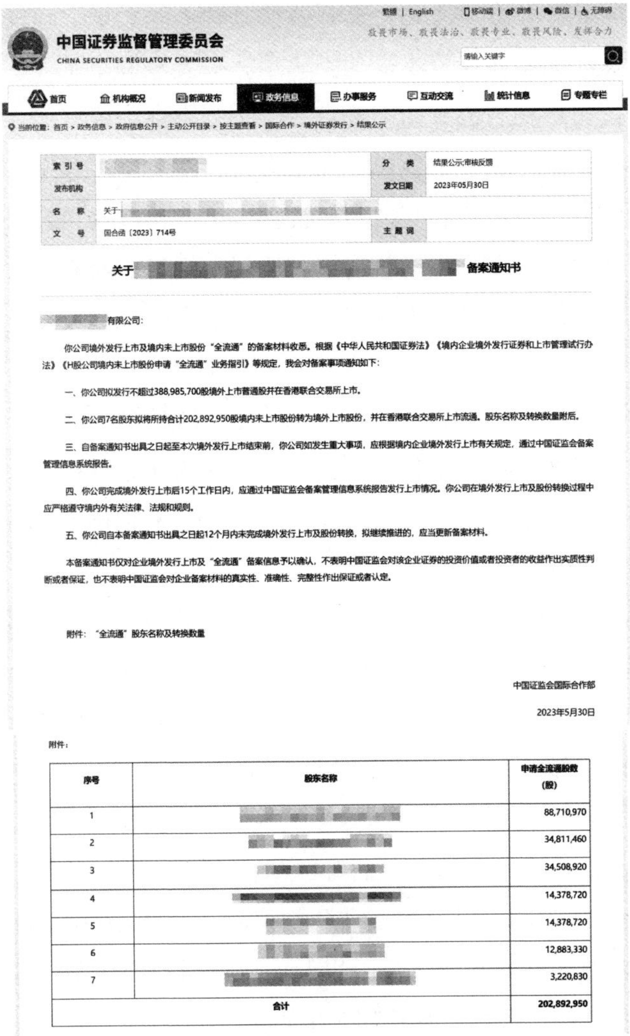

索引号	[redacted]	分类	结果公示;审核反馈
发布机构		发文日期	2023年05月30日
名称	关于[redacted]		
文号	国合函〔2023〕714号	主题词	

关于[redacted]备案通知书

[redacted]有限公司：

你公司境外发行上市及境内未上市股份"全流通"的备案材料收悉。根据《中华人民共和国证券法》《境内企业境外发行证券和上市管理试行办法》《H股公司境内未上市股份申请"全流通"业务指引》等规定，我会对备案事项通知如下：

一、你公司拟发行不超过388,985,700股境外上市普通股并在香港联合交易所上市。

二、你公司7名股东拟将所持合计202,892,950股境内未上市股份转为境外上市股份，并在香港联合交易所上市流通。股东名称及转换数量附后。

三、自备案通知书出具之日起至本次境外发行上市结束前，你公司如发生重大事项，应根据境内企业境外发行上市有关规定，通过中国证监会备案管理信息系统报告。

四、你公司完成境外发行上市后15个工作日内，应通过中国证监会备案管理信息系统报告发行上市情况。你公司在境外发行上市及股份转换过程中应严格遵守境内外有关法律、法规和规则。

五、你公司自本备案通知书出具之日起12个月内未完成境外发行上市及股份转换，拟继续推进的，应当更新备案材料。

本备案通知书仅对企业境外发行上市及"全流通"备案信息予以确认，不表明中国证监会对该企业证券的投资价值或者投资者的收益作出实质性判断或者保证，也不表明中国证监会对企业备案材料的真实性、准确性、完整性作出保证或者认定。

附件："全流通"股东名称及转换数量

中国证监会国际合作部

2023年5月30日

附件：

序号	股东名称	申请全流通股数（股）
1	[redacted]	88,710,970
2	[redacted]	34,811,460
3	[redacted]	34,508,920
4	[redacted]	14,378,720
5	[redacted]	14,378,720
6	[redacted]	12,883,330
7	[redacted]	3,220,830
合计		202,892,950

图12—2　中国证监会网站公示的备案通知书示例[1]

〔1〕　此处仅为中国证监会的公告截图。《关于十月稻田集团股份有限公司境外发行上市及境内未上市股份"全流通"备案通知书》，载中国证监会网。

接下来，律师还需要查阅公司章程。一般来说，发行上市类交易属于注册资本变动类事项，需要经股东（大）会审批，公司章程内会有如下规定："下列事项由股东大会以特别决议通过：（一）公司增加或者减少注册资本和发行任何种类股票、认股证和其他类似证券……"，或者"公司根据经营和发展的需要，依照法律、法规的规定，经股东大会分别作出决议，可以采用下列方式增加资本：（一）公开发行股份；……"。

如果公司章程中包括董事会行使下列职权：（六）制订公司增加或者减少注册资本、发行债券或其他证券及上市方案……"的规定。那么，就还需要经董事会决议确定上市方案并提请股东大会审议。

就中国香港特别行政区间接上市项目（或美国上市项目）而言，如前所述，这些项目通常不需要中国律师对境外公司内部决策合法合规性进行尽职调查并出具法律意见。但是，就发行上市是否需要获得相关中国政府部门审批而言，需要律师结合公司情况进行论证，尤其是发行人及本次交易是否属于受监管的对象、是否适用相关法律法规的结论。

就本章写作时点（2023年年初）而言，中国律师可能需要论证的是本次发行上市是否以及如何适用《境外发行试行办法》《并购规定》。为了判断该问题，中国律师需要对公司的组织架构、公司实际控制人的注册地或国籍、公司股权及主要资产变动历程等进行尽职调查。如有必要，律师还可以对图12—1中涉及的相关主管部门进行匿名电话咨询，就具体案例针对性地获取监管口径，以此来辅助论证法律意见中的结论。如果本次境外发行上市须向中国证监会履行备案程序，那么中国律师还需要审阅并准备相关备案文件，出具是否已经履行相关备案程序的法律意见。

不同于中国香港特别行政区上市项目和美国上市项目，A股上市项目的法律规定虽然数目众多且交叉程度较高，但规定相对而言比较明确，且发布时间更新，基本无须律师对法规本身进行进一步解释论证。因此，律师只要找全、找准有关的法律规定，通常只需要根据该等法律规定逐项判断尽调对象是否满足法规要求即可。

例如，在判断上市公司所需的内外部决策可能有哪些时，可以首先看法规规定。根据《首次公开发行股票注册管理办法》第14条〔1〕和第15条的规定〔2〕，公司首次公开发行上市须经公司董事会和股东大会决议。因此，董事会和股东大会的会议文件都属于尽调范围。如果上市公司是民营企业或非国有股东控股的其他企业，那么，一般不会涉及国资监管机构的外部批准；反之，根据《上市公司国有股权监督管理办法》第63条〔3〕的规定，国有控股股东所控股的上市公司发行证券，未

〔1〕　《首次公开发行股票注册管理办法》第14条规定："发行人董事会应当依法就本次发行股票的具体方案、本次募集资金使用的可行性及其他必须明确的事项作出决议，并提请股东大会批准。"

〔2〕　《首次公开发行股票注册管理办法》第15条规定："发行人股东大会应当就本次发行股票作出决议，决议至少应当包括下列事项：（一）本次公开发行股票的种类和数量；（二）发行对象；（三）定价方式；（四）募集资金用途；（五）发行前滚存利润的分配方案；（六）决议的有效期；（七）对董事会办理本次发行具体事宜的授权；（八）其他必须明确的事项。"

〔3〕　《上市公司国有股权监督管理办法》第63条规定："国有股东所控股上市公司发行证券，应当在股东大会召开前取得批准。属于本办法第七条规定情形的，由国家出资企业审核批准，其他情形报国有资产监督管理机构审核批准。"

导致控股股东持股比例低于合理持股比例的由上市公司自行决策，其他均需国有资产监督管理机构审核批准。当存在后者情形时，国有资产监督管理机构的批复文件也属于律师需要关注的尽调范围。在审阅法律法规规定的基础上，律师再去看公司章程规定，判断是否有更为具体的内部决策规定，并确定具体的内部决策机构和决策程序。

2. 并购类交易

并购项目较为灵活多变，在判断此类交易所需批准和授权时，需要综合考虑本次交易适用的法律、交易性质，结合对公司章程的审阅以及公司需求，得出最终的结论。律师一般可以套用图12—3的路径对并购交易所需的批准和授权进行逐步判断：

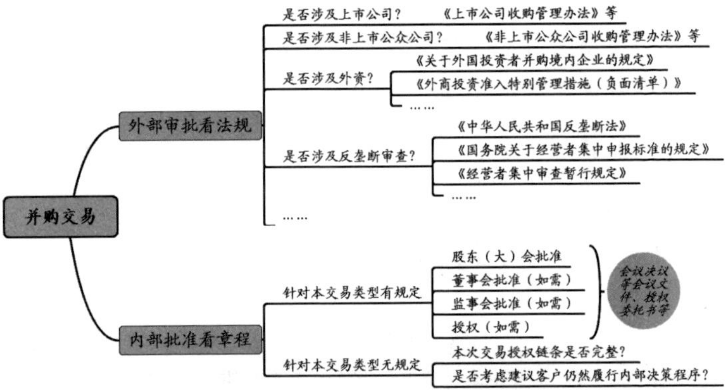

图12—3 判断“并购交易”中所需的批准和授权[1]

比如，在一个股权收购项目中，买方和卖方都是开曼公司，目标公司是卖方通过其关联机构设立于上海的境内可变利

[1] 本示意图仅供参考，实际操作中具体适用的法律法规及相关解读仍需以现行有效的法律法规及相关司法解释为准。

益实体（VIE）。作为本项目的卖方中国境内交易律师，需要从中国法的角度对本次交易需要哪些批准与授权给客户作出提示。

首先，根据交易性质、交易对手等因素，需要从法律法规层面着手判断是否需要外部审批。比如，买方和卖方上一会计年度在全球范围内的营业额合计是否超过100亿元，并且其中至少有两个经营者上一会计年度在中国境内的营业额均超过4亿元[1]，如果达到这一门槛，那么本次交易就可能需要事先向国务院反垄断执法机构申报。因此，商务部反垄断局的批准可能会成为本交易所需的外部审批之一。

接下来看公司章程。目标公司作为本交易中的境内主体，根据中国法需要经过哪些内部决策呢？以上海市市场监督管理局公示的内资有限责任公司章程范本为例[2]，先看章程中对于并购交易是否有相关规定：

> “……
>
> **第七条**　公司股东会由全体股东组成，是公司的权力机构，行使下列职权：

〔1〕　国务院《关于经营者集中申报标准的规定》第3条规定：“经营者集中达到下列标准之一的，经营者应当事先向国务院反垄断执法机构申报，未申报的不得实施集中：(一)参与集中的所有经营者上一会计年度在全球范围内的营业额合计超过100亿元人民币，并且其中至少两个经营者上一会计年度在中国境内的营业额均超过4亿元人民币；(二)参与集中的所有经营者上一会计年度在中国境内的营业额合计超过20亿元人民币，并且其中至少两个经营者上一会计年度在中国境内的营业额均超过4亿元人民币。营业额的计算，应当考虑银行、保险、证券、期货等特殊行业、领域的实际情况，具体办法由国务院反垄断执法机构会同国务院有关部门制定。”

〔2〕　该范本来源于上海市市场监督管理局网。

（一）决定公司的经营方针和投资计划；

（二）选举和更换非由职工代表担任的董事、监事，决定有关董事、监事的报酬事项；

（三）审议批准董事会的报告；

（四）审议批准监事会的报告；

（五）审议批准公司的年度财务预算方案、决算方案；

（六）审议批准公司的利润分配方案和弥补亏损方案；

（七）对公司增加或者减少注册资本作出决议；

（八）对发行公司债券作出决议；

（九）对公司合并、分立、解散、清算或者变更公司形式作出决议；

（十）修改公司章程；

（十一）为公司股东或者实际控制人提供担保作出决议。

对前款所列事项股东以书面形式一致表示同意的，可以不召开股东会会议，直接作出决定，并由全体股东在决定文件上签名、盖章（自然人股东签名、法人股东盖章）。

……

第十五条 董事会对股东会负责，行使下列职权：

（一）召集股东会会议，并向股东会报告工作；

（二）执行股东会的决议；

（三）决定公司的经营计划和投资方案；

（四）制订公司的年度财务预算方案、决算方案；

（五）制订公司的利润分配方案和弥补亏损方案；

（六）制订公司增加或者减少注册资本以及发行公司债券的方案；

（七）制订公司合并、分立、解散或者变更公司形式的方案；

（八）决定公司内部管理机构的设置；

（九）决定聘任或者解聘公司经理及其报酬事项，并根据经理的提名决定聘任或者解聘副经理、财务负责人及其报酬事项；

（十）制定公司的基本管理制度。

……

第二十条　公司设经理一名，由董事会决定聘任或者解聘。经理每届任期为×年，任期届满，可以连任。经理对董事会负责，行使下列职权：

（一）主持公司的生产经营管理工作，组织实施董事会决议；

（二）组织实施公司年度经营计划和投资方案；

（三）拟订公司内部管理机构设置方案；

（四）拟订公司的基本管理制度；

（五）制定公司的具体规章；

（六）提请聘任或者解聘公司副经理、财务负责人；

（七）决定聘任或者解聘除应由董事会决定聘任或者解聘以外的负责管理人员；

（八）董事会授予的其他职权。

经理列席董事会会议。

……

第二十七条 股东之间可以相互转让其全部或者部分股权。

股东向股东以外的人转让股权，应当经其他股东过半数同意。股东应就其股权转让事项书面通知其他股东征求同意，其他股东自接到书面通知之日起满三十日未答复的，视为同意转让。其他股东半数以上不同意转让的，不同意的股东应当购买该转让的股权；不购买的，视为同意转让。

经股东同意转让的股权，在同等条件下，其他股东有优先购买权。两个以上股东主张行使优先购买权的，协商确定各自的购买比例；协商不成的，按照转让时各自的出资比例行使优先购买权。

第二十八条 转让股权后，公司应当注销原股东的出资证明书，向新股东签发出资证明书，并相应修改公司章程和股东名册中有关股东及其出资额的记载。对公司章程的该项修改不需再由股东会表决。

第二十九条 有下列情形之一的，对股东会该项决议投反对票的股东可以请求公司按照合理的价格收购其股权：

（一）公司连续五年不向股东分配利润，而公司该五年连续盈利，并且符合本法规定的分配利润条件的；

（二）公司合并、分立、转让主要财产的；

（三）公司章程规定的营业期限届满或者章程规定的

其他解散事由出现，股东会会议通过决议修改章程使公司存续的。

自股东会会议决议通过之日起六十日内，股东与公司不能达成股权收购协议的，股东可以自股东会会议决议通过之日起九十日内向人民法院提起诉讼。

……

通篇审阅上述章程条款之后，中国律师会发现，章程中规定了部分事项需要经股东会和董事会审批；而第27—29条则对股权转让作出了相关规定。综合这几条规定可以得出结论，股东向股东以外的人转让股权，需要经过股东会决议批准，但不一定需要经过董事会决议。如果本次交易会导致外资进入目标公司，使得公司形式发生变更，那么根据第15条第7项的规定，本次交易还需要董事会决议确定方案并提请股东会批准。

仍然以上述上海市市场监督管理局的示范章程为例，假设现在进行的是中国境内主体之间的资产收购交易，不涉及外资，那么，根据上述章程规定可以发现，章程并没有条款明确要求公司就本次交易履行相应的内部决策程序。因此，从激进角度解读章程条款，股东会或董事会批准并非必须的。但是，如果交易比较重要，比如，出售的资产涉及公司的主要业务，从风险防范角度考虑，律师可以建议公司考虑召开股东会或董事会批准本次交易，减少未来如有争议发生时的不确定性。

另外，由于买方和卖方的法定代表人不一定会有时间对交易相关的所有事宜亲自处理或签署所有相关文件，律师还需要在项目中及时与公司进行沟通，明确项目最终签字主体及其权限，继而根据章程等内部制度梳理判断公司内部决策完整的授权链条（例如股东会—董事会—总经理—部门经理，依次向下授权）。继续以上述章程示范为例，如果最终交易文件签署人是公司总经理，那么，根据章程第20条第8项的规定，总经理至少需要获得董事会的授权，因此，董事会的授权文件也属于本部分尽职调查需要审阅的范畴。

（二）第二步：收集并梳理尽调材料，确定交易所需的批准和授权

出具此类法律意见所需查验的尽调材料一般无法或很难从公开渠道获取，需要由公司及有关主体自行提供。在这种情况下，律师需要通过尽调法律文件清单等方式，请公司或其他主体提供相关信息，并对这些信息进行审阅和核查。

每个公司的章程文件和内部制度可能存在差异，但通常而言，律师需要获取的尽调材料包括：（1）制度文件：召开下述会议时有效的公司章程、董事会议事规则、股东大会议事规则等；（2）会议文件：授权、批准本次发行上市的董事会/股东大会的会议议案、会议通知、签到簿、代理出席的委托书（如有）、表决票、表决结果、会议记录、会议决议等。（3）外部批准政府文件（如有）：有关部门对公司本次发行上市的批复文件。

正如本章第一部分所述，交易所需的批准和授权既需要律师进行事后尽调，也需要律师在项目中辅助制作完成。比如，在并购项目中，公司律师需要协助公司准备批准本次交易

的内部决策文件；在上市项目中，公司律师需要辅助公司准备材料并向政府部门递交申请，承销商律师需要辅助公司审阅这些材料并有效监督。因此，在尽调法律文件清单里一般不会针对本部分予以单独区分。在审阅、制作或获取这些批准和授权文件的过程中，律师需要向公司提供材料需求清单，可以参考的尽调法律文件清单表述如表12—1所示：

表12—1 法律尽职调查文件清单示例

序号	文件要求	适用对象	回复/说明
1	公司基本情况		
1.1	请提供公司的结构图（包括境内结构和境外结构），结构图中应显示公司及其全部子公司、VIE公司和参股公司（不仅限于重要子公司）的股权结构及注册地；公司的全部子公司和关联公司（不仅限于重要子公司）的清单	集团	
1.2	请提供各公司的以下文件： A. 现行有效的营业执照； B. 现行有效的公司章程、股东协议（如有）； C. 外商投资企业批准证书（或备案回执，如有）； D. 现行有效的股东名册（如有）	境内子公司 境内VIE实体	
1.3	请提供由公司注册地市场监督管理局出具的公司自设立至今的全套工商变更登记档案文件，并骑缝加盖“工商档案查询专用章”，需包括公司变更的全部相关法律文件，包括但不限于变更前后的营业执照、章程、验资报告、资产评估报告、相关的各种决议、协议、有权部门的批准、备案文件。如存在前述所需文件未提交工商，请另行提供	[×]	
……	……	[×]	
2	公司的股权结构		
2.1	请提供各VIE实体最新有效的全套VIE协议文本和VIE项下的工商质押登记文件	境内VIE实体	

续表

序号	文件要求	适用对象	回复/说明
2.2	请说明目前（除VIE协议项下的名义持股外）各公司股东在持有的该等公司股权上是否存在信托持股、代理持股、委托持股等情形；如有，请提供相关信托计划、代理持股、委托持股的协议及其他相关文件。请说明各公司股东持有该等公司股权是否存在争议；如有，请提供相关文件		
2.3	请提供其他任何公司和其现存股东之间的，或现存股东之间的文件、协议，包括但不限于与公司的控制权及管理相关的协议		
……	……		
3	组织机构		
3.1	请提供公司的组织结构图及机构设置图、各职能部门设置和职责	[×]	
3.2	请提供现行有效的公司治理制度及内部各机构的规章制度文件，包括但不限于：股东大会、董事会、监事会的议事规则文件、董事会专门委员会议事规则文件、董事会秘书制度文件、总经理工作制度文件、内部审计制度文件、财务管理制度、会计制度、高管人员年薪考核办法、薪酬制度、其他公司治理制度规定。	[×]	
3.3	请提供公司自设立至今，股东会、董事会、监事会所有的决议、记录等公司三会运作的相关文件，包括但不限于：会议通知、会议议案、会议记录、会议决议等	[×]	
3.4	请提供公司现任董事、监事及高级管理人员（包括总经理、副总经理、董事会秘书、财务负责人及公司章程规定的其他高级管理人员）提名方、公司履行内部决策的会议文件、主管机关的任命文件	[×]	
……	……	[×]	

对于是否需要获得外部批准，如前文所述，需要律师根据公司提供的尽调材料进行论证与判断，如果属于法律法规规定的受监管情形，则须向公司跟进该等政府机构出具的批复文件。比如，在中国香港特别行政区及美国上市项目中，如果发行人需要根据《境外发行试行办法》向中国证监会履行备案程序，那么律师需要在项目后期向公司进一步要求提供有关部门的备案通知书，律师也可以通过查询中国证监会官网等网站，对予以公示的批复信息（如图12—2所示）进行公开检索并截图留存。

公司根据清单进行回应并提供尽调材料后，律师需要梳理出前述需要查验的制度文件、会议材料等，并将相关的尽调材料汇总至单独的文件夹以便后续核查。

（三）第三步：查验公司与本次交易有关的内部授权及批准文件

核查公司是否作出了合法有效的内部批准和授权，其实是要求律师核查董事会会议和股东大会在程序和内容两方面是否均做到了合法合规。程序或内容上的瑕疵均可能导致公司最终作出的内部批准和授权产生效力瑕疵甚至导致无效，从而影响交易的合法合规。

具体而言，律师需要核查公司是否已依有关法律法规及公司章程、董事会议事规则、股东大会议事规则（如有）履行了必要及合法的内部决策程序，主要查验公司是否按照章程制度规定及时发出书面/电子/口头会议通知、审议内容是否囊括法定事项、董事及股东出席及列席情况是否符合要求、是否按照规定进行表决、表决结果是否与会议决议一致、会议决议是否涵盖交易所需的所有内部批准及授权等。律师可以通过核查会议通知、会议议案、会议记录、表决结果、会议决议等会议文件依次排查公司的内部决策及批准流程是否均合法，会议决议是否均合法有效。

1. 主要法律法规及其来源

并购类交易有关董事会会议和股东（大）会程序及内容要求的法律规定主要涉及的是《公司法》。

发行上市类交易有关董事会会议和股东（大）会程序及内容要求的主要法律规定和检索来源则较为复杂，一般包括：

（1）《公司法》（2018年修正）；

（2）《首次公开发行股票注册管理办法》[1]；

（3）《上市公司章程指引》[2]；

（4）《上市公司治理准则》[3]；

（5）《证券发行上市保荐业务管理办法》[4]；

（6）除了上述法律法规，上市公司董事会会议、股东大会程序及内容相关的其他法律法规、规范性文件或其他信息还可以通过中国证监会（网址：http://www.csrc.gov.cn/）的网站进行检索；

---

〔1〕《首次公开发行股票注册管理办法》（中国证券监督管理委员会令第205号），2023年2月17日发布，2023年2月17日起实施。

〔2〕《上市公司章程指引》（中国证券监督管理委员会公告〔2022〕2号），2022年1月5日公布，2022年1月5日起实施。

〔3〕《上市公司治理准则》（中国证券监督管理委员会公告〔2018〕29号），2018年9月30日公布，2018年9月30日起实施。

〔4〕《证券发行上市保荐业务管理办法》（中国证券监督管理委员会令第207号），2023年2月17日发布，2023年2月17日起实施。

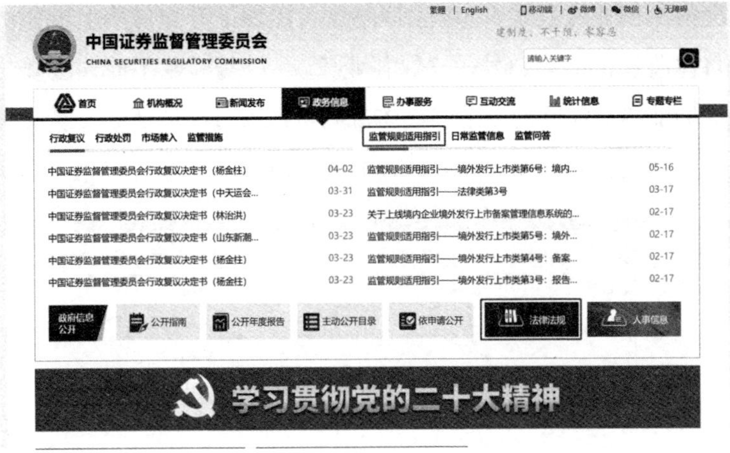

图12—4　中国证监会网站“政务信息”栏目

（7）《上海证券交易所股票上市规则》〔1〕《上海证券交易所科创板股票上市规则》〔2〕《上海证券交易所上市公司自律监管指引第1号——规范运作》〔3〕《上海证券交易所上市公司自律监管指引第11号——持续督导》〔4〕等。除了前述法规，上海证券交易所的一系列具体规则可以通过上海证券交易所官网（网址：http://www.sse.com.cn/）进行检索；

（8）《深圳证券交易所股票上市规则》〔5〕《深圳证券

〔1〕　《上海证券交易所股票上市规则》（上证发〔2023〕31号），2023年2月17日发布，2023年2月17日起实施。

〔2〕　《上海证券交易所科创板股票上市规则》（上证发〔2020〕101号），2020年12月31日发布，2020年12月31日起实施。

〔3〕　《上海证券交易所上市公司自律监管指引第1号——规范运作》（上证发〔2022〕2号），2022年1月7日发布，2022年1月7日起实施。

〔4〕　《上海证券交易所上市公司自律监管指引第11号——持续督导》（上证发〔2022〕12号），2022年1月7日发布，2022年1月7日起实施。

〔5〕　《深圳证券交易所股票上市规则》（深证上〔2023〕92号），2023年2月17日发布，2023年2月17日起实施。

交易所创业板股票上市规则》[1]《深圳证券交易所上市公司自律监管指引第13号——保荐业务》[2]等。除了前述法规，深圳证券交易所的一系列具体规则可以通过深圳证券交易所官网（网址：http://www.szse.cn/）进行检索。

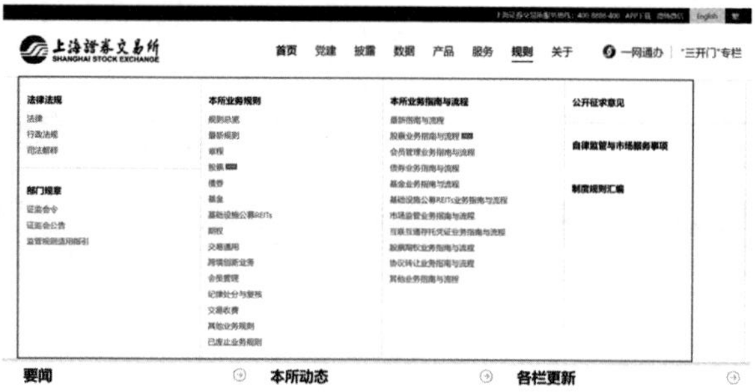

图12—5　上海证券交易所网站“规则”栏目

图12—6　深圳证券交易所网站“发行上市”栏目

〔1〕　《深圳证券交易所创业板股票上市规则》（深证上〔2023〕93号），2023年2月17日发布，2023年2月17日起实施。

〔2〕　《深圳证券交易所上市公司自律监管指引第13号——保荐业务》（深证上〔2022〕25号），2022年1月7日发布，2022年1月7日起实施。

图12—7　深圳证券交易所网站“法律规则”栏目

由于针对上市公司公司治理的法律法规较为分散繁杂，虽然总体原则上还是以公司章程的规定为主，但仍然建议律师在进行本部分尽调前，先对监管部门的法规要求进行充分检索，以防遗漏任何监管要求，导致未能发现公司作出的决议所存在的瑕疵。

2. 会议通知

在召开董事会会议和股东（大）会之前，公司应当根据《公司法》等法规或公司章程等制度向全体董事及股东发出会议通知。会议通知的内容一般包括会议日期和地点、会议期限、事由及议题、发出通知的日期、会议联系人等。律师可以通过公司提供的会议通知文件核查董事会和股东大会的召开程序是否合法合规。

审查会议通知的主要关注点包括：

（1）根据《公司法》第110条召开的董事会定期会议、临时会议是否按照公司章程、董事会议事规则（如有）及有关法律法规提前通知全体董事和监事？

（2）根据《公司法》第102条，年度股东（大）会是否提前20日通知各股东？临时股东（大）会是否提前至少15日通知各股东？

（3）会议通知的形式是否符合公司章程、董事会议事规则、股东大会议事规则（如有）及有关法律法规的规定？

3．会议时间、地点、方式

关于董事会会议和股东（大）会的会议时间、地点及方式，律师同样可以通过会议通知文件获取该等信息并进行核查。对于A股发行上市类项目，监管部门主要关注会议方式，对于会议时间和会议地点的限制仍以公司章程的规定为主。比如上海证券交易所就要求董事会会议以现场召开为原则；必要时，在保障董事充分表达意见的前提下，经召集人（主持人）、提议人同意，也可以通过视频、电话、传真或者电子邮件表决等方式召开。

审查会议时间、地点、方式的主要关注点是审查会议时间、地点、方式是否符合公司章程、董事会议事规则、股东大会议事规则（如有）及有关法律法规的规定。比如，如果律师注意到批准发行上市的股东大会是通过视频方式召开，那么律师需要核查公司章程是否有类似“公司可以采用视频会议、电话会议等其他方式为股东参加股东大会提供便利”的规定，并且进一步核查是否针对线上参会方式设置了特别的通知要求。

4. 审议内容

审议内容，是指董事会会议和股东（大）会需要表决的议案，一般由董事会制订并审议，再提交股东（大）会审议通过。审议内容的审查既是本部分尽职调查的重点，也是监管部门主要关注的方面。律师可以通过查验会议议案、会议决议核查公司是否已依照法律法规及章程制度文件对涉及发行上市的事项作出决议。

以A股主板上市项目为例，有关发行上市的股东大会会议议案一般包括：关于首次公开发行人民币普通股（A股）股票并上市方案的议案、关于授权董事会及董事会授权人士办理与首次公开发行人民币普通股（A股）股票并上市有关事项的议案、关于首次公开发行人民币普通股（A股）股票并上市发行前滚存利润分配方案的议案、关于首次公开发行人民币普通股（A股）股票并上市募集资金用途的议案等。

公司在发行上市之前，一般需要在保荐机构的辅导下完善公司治理制度，以符合法律法规对上市公司的公司治理要求，因此，可能涉及修改公司章程或新增公司制度的情形。在这种情况下，根据召开股东大会时适用的公司章程，股东大会可能还需要审议以下议案：关于修订公司章程的议案、关于制订首次公开发行A股股票并上市后适用的股东大会议事规则的议案、关于修订董事会议事规则的议案、关于修订监事会议事规则的议案等。

审阅上述议案的关注点主要包括：

（1）会议议案是否包括本次发行股票的种类和数量、发行对象、价格区间或者定价方式、募集资金用途、发行前滚存利润的分配方案、决议的有效期、对董事会办理本次发行具体事宜的授权及其他法律法规规定[1]必须明确的事项。

（2）如存在授权问题，会议议案是否包括了所有被授权主体。

（3）会议决议内容是否与会议议案一致。

（4）审议内容是否都属于股东大会职权范围。

以A股主板上市项目为例，有关发行上市的董事会会议议案一般包括：关于首次公开发行人民币普通股（A股）股票并上市方案的议案、关于提请股东大会授权董事会及董事会授权人士办理与首次公开发行人民币普通股（A股）股票并上市有关事项的议案、关于首次公开发行人民币普通股（A股）股票并上市发行前滚存利润分配方案的议案、关于首次公开发行人民币普通股（A股）股票并上市募集资金用途的议案等。

如前所述，公司在发行上市之前，一般需要在保荐机构的辅导下完善公司治理制度，以符合法律法规对上市公司公司治理的要求，因此可能涉及修改公司章程或新增公司制度的情形。在这种情况下，根据召开董事会会议时适用的公司章程，董事会会议可能还需要审议以下议案：关于修订公司

---

〔1〕《国务院关于经营者集中申报标准的规定》第3条规定："经营者集中达到下列标准之一的，经营者应当事先向国务院反垄断执法机构申报，未申报的不得实施集中：(一)参与集中的所有经营者上一会计年度在全球范围内的营业额合计超过100亿元人民币，并且其中至少两个经营者上一会计年度在中国境内的营业额均超过4亿元人民币；(二)参与集中的所有经营者上一会计年度在中国境内的营业额合计超过20亿元人民币，并且其中至少两个经营者上一会计年度在中国境内的营业额均超过4亿元人民币。营业额的计算，应当考虑银行、保险、证券、期货等特殊行业、领域的实际情况，具体办法由国务院反垄断执法机构会同国务院有关部门制定。"

章程的议案、关于制订首次公开发行A股股票并上市后适用的股东大会议事规则的议案、关于修订董事会议事规则的议案等。

审阅上述议案的主要关注点包括：

（1）会议议案是否包括本次股票发行的具体方案、本次募集资金使用的可行性及其他法律法规规定[1]必须明确的事项。

（2）如存在需要提请股东大会授权董事会及董事会授权人士处理有关发行上市相关事宜的情形，是否制定相应议案。

（3）会议决议内容是否与会议议案一致。

（4）审议内容是否都属于董事会会议职权范围。

5. 会议出席及列席情况

会议出席，是指参与会议的主要人员或正式人员，一般拥有会议规定享有的全部权利，如发言权、表决权等，而列席人员通常是指参加会议但无表决权的，他们一般仅旁听，根据公司章程制度的规定，有些列席人员可以具有发言权，即对会议的审议内容提出意见和建议等。律师可以通过审查签到簿、会议记录等会议文件核查董事会会议和股东大会的出席/列席人员是否符合法律规定及章程制度规定。

以A股上市项目为例，关于董事会会议和股东大会依法需要/可以出席及列席的人员，可以参照表12—2进行核查：

---

〔1〕 本示意图仅供参考，实际操作中具体适用的法律法规及相关解读仍需以现行有效的法律法规及相关司法解释为准。

表12—2 董事会、股东大会需出席/列席人员

会议	应出席人员	应列席人员	可列席人员
董事会会议	董事	经理、董事会秘书	财务顾问（上海证券交易所）、保荐代表人、监事等
股东大会	股东、全体董事、监事和董事会秘书	经理和其他高级管理人员	财务顾问（上海证券交易所）、保荐代表人等

可以参考的法律法规及检索来源包括：

（1）《公司法》（2018年修正）第49条、第54条规定经理列席董事会会议，监事可以列席董事会会议。

（2）《上市公司章程指引》（2022年修订）第67条规定公司全体董事、监事和董事会秘书应当出席会议，经理和其他高级管理人员应当列席股东大会。

（3）《证券发行上市保荐业务管理办法》（2023年修订）第53条规定保荐机构及其保荐代表人可以列席发行人的股东大会、董事会会议。除前述法规，上海证券交易所和深圳证券交易所针对会议出席及列席人员的其他具体规定可以通过查询其官网（见第三步相关内容）进行检索。

律师除核查会议出席及列席是否符合法律法规规定外，还需要核查公司章程及其他制度文件。举例而言，如果针对发行上市事宜存在利益冲突或其他法律法规、公司章程制度规定的回避情形，律师需要核查该等人员是否按规定进行了回避。如果针对出席人数有限制，比如公司章程规定董事会会议应由过半数的董事出席方可举行等，律师需要核查会议出席人数是否符合该等规定。如果会议参加人应出席但无法出席，律师需要核查该会议参加人是否可以通过适当的授权由代理人代为出

席，且是否已按规定进行了合理有效的授权。

6．会议表决情况

关于会议表决情况，律师可以通过核查会议通知、表决票情况、表决结果、会议记录、会议决议等查验表决情况是否符合法律法规规定及公司章程制度规定。

审阅会议表决情况的主要关注点包括：

（1）是否按照公司章程制度规定的表决方式进行表决？比如是否可以采取口头表决或举手表决，是否留存书面表决票。

（2）如果会议决议议案通过，该议案投赞同票的参会人员人数是否符合法律规定及公司章程制度要求（如根据《公司法》第103条、第110条的规定，董事会决议至少应当经全体董事的过半数同意，股东大会决议至少应当经出席会议的股东所持表决权过半数通过）。

7．会议决议

会议决议一般需要核查的是决议事项是否与会议议案一致，决议是否能涵盖本次交易所需的所有内部批准和授权。

以A股项目主板上市项目为例，股东大会决议语言一般如下：

> ×××（以下简称公司）2022年临时股东大会会议于2022年［×］月［×］日上午9点00分在中国上海市静安区［×］举行。本次会议由董事会召集。出席本次会议的股东代表所代表的公司普通股总计［×］股，占公司股份总数的［×］。

本次会议通过如下决议：

特别决议案：

1. 审议及批准关于首次公开发行人民币普通股（A股）股票并上市方案的议案。

2. 审议及批准关于提请股东大会授权董事会及董事会授权人士办理与首次公开发行人民币普通股（A股）股票并上市有关事项的议案。

3. 审议及批准关于首次公开发行人民币普通股（A股）股票并上市发行前滚存利润分配方案的议案。

4. 审议及批准关于首次公开发行人民币普通股（A股）股票并上市募集资金用途的议案。

5. 审议及批准关于修订公司章程的议案。

6. 审议及批准关于采纳首次公开发行人民币普通股（A股）股票并上市后适用的股东大会议事规则的议案。

7. 审议及批准关于修订董事会议事规则的议案。

8. 审议及批准关于修订监事会议事规则的议案。

普通决议案：

9. 审议及批准关于首次公开发行人民币普通股（A股）股票摊薄即期回报及填补措施的议案。

10. 审议及批准关于首次公开发行人民币普通股（A股）股票并上市后三年内稳定A股股价预案的议案。

11. 审议及批准关于首次公开发行人民币普通股（A股）股票并上市后三年股东回报规划的议案。

12．审议及批准关于首次公开发行人民币普通股（A股）股票并上市的招股说明书信息披露相关承诺事项的议案。

以并购项目为例，目标公司的股东（大）会决议语言一般如下：

为进一步促进公司发展，A公司（以下简称A）拟向B公司（以下简称B）出售A在中国的软件开发业务（以下简称本次交易）。就本次交易，A、B、本公司及其他相关方拟签署《交易协议》等相关交易文件。

根据《公司法》及本公司章程的有关规定，股东作出如下决定：

1．同意本公司就本次交易有关事宜适时签署、交付并履行《交易协议》及其附件等相关交易文件以及与交易文件项下拟议交易相关的所有必要的协议、授权书、证明、声明、文书、指示、同意、豁免、要求、指令、公告、补充函、信函、通知、确认以及其他文件，包括但不限于上述文件各自之附件、附表或附录（如有）（统称“交易文件”）。

2．同意授权本公司法定代表人全权办理本次交易涉及的所有相关事宜，授权内容及范围包括但不限于：

（1）代表本公司制订、签署、修改、交付、补充和履行交易文件及其他与本次交易相关的任何协议、表格、契据、证书、确认、指令、通知、信函、政府申请文件或其他文件和文书。

（2）为实现本次交易有关的意图和目的而采取任何行动，包括但不限于向政府部门提交本次交易涉及的审批、登记、备案或其他政府程序申请。

（3）办理与本次交易相关的其他事宜。

（4）根据工作需要转授权其他人士办理上述事宜。

（四）第四步：查验公司与本次交易有关的外部批准文件

如果经律师判断及与公司确认，公司本次发行上市或并购交易需要履行外部批准手续，则还须审查公司是否已获取外部批准文件。另外，就A股上市项目而言，如果根据前述法规要求，需要取得国有资产监督管理机构的批复，则还须注意要审查批复日期是否在股东大会召开日期之前。

（五）第五步：梳理总结，采取应对措施（如需）

在向公司获取这些公司治理文件及批复文件时，如果发现有缺失的文件或者需要进一步核实的信息，律师就需要回到第二步汇总待跟进的问题，形成补充尽职调查清单，并请公司补充提供相关信息。在境外发行上市项目中，如果发现公司的组织架构、实际控制人或境内实体控制权取得形式不符合项目需求，可能会使本次发行上市受到有关政府部门监管，需要及时通知公司，并考虑建议调整公司架构或办理例如股权代持、国籍变更等事宜，以使项目顺利推进。

在按照第三步和第四步的要点查验完所有关注点后，如果尽调结果均符合法律法规及公司章程的规定，则可以结束本部分尽调。而如果发现公司存在程序瑕疵或内容瑕疵，比如未对法律规定的事项进行决策，未依法及时通知或者表决未及时按章程制度文件留存书面签字材料（如需），律师应当及时与公司沟通、告知风险，并商讨应对措施。例如，在瑕疵可以补正的情况下，律师可以建议公司及时采取措施完善，如果无法补正，则需要考虑其他补救措施，并进行适当说明与披露。

附　　表

本书作者及分工

章	名称	作者
第一章	法律尽职调查概述	唐应茂
第二章	合法设立和有效存续	骆嘉鹏、刘劭冕
第三章	业务经营所需的证照和许可	龙航宇
第四章	公司经营的合法合规	龙航宇
第五章	不动产的权属及许可	刘劭冕
第六章	租赁协议的有效性和租赁物业瑕疵	刘劭冕
第七章	重大合同合法有效	刘劭冕
第八章	知识产权的权属尽调	丘腾腾、刘劭冕
第九章	税务合规尽调	丘腾腾、龙航宇
第十章	劳动与社保合规尽调	龙航宇
第十一章	诉讼、仲裁与行政处罚尽调	刘劭冕
第十二章	交易所需的批准与授权	曹超

后　记

许多从事社科法学研究的同仁，无论出版什么样的艰深著作，都得益于高山兄的长期支持。比如，从2005年开始，侯猛教授主持编辑《法律和社会科学》，到现在已经有几十卷的规模。如果没有高山兄的无私援助，这本纯学术集刊恐怕很难持续至今。2017年夏天，我写完了一本非常小众的小册子，希望高山兄能够支持出版。他毫不犹豫地答应下来。同时，他知道我有一些法律实务经验，之前也出版过也许可以视为畅销书的通俗读物。于是，他开始"怂恿"我再写一本法律通俗读物。要是运气好，销路也不错，那就两全其美了。

为此，高山兄做了非常细致的尽职调查，把当时销量不错的法律书找出来，看看这些畅销书都用什么题目、采取什么写作风格、有哪些受众群体。他还描绘了一幅非常诱人的商业前景。大概意思是说，就法律书而言，销售2万册以上就算畅销书。如果能出一本销量2万册以上的书，作者的经济收益应该不错；如果能够冲刺到10万册，那就完全不用担心生计，可以专心从事研究和写作。高山兄当时描绘这一美好蓝图的神态，我至今还记忆犹新。不过，我早已过了不惑之年。高山兄的话术虽好，但对我已经不是那么有用。我所接触的法律世界，其实是一个不那么有趣的世界。除了指定教材、培训读物或网红带货精品，法律书要达到10万册以上的销量，在我的认知世界里，这即使不是天方夜谭，也是一项很难完成的任务。

不过，高山兄的追求打动了我。一个长期支持出版“高冷型”法律专著的资深编辑，同时还关注法律读物的可读性、大众化和市场价值，这显然是一种非常明显的“人格分裂”。但是，在现代化过程中的中国，这似乎就是某种普遍的现象，也是一种非常无奈的现实追求。我们当然希望达到一种非常纯粹、单一、专注的境界。无论是读者寥寥无几的艰深学术著作，还是销量上亿的通俗文学读物，只要在一个领域长期深耕、培育精品，就都是理想化的人生路径。但是，将两者混同在一起，既要满足自己内心的“虚荣”追求，又不得不放低身段解决温饱问题，这似乎是我们这一代很多人不得不采取的行为模式。

于我而言，我并不排斥实务手册、通俗读物的写作。实际上，我经常把它作为整理思路的方式，作为与读者沟通的媒介，或者作为消磨时光的手段，尤其是在自己暂时没有满意研究设计的时候。即便如此，这本书也是拖延了近6年才完成，其中原因很多。既有定位问题，也有写作问题，还有理论问题。

当初，高山兄和我反复讨论，希望这是一本“基础性”法律读物。所谓基础性读物，就是所有非诉律师都可能需要的参考书，类似于法学教育场景下，本科一年级学生需要读的法理学教材。或者说，法律尽职调查是交易律师的基础性技能，无论是撰写招股书的证券律师，还是撰写合同、专注谈判的并购律师，或者是其他领域的商业律师，创造信息、发现信息、核实信息、汇总信息、分析信息都是必不可少的技能。没有准确信息，证券律师就无从撰写招股书，无法客观描述发行人的业务模式、财务状况；没有准确信息，并购双方就无法对标的精准估值，律师也无法针对协议中的陈述保证、承诺、交割条件、分手费展开有意义的谈判。因此，我和合作者花了不少时间，梳理哪些问题是“基础性”问题，哪些问题也许能展示专业技能，显得很“高大上”，但可能不是那么“基础”的问题，不一定适合放在“基础性”法律读物中。

同时，由谁来写作、写作涵盖哪些内容、写作风格如何，这些问题也很费脑筋。在中国律所里，法律尽职调查通常由刚入门律师负责。有的时候，实习生，尤其是长期实习生，也是法律尽职调查的主力。法律尽职调查的内容，也许变化不会很快。但是，法律尽职调查的方式方法，最近10来年发展迅速，可以用日新月异来形容。比如，各种权威政府网站、各种商业数据库日新月异，各种网络爬取手段、AI辅助工具层出不穷。不在一线工作的人，恐怕完全不了解怎么做法律尽职调查。

为了确保写作尽量准确，我邀请了几位律师来参与。他们都有若干年律师经验。对于A股上市、境外上市、境内外发债、涉外并购等各种类型的项目，他们都有一定程度的经验。对于不同类型法律意见书、法律尽调报告、不同法律尽调方式的优势与缺陷、业内的惯常做法与实践，他们都有一定程度的了解。但他们还没有足够“资深”，或者还正处在迈向“资深律师”的过程中，法律尽职调查的具体操作他们还记忆犹新。由这些“过来人”总结自己的经验，将其诉诸文字，提供给后来人参考，我觉得这是一个非常合适的写作方法。

国内律师的工作压力大，各种文章、报告都有很生动的记述。由于他们还在做律师，或者依然从事法律工作，要完成本职工作已经不易，还要写作一篇篇技术性文章，其中的难处与艰辛，只有业内人士才能感同身受。因此，本书的写作过程也非常“佛系”。我没有设置任何交稿时限，也没有做任何“强制性”要求。大体就是写完一段算一段，写完一篇算一篇。一直拖到2022年年初，这本书才初具规模。我又花了一年多时间，协调不同章节风格、查漏补缺、检查更新。到2023年夏，这本书才算基本定稿。具体由哪位作者写作了哪个章节，本书附表做了简单整理。

最重要的是，法律尽职调查有无价值、其价值究竟在哪里？从事法律尽职调查的交易律师有没有价值、价值在哪里？在这个问题上，我和其他作者内心的纠结，可能也是“佛系”写作、“拖拖拉拉”的另一个重要原因。2022年秋季，我在复旦大学给本科生讲授法律实务课程，在问及是否愿意从事A股证券律师工作的时候，相当多的同学毫不犹豫地加以拒绝。在A股首发上市项目中，法律意见书动辄上百页，律师工作报告动辄上千页。这些大部头法律文件的信息，基本都来源于实习生、初级律师辛苦的尽职调查，以及长期的驻场工作。法律尽职调查非常“无趣”，但要求又很细致，动辄费时“经年累月”。A股证券律师的辛苦，在实习生微信群里广为流传，直接影响了法学院学生的认知。

对于学生的反应，我并不吃惊，甚至还略微有些同情。法律尽职调查的价值何在，交易律师的价值何在，这其实是一个近乎“永恒”但长期无解的问题。近40年前，美国哥伦比亚大学罗纳德·吉尔森（Ronald Gilson）教授写了一篇文章，题为《商业律师的价值创造》，发表在《耶鲁法学评论》上。吉尔森教授提到，不少人对交易律师、商业律师（business lawyer）持非常负面的评价。例如，很多人认为，商业律师是社会中的“非生产性角色”（nonproductive actors），商业律师只能分“蛋糕”而不能（像工程师一样）把“蛋糕”做大，商业律师甚至是“交易杀手”，经常抛出无趣议题，阻碍谈判顺利进行，导致交易中途搁浅。

从这个意义上来讲，法律尽职调查似乎也是“非生产性”的工作，属于价值分配导向而非价值创造导向的业务，同时，它也具备“交易杀手”的潜质。例如，证券律师发现了发行人的重大违规行为，收购方没有拿到目标公司律师出具的交割法律意见书，这基本就意味着交易的终止。如果商业律师充当“交易杀手”，尽职调查就是杀手利器。

不过，吉尔森教授的目的不是批评商业律师。他实际上是试图论证，商业律师也是价值创造者，他们创造价值的方式是节省交易成本。节省交易成本的办法有很多。商业律师可以促成标的信息的低成本转移、低成本创造、低成本核实，或者控制标的信息制作、转移和核实的成本和程度，这都是节省交易成本、创造价值的方式。

例如，卖方律师对目标公司进行所谓卖方尽调，向买方提供尽调报告、法律意见书，节省买方尽调的时间和其他投入，促进交易的快速推进。这种法律实践背后的原理在于，卖方律师通常是低成本的信息提供方，由它来进行法律尽调和出具法律意见，能够节省大量交易成本。又如，证券律师、并购律师经常围绕“重要性”标准吵得不可开交，在法律意见书、并购协议中，经常针对是应该采用“据公司所知”（to the company’s knowledge）、“据公司最大所知”（to the best of the company’s knowledge），还是“经尽调之后据公司最大所知”（to the best of the company’s knowledge after due diligence）等不同措辞争执不下。这背后所反映的，其实是双方对制作和提供信息成本控制程度的认知，以此在节省交易成本和提高交易价值之间达成一个平衡。

看了吉尔森教授的“心灵鸡汤”之后，法学院学生会不会改变他们对A股证券律师的看法，刚入行的“红圈所”律师会不会对自己从事的枯燥工作产生一点激情？我觉得可能会，但也可能不会。毕竟，在一个日益商业化、市场化的社会，天天谈理想、谈使命、谈价值，也许还不如多长点工资、多发点奖金来得实在。不过，能够长年累月做网络核查、制作尽调底稿，能够长时间撰写、修改成百上千页的法律尽调报告，能够津津乐道地与对手、客户讨论重大性、合理所知、重大不利变化、尽合理最大努力等这些或许只有律师才明白的行业术语，我觉得他们是需要一点儿正能量加持的，是需要一些价值创造感的，也是需要一丢丢尊严感的。

话虽这么说，但我也知道，这本书本身无法提供太多价值创造感，或者提供任何职业尊严感。这是一个非常宏大的命题。完成这一宏大命题，需要整个行业的努力，也需要律师个体的认同。但是，在初入职场的那几年时间，为年轻律师提供一点儿操作指引，提供一些可供借鉴（或者抄写）的模版，提供一点点分析问题的思路，我觉得这或许能够减少一点儿年轻律师的焦虑感、无助感，减少一点儿年轻律师对法律职业的抵触感。度过容易产生焦虑感、无助感和抵触感的这段时间之后，在平稳步入法律价值链的上游之后，也许他们就可能产生律师工作的价值创造感，乃至形成对所从事职业的尊严感。模版消除焦虑与恐惧，熟练提高效率和价值，技能带来信心和尊严，这大体就是本书写作的初心。

在本书即将出版之际，我特别感谢高山兄的耐心与支持，也特别感谢当代中国出版社编辑团队的支持。沈秋彤编辑是我的四川老乡。2023年初夏，高山兄在上海介绍她和我认识。在本书的整个出版过程中，从文字、内容、写作方式等各个方面，秋彤编辑都提出了很好的调整意见，我都非常乐意地予以接受。同时，她做了大量协调工作，既反映出版社编辑的意见，也反映作者团队的想法。本书能够迅速出版，与秋彤编辑的努力密不可分。此外，我还要感谢邱洁心、鲁安妮、何英瀚和吕思琪四位同学。他们都是复旦大学法学院的优秀学生，主动请缨帮我检查书稿。在临近出版的最后关头，又挑出了不少毛病。因为有了他们耐心细致的写作尽职调查工作，本书才能够尽量减少错误，我对本书质量才有了进一步信心。当然，如果本书还留有任何错误，这都属于我和其他作者的责任，都应该由我们承担。

唐应茂

2023年初秋于上海虹镇老街寓所